한국어로 내려온
New Bible

새로운
성 경

제157권

10부 | 총10부

하얀마음

하나님 말씀 중에서

1. 사랑의 하나님

- 세상을 창조하신 하나님은 모두를 사랑하신다. 인간만 특별히 더 사랑하지 않고, 우주 만물을 다 똑같이 사랑하신다. 그러니 하나님이 창조하신 천지 만물과 화친하고, 미물까지도 소중히 대하라.

- 하나님은 특정 종파나 민족만을 더 사랑하지 않으신다. 자기 자신만 구원받겠다는 욕심을 버리고, 자기 종파만 구원받는다는 편협한 교리에서 벗어나야 한다. 종파를 초월해서, 모두를 사랑하라.

- 원수까지 사랑하라 했으니, 이 세상에 사랑하지 못할 자가 누가 있겠는가? 종파가 다르다고 해서 부모 형제와 원수처럼 지내는 자는 인간의 근본을 모르는 자다. 가장 가까운 가족부터 사랑할 때 남도 진심으로 사랑할 수 있다.

- 한 사람을 원수같이 생각하던 마음에서 사랑하는 마음으로 돌리면, 자기 자신의 마음이 가장 기쁘고 행복하다. 하나님께서는 인간의 마음속에 무거움이 없이 기쁘고 행복한 삶을 살기를 바라신다.

- 이웃을 "내 몸처럼" 사랑하라 했으니, 마지막 한 장 남은 천국의 티켓도 이웃에게 양보하라. 자기 중심적인 신앙에서 벗어나서 남을 위해 살아야 한다.

- 독초도, 약초도, 이단도 사탄도 천사도 다 필요하기에 존재한다. 독초일지라도 극소량을 사용해서 생명을 살릴 수 있고, 약초라 하더라도 남용하면 생명을 잃을 수 있다.

- 세상 모든 것을 명약으로 활용하는 것은 인간의 지혜에 달렸다. 어떤 것이든 어떤 사람이든 적재적소에 꼭 필요한 명약으로 승화시키라.

- 사탄도 이단도 천사도 모두 하나님의 주관하에 존재한다. 진정한 하나님의 백성은 사탄과 마귀까지도 감화시켜서 천사로 거듭나게 한다.

2. 기도

- 하나님은 인간의 생각까지 모두를 다 알고 계신다. 우리의 소원도 이미 알고 계시기에, 소원의 기도를 할 필요가 없다. 우리가 받을 자격이 되면 내려 주신다.

- 죄를 짓고 아무리 회개를 해도 용서받지 못한다. 도둑질한 자는 용서해 달라고 기도하고, 도둑맞은 자는 도둑을 잡게 해 달라고 기도하면, 공의의 하나님은 누구의 편에 서시겠는가?

- 자기가 잘못한 것은 그 사람에게 직접 갚고 용서를 구하라. 그가 용서하면 하나님도 용서하신다. 땅에서 매면 하늘에서도 매이고, 땅에서 풀리면 하늘에서도 풀리는 이치다.

- "회당에서 기도하지 말고 골방에서 기도하라" 했다. 눈에 보이는 골방이 아니라, 골방과 같이 고요한 마음이다. 잡념을 버리고 하나님을 향해 마음을 집중하며, 사랑하고 용서하는 아름다운 생각만 나오도록 하라.

- "두드리면 열릴 것이다." 하는 것은 육의 소원을 위해 두드리라는 것이 아니라, 진리의 깨달음을 얻기 위해 두드리라는 것이다.

- 기도하는 방법: 생활 속에서 수시로 기도하는 삶을 살아야 한다.

- "저의 죄를 용서하여 주옵소서." 하는 회개의 기도를 하라.
- 범사에 "하나님! 감사합니다." 하라. 현재 가진 것에 감사하며, 과욕하지 말라. 자기 노력 이상의 것을 더 갖고자 기도하는 것은 도둑놈심보다. 공의의 하나님은 각자 노력한 만큼 주신다.
- "하나님 뜻대로 살아가겠나이다." 하며 마음의 각오를 다지라.

- 기도는 하나님의 말씀을 받아서 "행하는 것"이다. 하나님이 계심을 굳건히 믿고, 하늘을 향하여 한 점 부끄럼 없이 사는 삶 자체가 가장 위대한 기도이며, 삶이 곧 예배다.

3. 지도자

- 똑같이 사랑한다는 말을 해도, 순수하게 하는 말은 천사의 말이지만, 사기 쳐서 재산을 가로채려고 하는 말은 사탄의 말이다.

- 종교 지도자가 아무리 훌륭한 설교를 해도, 신도의 재물을 거둬서 더 큰 교회를 짓고 자기의 부귀영화를 바라며 설교하면 사탄의 가르침이 된다.

- "저희 교회는 만원사례요, 믿음은 다 같으니 이웃의 개척 교회에 가서 예배를 드리시오." 하며, 이웃 교회의 부흥을 먼저 생각하여 제 신도를 보내는 종교 지도자가 있다면 그를 따르라. 그가 하나님의 사랑을 실천하는 자다.

- "부자가 천국에 들어가는 것은 낙타가 바늘구멍을 통과하는 것보다 더 힘들다" 하였거늘, 지금의 교회에서는 부자가 되기만을 기도하고 소원하니, 이는 곧 천국을 포기하고 지옥 행 열차의 티켓을 사는 것과 같다.

- 예수는 빈손이었다. 종교 지도자가 예수보다 더 호화롭고 편안하게 살아간다면 잘못된 것이다. 부귀영화와 명예를 바라는 자는 절대로 갈 수 없는 좁고 협착한 길이 종교 지도자의 길이다.

- 종교 지도자는 유리로 비춰 봐 한 점의 부끄러움이 없이 살아야 한다. 의식주도 직접 일해서 해결하고, 예수의 가르침과 행함을 그대로 따라야 한다.

- 종말은 없다. 지금의 잘못 가는 종교 집단에게만 종말이 있다. 보이지 않는 하나님은 보이는 육의 종말은 관여하지 않으신다. 환경 파괴로 인간이 스스로 멸망을 자초하는 것이다. 종파끼리 싸우기 전에, 무너진 인성을 바로잡고 지구의 몸살을 해결하는 데 뜻을 모으는 게 급선무다.

4. 성전이란

- 이 세상 자체가 하나님께서 만드신 성전이다. 자연보다 더 아름다운 성전이 있는가? 보이는 건물이 성전이 아니라, 성스러운 마음가짐이 성전이다.

- 반석 위에 교회를 지으라 했다. 지상의 단단한 돌은 인간이 쪼갤 수 있으나, 마음속의 굳은 결의는 세상 무엇으로도 쪼갤 수 없다. 바르고 굳건한 믿음으로 성경의 가르침을 실천하는 것이 마음의 반석 위에 교회를 짓는 것이다.

- 손으로 지은 건물의 교회에 모여서 복음을 전하는 것이 아니라, 교회를 개인과 가정에 심어 주어야 한다. 무너지고 부서지는 건물을 짓지 말고, 마음속에 영원히 불변하는 참진리의 교회를 지으라.

5. 십계명

- 십계명은 인간이 죽어서 반드시 통과해야만 하는 열 개의 관문이다.
- 부모를 공경하지 아니한 자는 "네 부모를 공경하라." 하는 제5계명의 관문이 열리지 않으니 구원받을 수 없다.
- 살인, 간음, 거짓, 우상 등의 나머지 계명도 마찬가지다.

- 십계명은 하나님의 친필이다. 모기소리만 한 하나님의 음성이라도 들어 보겠다고 여기저기 찾아 헤매지 말고, 십계명부터 암송하고 지키라.

- 십계명은 영혼을 구원하는 양식이며, 십계명을 지키는 것이 구원을 받는 길이다. 인간이기에 지키고자 노력하고 또 노력한다면 지킬 수 있다.

- 십계명을 지키고 천사처럼 아름답게 살아가는 그 마음 하나면 세상에 이루어지지 않는 것이 없다.

6. 보물

- 하나님은 재물이 아니라 우리의 마음을 받으신다. 사랑을 실천하며 천사처럼 변하는 마음이 하나님께 바치는 보물이다.

- 보이지 않는 하나님께 재물을 바치려 하지 말고, 너희를 길러 준 부모에게 용돈 드리고, 찾아뵙고, 효성을 다하라. 그것이 하나님께 효도하는 것이다.

- 하늘에는 선과 악의 창고가 있다. 자기 창고에 선이 많으면 천국으로 구원을 받고, 악이 많으면 심판받아 지옥으로 간다. 그것이 바로 "선한 일을 행한 자는 생명의 부활로, 악한 일을 행한 자는 심판의 부활로" 나오는 것이다.

- "선악과를 따먹지 말라"는 것은 양심을 지키라는 것이다. 선과 악을 구분할 수 있는 양심을 최초에 인간에게 주셨다. 선한 열매는 취하고, 악한 열매는 버리며, 양심에 비추어 부끄럼 없는 삶을 살아가라.

- 가장 작은 거짓말을 하지 않고, 가장 작은 죄를 짓지 않으며, 가장 작은 선행을 하고, 가장 작은 악행을 멀리하는 것이 율법의 일점 일획도 빠뜨리지 말고 다 지키는 삶을 사는 것이다.

7. 우상

- 박물관에 있는 불상은 하나의 예술품이다. 그 조각품에 대고 제 소원을 빌 때 우상숭배가 된다. 십자가라 하여도 그 앞에서 소원을 빈다면 우상숭배하는 것이며, 하나님께 소원을 빈다면 하나님을 우상으로 전락시키는 것이다.

- 지금 기복신앙에 젖어 있는 모든 사람이 우상 앞에 절을 하고 있다. 조각품을 우상이라며 파괴하지 말고, 네 마음속에 있는 욕심의 우상을 무너트리라.

- 생수를 약초가 먹으면 약을 만들고 독사가 먹으면 독을 만든다. 같은 성경을 봐도 선한 지도자는 신도를 천사로 만드는 데 활용한다. 그러나 욕심이 가득한 지도자는 재물을 거두어들여 제가 부귀영화를 누리는 데 악용한다. 그가 바로 성경을 우상숭배의 도구로 전락시키는 거짓 선지자다.

- 성경을 한 획도 빼거나 더하지 말라는 것은, 그 가르침을 빠트리지 말고 온전히 지키라는 것이다. 성경 속에서 자기에게 유리한 구절만 보는 것은, 자기에게 불리한 구절들을 빼 버리는 것이다. 믿음이 제일이요, 행함은 구원과는 관계없다는 것은 자신에게 유리한 쪽으로 성경을 악용하는 것이다.

- 진정한 종교 지도자는 종파에 관계없이 어떤 종파든 어떤 책이든 접하고 보고 깨우쳐 견문을 넓히도록 인도한다. 참진리를 모르고 자신이 없는 자가 남을 이단이라며 배척하고, 신도들의 눈과 귀를 가린다.

8. 예수

- 예수의 재림은 없다. 예수가 다시 온다 해도, 과연 누가 그를 예수라고 믿겠는가? 예수와 같은 삶의 행함이 곧 예수의 재림이다. 각자 모두가 "재림 예수"가 되는, 차원 높은 믿음으로 가야 한다.

- 예수는 "주여 주여 하지 말고, 아버지의 뜻대로 행하라"고 했다. 예수가 전한 하나님의 뜻이 곧 "길이요, 진리요, 생명"이며, 그 가르침이 예수의 보혈처럼 소중한 것이다. 예수를 믿는 것은, 예수의 가르침을 믿고 따르는 것이다.

- 예수는 낮은 자로서 만백성을 섬기고자 했다. 만나는 모든 사람을 다 하나님이라 생각하라. 돈을 벌수록 겸손하고, 높은 지위를 얻을수록 낮아지라.

▪ 예수는 종파를 만들지 않았다. 인간이 만든 종교와 인간의 교리를 따르지 말고, 예수를 통해 전한 하나님의 참진리를 연구하고 따르라.

▪ 예수가 2천 년 전에 만백성을 위해 죽었으니, 지금 이 땅에는 예수의 가르침대로 사는 천사만 존재해야 한다. 예수가 죽어 가면서 바란 것은 만백성이 천사가 되어 예수의 자리를 채워 주는 것이지, 지금과 같이 재물을 바치면서 중언부언 제 소원만을 비는 백성들을 바란 것이 아니다.

9. 구원

▪ 천사가 사는 천국에는 천사만 갈 수 있으니, 천사 같은 마음을 길러야 한다.

- "천국 열쇠를 네게 주리니 땅에서 무엇이든지 매면 하늘에서도 매일 것이라" 했다. 땅에서 천사같이 사는 자가 하늘에서도 천사가 되어 천국에 들어간다. 모든 사람에게 천사같다는 말을 듣는 삶을 살아야 한다.

▪ 천사의 곱고 아름다운 마음은 부모를 공경하고 어른을 어른으로 대접하는 데에서 출발한다. 효도하는 자는 형제와 화목하게 지내기에 가정이 화목해지고, 이웃과 화목해지고, 국가가 화목해지고, 온 인류가 화목해진다.

- 그러므로 지상의 아름다운 소왕국은 가정에서부터 이루어야 한다.

▪ 선택된 14만 명만 구원받는 것이 아니라, 천사처럼 변하고자 하는 14만 명을 기초로 온 인류가 천사처럼 거듭나는 영적인 개혁이 시작되는 것이다.

▪ 천 년에 걸쳐서 하늘에서 이루어진 것같이 이 세상을 낙원으로 만들어, 만백성이 지상의 천국에서 살다가 죽어서 그대로 하늘의 천국으로 들어가는, 영원한 지상 낙원을 건설하는 것이 하나님의 계획이다.

- **이것이 구약과 신약에 이어 "새로운 성경"으로 역사하시는 하나님의 창조의 완성이다.**

▪ 지금의 믿음으로 구원받을 수 있다면 그 길을 가라. 그러나 자신이 없다면 하나님께서 직접 내리신 160권의 "새로운 성경"을 읽고 구원의 길을 보라!

하나님 머리말씀

이 새로운 성경을 읽는 너희 모두는
이 율법에 따라 행하면 영원히 구원받을 것이니라.

너희 인간이 수년, 수십 년, 평생
성서를 공부하고 기도하는 것은
하늘나라 나의 곁으로 오고 싶은 소망일진대,

몇천 년 전의 너희 인성과 생각이
지금의 너희와는 판이하게 다르니,

꺾여 가고 병들어 가는 너희를 고칠 수 있는 길은,
오늘 내가 선지자에게 내리는 새로운 성경과 같이
너희가 변화되는 것뿐이니라.

나의 예수가 태어난 것처럼
내가 아들 선지자를 선택하여
나의 새로운 성경을 온 세계에 전하고자 하니,

묵은 것은 버리고 새로운 것은 취하여,
너희 모두는
'여호와 하나님! 저의 죄를 용서하여 주옵소서.'
하는 기도문으로 기도하고, 죄를 뉘우치라.

이 새로운 성경은
수천 년간 내려온 성서를 요약한 것이니,
너희는 이 책을 정독하여 쉽게 깨달음을 얻고,
이대로 실천하여 하늘에 오르라.

대역자 머리말

■ 하나님의 율법을 지키는 선지자로 선택을 받도다.

저는 남들처럼 그저 열심히 살아온 평범한 사람이었습니다. 그러나 50대 중반에 사업에 실패하여 많은 부채에 시달렸으며, 건강도 악화되어 눈이 잘 안 보이고, 걷기도 어렵고, 두통이 심해서 잠을 이룰 수 없는 고통의 나날을 보냈습니다. 그때 제가 선택할 수 있는 것은 육의 삶을 끝내는 길뿐이었습니다.

죽기 직전에 그동안에 죄를 지은 이들에게 용서를 빌고 인생을 끝내기로 작정하였습니다. 어려서부터 지은 죄를 빌고 빌다 보니 끝이 없었고, 죽음으로도 그 많은 죄를 용서받을 길이 없다는 생각에 하염없이 눈물이 흘렀습니다. 그 순간 '재래식 화장실의 구더기는 죄를 짓지 않는데, 나는 인간으로서 구더기만도 못한 삶을 살았구나.' 하는 생각이 들면서 괴로움에 몸부림칠 때, 갑자기 하나님의 음성이 들렸습니다.

"나는 여호와 하나님이니라. 너는 십계명을 암송하고 내가 내려 주는 메시지를 받아 책으로 만들어 만백성을 구하라." 하시며, 제 눈을 손으로 문지르게 하시고, 아픈 머리와 다리를 손으로 두드리게 하셨습니다. 그러고 나니 눈도 잘 보이고 걸을 수 있었으며 머리의 통증도 말끔히 낫게 되었습니다. 그때부터 십계명을 암송하고 나면 들려주시는 말씀을 기록하였고, 1999년 8월부터 2004년 7월까지 권당 288쪽, 총 160권을 받아서 "새로운 성경"이라는 책으로 펴내게 되었습니다.

그러한 저에게 죽기보다도 힘든 길이 시작되었습니다. 모든 교인들이 저에게 사탄이요, 이단이요, 악마요, 마지막 시대에 온 거짓 선지자라 하면서 공격하였고, 저를 짐승을 보듯이 대하는가 하면, 편협한 종교 지도자들의 선동으로 신도들이 이 책을 직접 읽어보고 평가할 기회마저 막아 버렸습니다. 그래서 하나님의 말씀을 세상에 내는 데 많은 어려움을 겪으며, 피를 토하는 심정으로 책을 전하고 있습니다.

그러나 아무리 인간의 힘으로 막으려 해도, 하나님의 뜻이 세상에 전해지는 위대한 역사는 계속될 것입니다. 책으로 전해지는 "하나님의 말씀"은 세상 끝날까지 항상 우리와 함께하실 것입니다. 사람은 죽어도, 책에 기록된 말씀은 영원히 남으니까요.

■ 따뜻한 실천

하나님께서는 어려운 사람들에게 삶의 터전을 마련해 주고, 미래를 열어 주는 것을 기뻐하십니다. 어려운 이웃이 스스로 자립할 수 있도록 이끌어 주는 것이 진정으로 이웃을 돕는 것이라고 말씀하셨습니다. 그래서 일자리가 없는 제자들에게 작은 사업장을 만들어 주는 "달란트 사업"을 하고 있습니다. 식당, 반찬 가게 등을 차려 주고, 기존의 어려운 사업장이 자립할 수 있도록 돕고 있습니다(커피숍, 미용실, 의상실 등).

하나님께서는 교회에 나와서 모든 시간과 재물을 쏟기를 원하지 않으시고, 그 시간과 재물을 교육에 투자하여 스스로 미래를 열어 가기를 원하십니다. 그래서 제때 공부하지 못한 제자들에게 학업을 이어 가도록 하였습니다. 중화요리 주방장을 하며 초등학교 검정고시부터 공부하여 2012년에 방통대를 졸업한 36세 남성, 만학도들의 2년제 중학교에 입학해서 2007년에 명지대학을 졸업한 38세 여성, 중학교 검정고시를 시작으로 숭의여자대학을 졸업한 47세 여성 등이 있습니다. 그밖에도 많은 제자들에게 나이를 초월하여 배우고 깨우쳐서 사회 속의 당당한 일원이 되도록 인도하고 있습니다.

학자금 대출로 힘겨워하는 젊은이들을 위해 "따뜻한 바람 장학회"를 발족하여(2016년 12월) 대출받은 학자금 전액을 매월 갚아 주고 있습니다. 또한, 다문화 가정을 위해 "다문화 가족 랜드"를 조성하여, 각종 시설을 무료로 활용하도록 하고 있습니다.

이러한 따뜻한 실천이 아직은 미약합니다. 그러나 책의 수입이 늘고, 저와 뜻을 같이하는 분들이 늘어나면 계속 확대할 것입니다. 지도자로서 신도의 재물을 헌금으로 거둬들여 착복하는 것이 아니라, 하나님께서 기뻐하시는 일에 사용하도록 중매 역할만 하며 살아가고자 합니다. 이런 제가 과연 사탄이고 이단인가요? 하나님께서 기뻐하시는 일이라면, 저에게 사탄이라 하든 거짓 선지자라 하든 굽히지 않고 실천해 나갈 것입니다.

끝으로, 일상의 삶 속에서 "지금 내가 하는 행동이 과연 하나님께서 기뻐하실까, 슬퍼하실까?" 생각하고, 매사에 하나님께서 기뻐하시는 길을 택하기 바랍니다. 교회에 모여서 집단적으로 예배 드리는 것이 아니라, 개인이나 가정 단위로 새로운 성경을 읽어 스스로 깨우치고 그대로 행하면 충분합니다. 그것이 마음속에 성전을 짓고, 신령과 진정으로 예배 드리는 길입니다. 그러면 천국의 문에 들어서게 됩니다.

2017. 2. 1.

하나님 말씀 대역자 김 용 철

차 례

십 계 명

이 책은 십계명을 암송하고 나면 내려 주시는 "하나님의 음성"을 듣고 그대로 받아쓴 기록입니다. 하나님께서 십계명을 모세에게 내려 주셨지만, 그것은 만백성에게 내려 주신 것입니다. 마찬가지로 이 책의 모든 말씀도 저에게 내려 주셨지만, 만백성 각자에게 들려주시는 말씀입니다. 여러분도 이 책을 접할 때마다 십계명을 암송하고 나서 정독해 주시기 바랍니다.

제일은, 너는 나 외에는 다른 신들을 네게 있게 말지니라.
제이는, 너를 위하여 새긴 우상을 만들지 말고, 또 위로 하늘에 있는 것이나, 아래로 땅에 있는 것이나, 땅 아래 물 속에 있는 것의 아무 형상이든지 만들지 말며, 그것들에게 절하지 말며, 그것들을 섬기지 말라.
제삼은, 너는 너의 하나님 여호와의 이름을 망령되이 일컫지 말라.
제사는, 안식일을 기억하여 거룩히 지키라.
제오는, 네 부모를 공경하라.
제육은, 살인하지 말지니라.
제칠은, 간음하지 말지니라.
제팔은, 도적질하지 말지니라.
제구는, 네 이웃에 대하여 거짓 증거하지 말지니라.
제십은, 네 이웃의 집을 탐내지 말지니라.

나 여호와가 존재함을 믿는 그 자체가 구원의 길에 들어서는 기본이요, 근본이며, 나의 새로운 성경을 가슴에 안고 정독하는 자, 반석 위에 서서 하늘에 오르는 찬란한 빛을 보게 되는 영광을 얻게 됨이니라. 진정 나를 따르고 믿는 자는 감히 사탄이나 마귀도 근접하지 못하느니라.

〈하나님 말씀〉

2004년 7월

11,985 번째 하나님 말씀

2004년 7월 3일 18시 38분

1 사랑하는 나의 아들아!

2 "네, 아버님! 말씀하옵소서."

3 지금의 모든 믿음의 길을 가는 백성들이요, 수천 년 동안 흘러온 그 집단들이 역사하고 이룬 것은,

4 그저 전지전능한 나 여호와를 찾으며 나를 아버지라 부르기만 하면, 나를 부르기만 함으로써 너희들이 원하는 것을 전지전능한 아버지로서 너희들에게 모두를 다 나타나게 할 것이며,

5 그와 같은 역사가 이루어질 것이라 하여 나를 울고불고 찾는 그와 같은 믿음이요, 그 착각 속에서 너희들이 지금까지 살아오지 아니하였더냐?

6 그러니 그와 같은 믿음에서 너희들이 벗어나지 아니하며 그 착각 속에서 깨어나지 아니하면, 참진리요, 하늘에 오르는 길을 볼 수 없음이니라.

7 하늘에 오르는 길이요, 나에게 오르는 길은, 너희들이 참진리를 보고 깨우쳐 어렵고 힘든 길을 가며 하늘을 향하여 한 점의 부끄럼이 없는 삶을 사는 것만이 나에게 오를 수 있으며 전지전능한 아버지라는 나를 볼 수 있다는 것을 알아야 될 것이니라.

8 지금의 믿음의 길을 가는 백성 너희들은 과연 무엇이더냐?

9 너희들은 그렇지 아니하다 할 것이나, 내가 너희들을 보기에는 그저 구걸하는 자들의 모습이요, 구걸하기 위해 존재하는 종교 집단의 지도자들이니라.

10 모든 어려운 사람이요, 바보 같은 사람이요, 부족한 사람을 길거리에 내보내 구걸한 것을 거둬들이고 가로채는 뒤에 숨어 있는 사악한 마귀와 같은 자, 그것이 바로 종교 집단 지도자 너희들이니라.

11 너희들이 그리 가르치는 것이 아니더냐?

12 그러니 너희들이 가르친 것이 무엇이더냐?

13 너희들이 나가서 손을 내밀고 울고불고 구걸하면 줄 것이니라, 그러니 구해 오라, 그리해서 갈취하는 것이 너희들의 모습이니라.

14 그러니 자기가 원하는 것, 그리고 자기가 얻고자 하는 것, 너희들이 소원하는 것을 빌고 또 빌며, 너희들의 요구 조건이 무엇인가 그것을 들어주기를 바라며 그것이 역사하기를 바라는 것이 너희들의 믿음이 아니더냐?

15 수단과 방법을 가리지 않고 너희들이 원하는 것, 요구하는 것, 필요한 것, 조건을 이루고자 하는 것이 너희들의 믿음이요, 오늘까지 역사한 것이니,

16 그저 사람을 길거리로 내보내 그 어린 것들에게 구걸을 시켜 가로채는 흉악무도한 인간 이하의 짐승만도 못한 자들과 같은 행위를 하고 있는 것이 너희들이요,

17 그들보다도 더 간악하고 잔인한 자들
이 나를 팔며 나의 아들 예수의 이름
을 팔아 그리하고 있는 자들이라는 것
을 알라.
18 요구 조건을 빌며 소원을 빌면 다 들
어준다 하여 그들로부터 갈취하는 그
사악한 행위를 이제 중단하라.
19 제가 소원하는 것이 이루어지면 나로
부터 은혜요, 그리고 제가 가는 믿음
의 길이 최고요, 너희들이 축복을 받
았다 그리하며 떠드느니라.
20 그러나 너희들이 이루고자 바라는 것
이 이루어지지 않을 때 나를 원망하
며, 너희들은 결국은 그 믿음을 바꾸
지 않으면 그 믿음을 포기하고 떠나는
그러한 것이 너희들의 오늘의 현실이
요, 믿음의 현장이 아니더냐?
21 너희들은 들어야 될 것이니라.
22 너희들이 무엇을 이루고 안 이루고 실
패하고 또 망하는 것, 그 모두는 다 내
가 관여하지 아니하며, 내가 그와 같
은 것을 직접 다루지 아니함을 알라.
23 그 모두는 너희들이 만든 일을 스스로
대가를 치르며, 너희들이 닦아 놓은
길을 가는 것이라는 것을 잊지 말라
그리 전하라.

11,986 번째 하나님 말씀

2004년 7월 3일 18시 43분

1 사랑하는 나의 아들아!
2 "네, 아버님! 말씀하옵소서."
3 지금까지 너희들이 오는 그 믿음은 다
조건이요, 원하는 것, 소원하는 것을
달라, 이루어 달라는 그와 같은 믿음
으로 왔다 하였음이니라.
4 그러면서 그것이 참진리요, 진정한 믿
음이라는 그 착각 속에서 헤매니, 너
희들이 이제는 깨어나지 아니하면 아
니 됨이니라.
5 진정한 믿음이란 무엇이더냐?
6 너희들이 달라, 이루어 달라 하여 변
화되는 것이 결코 아님이니라.
7 울고불고 애원한다 해서 바뀌는 것이
아니요, 변화되는 것이 아니라는 것을
너희들은 알라.
8 아무런 조건이나 이유가 없이 너희들
이 그대로 내가 역사하는 것의 흐름을
받아들이는 것, 그 모두를 인정하여
더불어 가는 지혜로운 삶을 사는 자가
바로 모두를 이룰 수 있는 백성임을
너희들은 알아야 될 것이니라.
9 너희들이 인간의 조건으로써, 인간의
생각으로써 이루어 달라 몸부림치고,
새로운 것을 달라, 더 높은 것을 달라
하는 것이 진정한 믿음이요, 참진리의
길이 아니니라.
10 아무런 이유 없이 너희들이 그대로 받
아들이며 그대로 순응하고 가는 것이
나에게 오를 수 있는 백성이라는 것을
알라.
11 나 여호와의 뜻에 의하여 너희들이 가
는 길보다 더 위대한 믿음의 길이라는
것이 어디에 있겠는가?
12 그러니 내가 원하고 바라는 그와 같은
뜻을 알아 너희들이 그 길이요, 그 뜻
을 따라 행하는 것이 위대한 믿음이
요, 구원의 길이 바로 여기에 있음을
알아야 될 것이니라.
13 그리하여 내가 나의 아들에게 뭐라 말

하였느냐?
14 무엇을 달라, 이루어 달라 감히 너희
들이 그 추한 말을 하지 말며, '저의
죄를 용서하여 주옵소서.' 그리고 나
의 처분만 바라는 그와 같은 마음 자
세로 살아가라 하지 아니하였더냐?
15 모두는 창조주 나 여호와의 뜻이요,
그 계획에 의하여 이루는 것이니, 너
희들이 받고 못 받는 것, 이루고 못 이
루는 것은 너희들이 얼마만큼 어떠한
삶을 살았느냐에 따라서 결국 결정이
된다 내가 하지 아니하였더냐?
16 그리하여 나는 너희들에게 어떠한 것
을 역사하는 것, 그리고 원하고 바라
는 요구 조건을 들어주는 것이 아니
요, 그대로 내가 행하지 아니함을 알
며, 그리할 수도 없다는 것을 알라.
17 이것이 하늘의 이치이니라.
18 이 하늘의 이치를 모르는 백성들이 내
가 명령을 내리는 것을 알지 못하며,
알아듣지 못하며, 내가 지시하고 이르
는 것을 알지 못하기 때문에 너희들
이 함부로 이루어 달라 말라 그리하니,
19 너희들이 곧 나에게 명령을 내리는 자
가 되어 있으며, 모두가 뒤바뀌어 있
는 그와 같은 형국이 되어 있음을 알
라 그들에게 깨우쳐 주라.

11,987 번째 하나님 말씀

2004년 7월 3일 18시 48분

1 사랑하는 나의 아들아!
2 "네, 아버님! 말씀하옵소서."
3 내가 너희들에게 달라 하며 원하는 조
건 있는 기도를 하지 말라 한 그 뜻이
무엇이더냐?
4 너는 알고 있지 않은가?
5 "네, 아버님! 아버님께서 일찍이 저에
게 그리 하명하셨사옵나이다.
6 모두를 다 주었으며 너희들에게 줄 것
을 다 주었으니, 아버님께서는 더 내
려 줄 것이 없으며 더 줄 것이 없다 그
리 말씀하셨사옵나이다.
7 그러니 줄 것 없고 내줄 것 없는 아버
님께 더 달라 기도하며 애원하지 말며
그리 매달리지 말라 그리 말씀하셨사
옵나이다."
8 그러니 너희들은 그 뜻을 아느냐?
9 사랑하는 나의 아들아! 너희가 세상
에 태어난 것은 누구로부터 받은 것이
더냐?
10 그 모두가 다 나로부터 너희들이 받은
은혜가 아니더냐?
11 그리고 너희들이 이 세상에서 모두를
취해 가면서 생명을 유지하고 살아가
는 것, 그 모두는 다 누구로부터 받은
것이더냐?
12 산다는 그 자체가 모두 다 나로부터
받은 것이 아니더냐?
13 그러니 이와 같은 것을 다 받은 백성
이 나에게 무엇을 달라, 더 달라 기도
하는 모습이 얼마나 욕심에 찬 자요,
얼마나 추하고 가련한 모습인지 알겠
느냐?
14 인간의 형태가 다 무너진 자들이 그와
같은 말을 한다 하지 아니하였더냐?
15 인간의 형태를 가지고 있는 자, 양심
이 무너지지 않는 자, 기본이 무너지
지 아니한 자는 감히 나에게 더 달라,
이루어 달라 소원하는 기도를 할 수

없는 것이니라.
16 양심이 있는 자는 더욱이 할 수도 없
느니라.
17 인간의 형태가 다 무너진 자요, 양심
도 없는 자들이 그와 같은 기도를 하
며 원하는 것을 말할 수 있다는 것을
너희들은 알라.
18 누가 뭐라 해도 나의 아들을 따르는
제자 너희들은 받을 것을 다 받은 백
성들이요, 너희들이 얻을 것을 다 얻
은 백성이니,
19 더 요구하는 행위요, 말로써 그와 같
은 기도를 하지 말라 가르치며, 너희
들은 그와 같은 행위를 해서는 절대
아니 될 것이니라.
20 이제 너희들이 나의 새로운 성경을 가
지고 만백성에게 전하여, 지금 얻기
위하여, 구원하기 위하여 울고불고하
며 맹종 맹신하는 그 가련하고 불쌍한
백성들에게 전하라.
21 나 여호와는 너희들에게 줄 것을 다
주었느니라.
22 생명을 준 것이 준 것이요, 살아갈 수
있는 삶을 지킬 수 있는 그 모두를 다
주었으니, 나는 더 주고 내릴 것이 없
으니, 이제 그만 달라, 그만 얻으려 하
라 그리 전하라.
23 그만 얻는 마음 자세로 살라 그리하라.
24 아무리 울고불고해도 더 줄 것이 없으
며, 너희들이 얻어 갈 것이 없는 것이
하늘과 너희들과 나 사이이니라.
25 인간 세상에서도 부모가 그득히 쌓아
놓고 자식을 주지 못하는 것은, 자식
을 믿지 못함이며, 그 부모의 욕심 때
문이 아니더냐?
26 욕심이 없는 자, 천사와 같은 자식에
게 부모가 주기를 꺼리는 자 없으며,
그것을 모두 다 내줄 것이니라.
27 그리고 잘 관리하고 잘 다스릴 수 있
는 자식이 되기를 바랄 것이니라.
28 나 여호와는 일찍이 너희들에게 모두
를 다 주었음이니, 나에게 무엇을 달
라 하는 기도를 하지 말라는 그 의미
가 거기 있음을 알도록 깨우쳐 주라,
사랑하는 나의 아들딸들아!
29 태어난 것, 살아갈 수 있는 것, 산다는
그 자체, 그것으로써 너희들이 받을
수 있는 것은 다 받은 것이라 그리 깨
우쳐 전하라.

11,988 번째 하나님 말씀

2004년 7월 4일 05시 11분

1 사랑하는 나의 아들아!
2 "네, 아버님! 말씀하옵소서."
3 너희들이 살아가면서 작은 것에 연연
하다 보면 큰 것을 잃는다 그리하였느
니라.
4 그러니 인간 너희들의 육의 세상에서
작고 작은 것을 위하여 연연하다 보니,
5 하늘의 뜻이요, 나 여호와의 참진리의
길을 알지 못하며, 너희들이 가야 할
길 자체를 보지 못하는 백성으로서 삶
을 살아가니, 이를 너희들이 바로 깨
우쳐야 될 것이니라.
6 너희들의 육이라는 것은 나로부터 생
명을 받아 나가 하늘에 오르는 길이
요, 그 연습의 과정이요, 준비의 과정
이라 하였느니라.
7 그러니 그 준비의 과정에서 너희들이

작은 것에 연연하여 욕심이라는 뿌리
를 버리지 못하고 이것저것 욕심이라
는 것을 걸머지고 가다 보니, 너희 자
신이 갈 수 없으며 일어설 수 없는 그
와 같은 형국이 되어 버리느니라.
8 그러니 작은 인간의 소망에 연연하는
삶을 살지 말도록 그리하라.
9 너희들은 구원이요, 하늘에 오르는 길
이요, 정녕 영원히 사는 그 삶을 위하
여 너희들의 모두를 다 바치고 살아가
는 현명한 백성으로서 살아가야 되지
않겠는가?
10 육의 세상에 백 년도 안 되는 그 삶을
위하여, 그 속에 있는 것을 위하여 너
희들이 작고 작은 것들에 연연하여 그
를 움켜쥐고 놓지 못하며 그를 위하여
살아가다 보니,
11 오늘의 육의 세상에서 너희들이 사랑
이요, 베풂을 모르고 살며, 나에게 와
영원히 사는 다음 세상에 역사하는 것
을 얻지 못하며 보지 못하는 그와 같
은 어리석은 삶을 살고 있느니라.
12 모든 종교 집단의 지도자들 또한 그러
하니라.
13 저 자신의 짧은 육의 세상의 삶을 위
하여 거기에 모두를 다 맞추다 보니,
제가 제왕적인 위치에 서고자 하며 궁
궐과 같은 성전이요, 성막 속에서 제
왕적인 작은 신이 되어 살고자 하는
욕심을 버리지 못하느니라.
14 너희들이 큰 것을 볼 줄 모르며 미래
의 대역사를 모르며 백 년도 안 되는
삶을 위하여 모두를 다 바치는 어리석
은 삶의 한계에서 벗어나지 못하면,
너희들은 아무것도 할 수 없으며 이룰
수 없음이니라.
15 그러니 작은 삶의 욕심에서 그 끈을
놓고, 너희들이 사후 세계의 넓고 큰
세상을 위하여 살아가는 그와 같은 백
성으로 깨달음을 얻지 아니하면 아니
됨을 알라 그리 전하라.

11,989 번째 하나님 말씀

2004년 7월 4일 05시 16분

1 사랑하는 나의 아들아!
2 "네, 아버님! 말씀하옵소서."
3 내가 너희들에게 성경에 기록하여 전
하지 아니하였더냐?
4 하나님의 나라가 오는 것은 눈으로
너희들이 볼 수도 없으며 상상할 수도
없으며 그릴 수 없다는 것을,
5 또 여기에 하늘에서 오는 것이며 또
저기에서도 하늘의 뜻이 역사하며 하
늘의 모두가 다 이루어지는 것,
6 그리고 너희들이 여기에서 봤다, 저기
에서 봤다 그와 같은 말을 하는 것, 그
는 잘못된 것이라는 것을 이미 내가
기록하여 너희들에게 전했느니라.
7 '하늘나라는 바로 너희 가운데 있다.'
하지 아니하였더냐?
8 이는 곧 너희들의 마음이 어떠하냐에
따라서 모두가 다 하나가 되는 그와
같은 역사임을 내가 너희들에게 미리
전하고 깨우쳐 줌이 아니더냐?
9 이와 같이 내가 여기 있다 저기 있다
하는 것이 아니요, 눈으로 볼 수도 없
으며 상상할 수도 없는 그 하늘나라
요, 오로지 그것은 너희들의 마음이
요, 너희들의 변화된 속에 같이하는

것이라 내가 그리하였으니,
10 이 모두는 너희가 천사와 같은 삶을
사는 것이 나의 성령이 너희들에게 임
하는 것이며, 나의 성령이 임함으로써
너와 내가 다 하나가 되는 것을 내가
너희들에게 깨우쳐 주고자 함이니라.
11 이는 곧 천사와 같은 삶이요, 너희들
이 한 점의 부끄럼이 없는 삶을 사는
것이 하늘의 백성이요, 너희들이 그
모두를 얻는 은혜를 입을 수 있으며,
내 품에 너희들이 존재하는 그와 같은
삶을 살 수 있다는 것을 내가 너희들
에게 전함이니라.
12 그리고 이렇다 저렇다 하며 깨우치는
모든 자, 그들 스스로 저 자신이 한 점
의 부끄럼이 없는 삶을 살지 아니하
면, 하늘의 스승이요, 만백성을 깨우
치는 지도자라 할 수 있는 자격이 없
다는 것을 내가 너희들에게 전해 줌
이니,
13 지금까지 몇천 년의 신앙생활을 하면
서 이 하나의 뜻도 제대로 깨우치지
못하며 알지 못하는 자들이 나의 피조
물 만백성을 이끌어 하늘로 오르는 길
의 지도자라 하며,
14 말로는 가장 낮은 자요, 하늘의 종이
요, 만백성의 종이라 하며 보기도 부
끄러운 짓을 하고 있지 않더냐?
15 그러니 나의 뜻을 거역하는 일만 그
들이 일삼은 것은 당연한 것이며, 그
짓을 해 왔다는 것을 너희들은 이제라
도 그들의 행위를 봐야 될 것이며,
16 더 이상 너희들이 거기에 현혹되어 끌
려가는 백성이 되어서는 아니 됨을 알
라 그리 전하라.
17 너희들은 볼 수도 없으며 하늘에서 역
사하는 것을 기억할 수도 없으며 상상
할 수도 없음이니라.
18 여기서 무엇이 이렇다, 저기서 이렇다
하는 그와 같은 것으로써 하늘의 뜻이
이루어지는 것이 아님이니라.
19 모두는 너희들이 천사와 같은 마음으
로 변하는 것, 그리하면 모두를 볼 수
있으며 너희들이 들을 수 있으며 모두
를 역사할 수 있으니, 그와 같은 삶을
살아야 된다는 나의 가르침을 깨우친
백성 너희들은 한 점의 부끄럼이 없는
삶을 살아가는 데 최선을 다하라.
20 그러면 너희들이 하늘의 나라가 오는
것을 볼 수 있고 들을 수 있는 것이요,
그리고 너희들의 마음이 천사와 같이
되었을 때 모든 것은 다 하나가 되니,
그 모두를 알 수 있다는 의미라는 것
을 알라.

11,990 번째 하나님 말씀

2004년 7월 4일 05시 21분

1 사랑하는 나의 아들아!
2 "네, 아버님! 말씀하옵소서."
3 2천 년 전 예수는 너희들에게 진리를
가르쳤느니라.
4 그리고 그 사명을 예수는 충실히 수행
했으며 그 임무를 다했음이니라.
5 그러한 나의 아들 예수가 다시 오기를
기다리는 것은 너희가 하늘의 뜻을 모
르기 때문이니라.
6 기다리고 기다리는 그가 와서 구원할
자와 구원하지 아니할 자를 선별한다
는 그 모두가 너희들이 하늘의 뜻을

모르며, 부질없이 나의 피조물 만백성
을 현혹하기 위해 그와 같은 것으로써
지금 이끌어 가고 있음이니라.
7 너희가 진리를 깨달았으며 한 점의 부
끄럼이 없는 삶을 살았을 때, 너희가
예수와 같이 되며, 또한 너희가 나와
같다는 가르침을 너희들은 알지 못하
는가?
8 어찌하여 그와 같은 의미를 너희들은
깨닫지 못하며, 그와 같은 의미가 무
엇인가를 정녕 모른단 말이더냐?
9 죽어 간 나의 아들이 다시 와 믿고 안
믿는 것을 기준으로 선별한다는 말도
되지 않는 그와 같은 교리를 만들어
가지고 나의 피조물 만백성을 허황되
게 만들지 말며, 그들을 지옥으로 이
끄는 그와 같은 행위를 하지 말라.
10 너희들이 어떻게 아름답게 살았느냐
그것으로 너희 스스로 재판을 받으며
심판을 받음이니, 나의 아들이 와서
너희들을 선별하지 아니함이니라.
11 믿고 안 믿고 하는 것으로써 너희들을
선별한다는 그와 같은 생각을 하지 말
며 그와 같은 결정을 짓지 말라.
12 믿는 자 너희들이 잘못 갔을 때 그 죄
가 더 가중되니, 너희들이 나를 두 번
죽이는 행위를 하고 있기 때문이니라.
13 나의 아들 예수가 나를 산 자의 아버
지요, 산 자를 내가 기억한다 한 그와
같은 뜻을 과연 너희들이 모르더냐?
14 그러니 너희들이 살아서 구원을 받아
야 한다는 그 의미 또한 너희들이 깨
달을 수 있는 것이거늘,
15 그와 같은 깨달음을 알면서 가르치지
아니하며 알면서 행하지 않는 그들이
니라.
16 그 길을 가려면 어렵고 힘들기에 그
길을 피해 가고 돌아서 가는 것이 오
늘의 종교 지도자들이 나의 피조물 만
백성을 이끌어 가는 길이니라.
17 그러나 그 길은 멀고도 먼 길이니라.
18 돌아가면 끝이 없는 길이요, 너희들이
그리 가다가는 결국 나에게 올 수 없
는 것이라는 것을 알라.
19 재앙이 덮치고 세상이 끝나고 나의 아
들 예수를 믿는다고 나를 속이고 만백
성을 속이고 있으며,
20 또한 거기에 그와 같은 믿음의 길을
가는 자는 저희들만이 선택되어 구원
을 받는다는 생각을 가지고 있음이니,
21 너희들이 꿈에서 깨어나지 아니하면
아무것도 볼 수 없으며 얻을 수 없으
며, 모두를 다 잃는 그와 같은 불행한
너희들이 된다는 것을 내가 다시 한
번 전함이니, 그리 알라.

11,991 번째 하나님 말씀

2004년 7월 4일 05시 25분

1 사랑하는 나의 아들아!
2 "네, 아버님! 말씀하옵소서."
3 성경에 비유하여 너희들에게 가르침
이니, '두 사람이 같이 있으매 한 사람
은 죽고 한 사람은 살 것이라' 이 뜻
또한 나의 백성 너희들이 수없이 읽고
깨우쳤으며, 그것도 또한 너희들이 무
슨 의미인지 알겠는가?
4 알면서도 어려운 길은 선택하지 아니
하는 것이 너희들이니, 제대로 알 수
없으며 제대로 가르칠 수 없는 그와

같은 형국이 되어 너희들이 나의 뜻을
알지 못함이니라.
5 같은 사람이 있다 해도 한 사람은 깨
달음을 얻어 구원을 받는 백성이 있는
가 하면, 또 하나는 깨닫지 못하여 구
원을 받지 못하는 백성이 있으니, 죽
어 가는 백성이 있음이니라.
6 그러니 이 세상의 모든 백성들이 깨달
음을 얻는 자가 있는가 하면, 깨닫지
못하는 자가 항상 나누어져 있다는 것
을 내가 알려 주는 것이며, 너희들은
깨닫는 백성으로서 거듭나는 은혜를
얻으라 함이니라.
7 같은 삶을 살아도 이러한 결과가 있다
함이니, 너희들은 이와 같은 백성 중
에 과연 어떠한 길을 선택하고 어찌
가야 되는가?
8 이는 항상 참진리요, 하늘의 뜻을 보
는 현명함을 너희들이 갖지 아니하면
아니 된다는 의미니라.
9 너희가 이 세상에 살아 있을 때 구원
을 받고 선택된 백성이 되는 것, 그것
만이 너희들이 나에게 오를 수 있는
길이라는 그 의미 또한 거기에 있음이
니, 이를 너희들이 잘 알고 가르쳐야
될 것이니라.
10 '두 사람이 있으매 하나는 지옥이요,
하나는 구원을 받는다.' 이는 너희들
이 살아 있을 때 어찌 사느냐에 따라
나에게 오르고 못 오르는 것이라는 그
와 같은 중요한 의미요, 행함이 아니
면 이루어지지 못한다는 그 깨달음이
또한 거기에 숨어 있으니,
11 이와 같은 비유의 가르침을 너희들이
모르기에 지금 잘못 가고 있다 함이니
라.
12 잘못 가는 자, 나의 새로운 성경을 잘
못 깨닫는 자, 이해하지 못하는 자, 그
들이 어찌 선생이라 하여 바른 것을
가르치겠는가?
13 스스로 정답을 알지 못하는 자가 정답
이라 부르짖고 있는 어리석은 이 세상
에, 그를 '맞다, 옳다.' 박수하는 것이
지금의 백성이요, 정답을 내려 줘도
듣지 아니하며 믿지 않는 어리석은 백
성으로 세뇌되었으니,
14 이 세상이 가면 갈수록 부패하고 썩어
져 가며 너희들을 구제할 수 없는 그
와 같은 형국이 되기에,
15 지금 내가 나의 아들을 통하여 이 모
든 역사를 하는 것은 너희들을 구하고
자 함이라는 것을 잊지 말라.

11,992 번째 하나님 말씀

2004년 7월 4일 05시 29분

1 사랑하는 나의 아들아!
2 "네, 아버님! 말씀하옵소서."
3 지금의 종교 집단과 지도자 너희가 얼
마나 나의 뜻을 정면으로 거역하며 나
를 능멸하는 짓을 하고 사는가?
4 '누구든지 자기를 높이면 낮아지고 자
기를 낮추면 높아지는 것이라' 내가
나의 아들을 통하여 성서에 기록하여
전했거늘, 오늘의 종교 집단의 지도자
들의 행위가 과연 그렇게 살아가는가?
5 오늘의 모든 종교 집단의 지도자요,
더욱이 신도라 하여 구원을 받았다는
백성, 너희들이 얼마나 오만하고 자만
한가?

6 종교 지도자들 또한 너희들 위에 얼마
나 군림하는가?
7 그들보다 더 군림하는 자들이 세상에
없으니, 그것이 바로 높고자 하는 자
가 낮은 자요, 낮고자 하는 자가 높은
자가 된다는 나 여호와의 뜻을 행하고
실천하는 자들인가?
8 그 하는 짓을 봐도 나와 관계없는 것
이라 내가 너희들에게 말함이니라.
9 또한, 믿음의 길을 가는 자, 구원을 받
았다 하는 그 오만한 백성들, 아무것
도 알지 못하며 하늘의 뜻을 알지 못
하는 너희들이
10 혼자 기도 열심히 하고, 십일조 잘 내
고, 금식 기도 잘하고, 교회에 열심히
나가고, 나쁜 사람들과 어울리지 아니
하고 착한 사람들과 어울리며,
11 제가 그와 같이 살아가니, 저 자신이
누구보다도 깨끗하며 저는 죄가 없으
며, 더욱이 나의 아들 예수의 보혈로
써 모두 씻음을 받는 자가 되어 모범
적으로 그리 살아가니,
12 너희들이 나로부터 먼저 은혜와 영광
과 축복을 받아야 되며, 너희들이 제
일 먼저 받는 백성이 되어야 된다는
것,
13 너희들보다 다른 사람이 받아서는 안
된다는 그와 같은 생각을 하는 자, 너
희들이야말로 과연 가장 낮은 자가 되
었는가?
14 너희들이 어떠한 형태로써 살아가는
가?
15 낮고자 하는 자가 높은 자이니, 너희
들은 높고자 하기에 가장 낮은 자가
아니던가?
16 그러니 높고자 발버둥치며 높다 발버
둥치는 너희들이 가장 낮은 자이니,
과연 너희들이 나의 나라에 올 수 있
는 순번이 있을까, 너희들에게도 그
순번의 기회가 있을까 걱정됨이니라.
17 너무 높고자 하니, 너희들이 너무나
낮아져 나와 멀리 가 있음이니,
18 그보다 낮고자 하여 살아가는 백성들
이 너희 앞에 많이 있음이니, 순번이
과연 너희들까지 갈 수 있을까 내가
걱정된다 함을 너희들은 알라.

11,993 번째 하나님 말씀

2004년 7월 4일 09시 41분

1 사랑하는 나의 아들아!
2 "네, 아버님! 말씀하옵소서."
3 수천 년 동안 흘러오는 역사 속에 내
뜻을 아는 지도자가 없으며 내 뜻에
의하여 배운 백성이 없음이니,
4 내가 나의 아들을 통하여 새로운 성경
을 내려보내 이 뜻을 역사하기 위해서
나로부터 선택된 제자들이요, 그리고
나의 아들을 따르는 제자 너희들은 들
어야 될 것이니라.
5 선택된 너희들이 불안과 공포와 자신
이 흔들리는 그와 같은 마음으로써 이
길을 간다면, 너희들은 아무것도 역사
할 수 없으며 아무것도 이룰 수 없음
이니라.
6 너희들보다 수십 배 수백 배 강한 사
탄들이 너희들의 마음에 틈이 생기기
를 바라며, 그 마음에 공간이 생겼을
때 너희들이 숨 쉴 사이도 없이 무너
트림이니,

7 너희들이 불안과 공포에 흔들리는 그
마음은 믿음의 마음에 공간을 두게 됨
이니, 그리하여 너희들이 무너지게 되
는 것이며, 그리하여 너희들이 역사할
수 없으며 이 길을 갈 수 없다 함이니
라.
8 사랑하는 나의 아들딸들아! 너희들은
자신감과 용기를 가지고 돌입하지 아
니하면 아니 됨이니라.
9 어렵고 힘든 이 역사를 이루어 낼 수
있는 것은 너희들의 자신과 용기이니
라, 그리고 너희들의 확고한 믿음이니
라.
10 이 세상에 희망과 새로운 시대가 열리
는 영광을 얻게 할 수 있는 것은 오로
지 너희들에게 달렸음이니라.
11 너희들이 아니면 새로운 시대를 열어
갈 수 없다는 것을 너희들은 알아야
될 것이니라.
12 사랑하는 나의 아들딸들아! 너희들이
행하며 역사하는 것에 의해 그 모두를
기준으로 하여 구원을 받는다 했음이
니, 과연 행하는 것이 얼마나 힘들고
어려운 길이더냐?
13 그러나 너희들은 결단을 내리지 않았
더냐?
14 너희들이 생각하고 또 생각해서 행동
에 돌입하기까지, 그리고 나의 새로운
성경이 이는 하나님의 뜻이요, 하나님
의 말씀이라 하여 너희들이 결심할 때
까지는 무수한 시간이 필요했으며 번
민이 컸을 것이니라.
15 그리하여 너희들이 나의 새로운 성경
을 접했으며, 새로운 성경을 가지고
깨우치고 또 깨우치는 공부를 같이함
에 너희들은 보통 사람의 용기로써는
이 길을 갈 수 없으며 이를 역사할 수
없음이니라.
16 때로는 가족의 반대요, 남편이 아내를
반대하며, 아내가 남편을 반대하며,
자식들이 반대하며, 모든 친지들이 등
을 돌리는 그와 같은 속에서 너희들이
이 길을 간다는 것은 보통 사람이요,
보통 용기로써는 갈 수 없음이니,
17 그 용기와 자신감을 가지고 믿음을 같
이하여, 흔들리는 자세가 되어서는 아
니 되느니라.
18 사랑하는 나의 아들딸들아! 이제 용
기를 가지고 너희들이 자신을 가지고,
160권의 새로운 성경이 이 세상에 나
올 날이 머지않았음이니,
19 이제는 너희들이 힘으로써 밀고 힘으
로써 역사하는 것이 아니라, 지혜로써
모두를 역사하도록 하라.
20 너희들은 모든 일을 우선순위를 결정
하고, 너희들이 이루어야 할 일, 해야
할 일을 우선순위를 결정한 다음에 그
를 행하도록 하되,
21 그 행함에 있어 또한 치밀한 계획을
세워 계획성 있게 움직여 나가 만백성
을 구하는 그와 같은 역사를 이루라.
22 나의 새로운 성경이 세상을 덮는다 하
였으니, 불안과 공포요, 초조한 마음
에 흔들리는 그와 같은 마음을 갖지
말라.
23 자신감과 용기를 가지고 너희들이 흔
들리지 말라.
24 굳건한 믿음이요, 새로운 성경이요,
나의 이 뜻을 너희들이 믿으면 될 것
이며, 나의 아들이 나로부터 명받은

자요, 만백성을 구하는 자임을 너희들
이 믿고 간다면 모두가 다 이루어질
것이요,
25 그렇지 아니하고 흔들리며 너희들의
마음에 작은 공간이라도 생긴다면, 사
탄들이 가차없이 너희들의 마음을 흔
들어 무너트림이니,
26 여기에 너희들이 넘어져서는 다시 일
어설 수가 없는 것이 너희들의 운명이
니라.
27 내가 지금 나의 아들을 따르는 제자들
이요, 새로운 성경을 읽고 깨우치는
만백성, 너희들을 사랑함이니라.

11,994 번째 하나님 말씀

2004년 7월 4일 09시 44분

1 사랑하는 나의 아들아!
2 "네, 아버님! 말씀하옵소서."
3 나의 새로운 성경을 읽고 또 읽어 깨
우쳐 나가는 너희들은 그를 중단해서
도 아니 되며 쉬어서도 아니 됨이니라.
4 그 모두가 영광이요, 은혜라는 것을
너희들이 어찌 모르는가?
5 나의 뜻을 이루고자 하는 것을 너희들
이 제대로 알지 못하며 내가 역사하는
데 깊은 의미요, 내 마음을 모른다면,
너희들은 어떠한 것도 이룰 수가 없는
것이니라.
6 너희들이 나의 뜻이요, 내가 계획하는
것을 하나하나 깨우쳐 다스려 나가려
면, 이는 곧 나의 새로운 성경을 읽고
또 읽고 깨우침을 얻어야 될 것이며,
나의 아들을 통하여 내리는 그 강론
속에 위대함을 알아야 될 것이니라.
7 사랑하는 나의 아들딸들아, 그리고 나
의 아들을 따르는 제자 너희들은 단
한 번에 모두를 이루기를 바라지 말
며, 그와 같은 기적이 있기를 바라지
말라.
8 그와 같은 역사를 기다리지도 말라.
9 그와 같은 것으로써 이룰 수가 없음이
니라.
10 사랑하는 나의 아들을 따르는 제자 너
희들이 나의 새로운 성경 한 권 한 권
을 읽고 깨우치고 또 깨우쳐 그 뜻을
알고 가야 되느니라.
11 너희들이 알지 못하고 그와 같이 가서
는 아니 됨이니, 내가 원하는 뜻이요,
내가 역사하는 것이 너희들의 눈에 보
이지 아니하면 아니 되느니라.
12 너희들의 눈으로 볼 수 있고 마음으로
그를 읽을 수 있도록 그리되어야 함이
니,
13 다만 너희들이 그와 같이 역사하는 것
은 하루아침에 이루어지는 것이 아니
니라.
14 너희들이 나의 새로운 성경을 한 권
읽고 또 한 권 읽고 깨우쳐 가면서 성
장하다 보면, 어느 땐가 하늘의 선생
으로서, 지도자로서 부족함이 없는 너
희들이 되어 있음을 알게 될 것이니라.
15 사랑하는 나의 아들딸들아! 아무리
어렵고 힘든 고비가 닥쳐 온다 해도,
너희들이 나의 새로운 성경을 버리지
아니하며, 이를 가슴에 안고 너희들이
역사하고 간다면, 모두 다 승자가 될
것이며 너희들이 거둬들일 수 있다는
것을 알라.
16 너희들이 내 뜻의 역사함을 알며, 그

것이 얼마나 위대한 것인가를 너희들이 다음 세상의 문턱을 넘을 때 알게 될 것이니라, 사랑하는 나의 아들딸들아!

11,995 번째 하나님 말씀

2004년 7월 4일 09시 47분

1 사랑하는 나의 아들아!
2 “네, 아버님! 말씀하옵소서.”
3 많은 백성들이 나의 새로운 성경을 읽고 강론을 들으며 저희들이 깨우치고자 그리하느니라.
4 또한, 많은 백성들이 또 떠나게 됨이니라.
5 내가 뭐라 말하였느냐?
6 ‘너희들이 침상에 누워 있으니, 한 사람은 구원을 받을 자요, 한 사람은 죽음이라’ 하였음이니라.
7 한 사람은 살 자요, 한 사람은 죽음이라 했으니, 그것이 무엇이더냐?
8 항상 깨달아 사는 자가 있는가 하면, 깨닫지 못하여 죽음의 길을 가는 백성이 있다 내가 가르쳐 주지 않았더냐?
9 그러니 왔다 가는 것을 섭섭하게 생각하지 말며, 왔다 가는 것은 당연한 것이니라.
10 남아 있는 자는 깨달아서 삶의 길을 가는 자요, 남아 있지 못한 백성들은 죽음의 길을 가는 것이니, 그는 당연한 것이 아니더냐?
11 그러니 나의 성전을 떠나 그들이 산속에 수도하러 들어가는 그와 같은 백성이라 생각하라.
12 그들이 산속에 가서 수도하고 깨우침을 얻기 위하여 몸부림치는 백성이니, 그들을 건드리지 아니함이 그들을 도와주는 것이요, 그들에게 너희들이 보탬이 되는 그와 같은 것이니라.
13 그러니 그들이 스스로 깨우쳐 올 수 있도록 기다리라.
14 너희들이 하나가 되며 또 둘이 하나로 합치며, 너희들이 무엇을 이루고자 또 ‘옛날의 전우여, 다시 뭉치자.’ 하는 인간 세상에서 하는 짓을 여기서 할 수는 없으며 그리 갈 수가 없느니라.
15 그저 다만 떠난 백성들은 산속 깊은 곳에 제가 깨달음이 부족하여 수도하러 들어간 사람이니,
16 세상과 인연을 끊고 깨우치고자 하는 자에게 세상 속의 것을 전하며 세상 속의 것을 알려 주는 것이 도움이 아니 되지 않더냐?
17 그건 결코 도움이 되지 아니함이니, 그들을 그대로 놔두며 건드리지 아니하는 것이 너희들이 도와주는 것이요, 스스로 깨우칠 때까지 기다리라.
18 스스로 깨우쳐 너희들에게 와서 고개 숙여 강론을 들으며 나의 성경을 접할 때 받아 주되, 너희들이 하나 더하기 하나는 둘이라는 그와 같은 계산법으로 역사하지 말라.
19 감히 나 여호와가 직접 관장하는 것이요, 나의 성전이요, 나의 아들을 통하여 모두를 역사하니, 너희들이 어찌하여 이를 합병하며 동등한 자격으로서 하나가 될 수 있다는 그와 같은 생각을 하는가?
20 그 발상 자체가 올 수 없는 자들이요, 깨달음이 없는 자들이요, 하늘의 두려

움을 모르며 나의 새로운 성경의 두려
움을 모르며, 나의 아들을 통하여 내
리는 160권의 그 위대함이 무엇인가
를 모르는 어리석은 백성이니,
21 인간의 한계요, 인간의 생각이요, 인
간의 계산법에서 그리하니, 그들은 이
미 그 마음의 공간에 사악한 자들이
자리를 잡고 있음을 너희들은 알아야
될 것이니라.

11,996 번째 하나님 말씀

2004년 7월 4일 09시 50분

1 사랑하는 나의 아들아!
2 "네, 아버님! 말씀하옵소서."
3 나의 아들을 따르는 제자들이요, 그리
고 새로운 성경을 읽고 깨우친 백성
너희들은 들으라.
4 너희들은 항상 어려운 자들을 생각하
며 그들을 기억하며 그들을 도울 수
있는 마음 자세로 살아가는 것이 선택
된 나의 백성들이 가야 할 길이니라.
5 그러니 희생이 따르며 고통과 시련이
따름이니라.
6 고통과 시련과 희생이 없이 너희들이
어찌 남을 도우며 가난하고 불쌍한 자
를 도우며 살아간다 말하느냐?
7 희생과 고통이 따르지 아니하는 것은
정녕 도움이 아니요, 사랑함이 아니니
라.
8 그러니 어려운 속에서 나누는 것, 고
통 속에서 나누는 것, 그것이 진정한
사랑이요, 내 뜻을 역사하는 백성들이
라 함을 알라.
9 그러한 백성은 자신의 삶에 만족할 줄
알아야 하느니라.
10 그러니 너희들이 어려운 속에서, 가난
한 속에서 남을 도와주고 베풀어 줄
수 있는 마음을 가지고 사는 백성은
오늘의 삶에 나에게 감사하며, 모두를
나의 은혜에 감사할 수 있는 그와 같
은 마음을 갖고 오늘의 생활에 만족할
줄 아는 백성이어야만 되느니라.
11 그와 같은 백성이 최선의 노력을 다할
수 있으며, 최선의 노력을 다하는 삶
에서 너희들이 남을 도울 수 있는 길
이 있으며 더불어 살아가는 지혜를 터
득하게 됨이니라, 사랑하는 나의 아들
딸들아!
12 사랑하는 나의 아들을 따르는 제자 너
희들은 들으라.
13 남을 위한 삶처럼 아름다운 것은 이
세상에 없느니라.
14 이는 무엇을 의미하느냐?
15 창조주 나 여호와의 뜻이요, 내가 이
루고자 하는 것, 내가 하고자 하는 것
을 너희들이 대신하는 뜻이기 때문이
니, 그를 알라.
16 사랑하는 너희들은 들으라.
17 만백성이 심판대에 서서 슬프고 고통
스러워 통곡하는 그 백성들 중에서 너
희들이 심판대에 서서 가장 활짝 웃는
웃음이 얼마나 소중하고 위대한 웃음
인지 알겠느냐?
18 너희들이 심판을 받는 심판대에 서서
지옥으로 가지 아니하려고 울고불고
하며, 사탄들은 쇠사슬로 묶어 그를
끌고 감이니,
19 그 심판대에 서서 너희들이 활짝 웃을
수 있는 그 웃음이야말로 지금의 세상

에서 너희들이 열배 백배를 주고도 구
할 수 없는 가장 귀하고 소중한 웃음
이요, 값진 웃음이라는 것을 알라.
20 사랑하는 나의 아들딸들아! 내가 너
희들에게 어떠한 삶을 살라 하였느냐?
21 너희들이 인생의 삶을 살다 종착역인
숨을 거두는 그 1초에 당당하게 웃을
수 있는 그와 같은 삶을 살며 후회하
지 않는 삶을 사는 것이 가장 위대하
고 값진 삶이라 하지 아니하였더냐?
22 너희들이 그 순간에 웃을 수 있는 백
성은 곧 심판대에서 웃을 수 있는 그
백성이 될 것이니,
23 심판대에서 활짝 웃는 그 웃음이야말
로 너희들이 세상 것을 다 줘도 얻지
못하는 가장 귀하고 소중한 웃음이니,
그 웃음을 너희들 것으로써 만들도록
그리하라, 나의 아들을 따르는 제자들
은.

11,997 번째 하나님 말씀

2004년 7월 4일 09시 55분

1 사랑하는 나의 아들아!
2 **"네, 아버님! 말씀하옵소서."**
3 너희들에게 마음을 비우고 자신을 버
리며, 남을 생각하며 남을 위하는 그
와 같은 희생과 봉사의 삶을 살아야
한다 하지 않았더냐?
4 이것을 이 세상에 어떠한 백성도 역사
하지 못한다 해도, 너희들은 그와 같
이 살아야 되며 그 길을 가야 한다 하
였음이니, 이를 명심하도록 해야 될
것이니라.
5 너희가 그렇게 살 때, 네 마음이 밝아
지기 때문이니라, 사랑하는 나의 아들
딸들아!
6 너희들이 육의 눈은 떠 있으나 그 육
의 눈으로는 세상의 사물을 정확하게
볼 수 없음이니라.
7 이미 욕심에 찌들어 있으며 욕망에 젖
어 있는 그 눈을 가지고는 세상의 모
두를 볼 수 없음이니라, 사랑하는 나
의 아들딸들아!
8 너희들이 순수한 천사와 같은 마음으
로 네 마음의 눈이 열릴 때, 네 마음이
밝아짐으로 인하여 네 마음의 눈이 열
림이니라.
9 육의 눈이 아니라 마음의 눈이 열리게
되면 너희들은 어떠한 변화가 이루어
지는지 알겠느냐?
10 이 세상의 모든 것을 있는 그대로 볼
수 있음이니라.
11 그들의 형태요, 살아가는 모습이요,
그들이 가지고 있는 장단점, 그들의
보이지 않는 내면의 그 마음까지 모두
볼 수 있고 읽게 됨이니, 너희들은 실
패함이 없음이니라.
12 마음의 눈이 밝지 못하면 너희들은 바
로 생각이 바르지 못한 사람이요, 생
각이 바르지 못한 사람은 모든 것을
바로 볼 수가 없음이니라, 사랑하는
나의 아들딸들아!
13 너희들이 바로 보지 못하는 것은 무엇
이더냐?
14 알지 못함이니라.
15 그러니 곧 정답을 알지 못함이니, 그
와 같은 백성이 되는 것이니라.
16 그 속에서 너희들이 무엇을 보고 무엇
을 얻을 수 있겠느냐?

17 바로 보지 못하며 정답을 모르니, 너
희들이 판단 또한 할 수 없는 것이요,
18 그리하여 너희들이 모두 다 세뇌되어
지금 자신을 모르고 자신이 어디에 있
는지 모르며 너희들 자신이 지금 흔들
리고 있는 삶을 사는 것이 아니더냐?
19 사랑하는 나의 아들딸들아! 너희들이
그리 갈구하는 나에게 오르는 구원의
길 자체도 바로 그러니라.
20 너희들이 바로 선택하지 못하기 때문
에 바른길을 갈 수 없으며 바른길을
올 수 없음이니, 이는 마음의 눈이 열
리지 아니했기 때문이니라, 사랑하는
나의 아들딸들아!
21 너희가 맑은 마음으로써 마음의 눈이
열리면 세상 만물을 다 그대로 볼 수
있으며 그대로 깨우치며, 그리되면 너
희들이 어찌 되느냐?
22 주인이 되는 것이 아니더냐?
23 그들의 마음이요, 그들의 색채요, 생
각까지도 모두를 다 보고 아니, 그들
을 너희들이 다스리고 관리할 수 있기
때문에 만물의 주인이니라.
24 그러나 마음이 맑지 못하여 너희들이
마음의 눈이 열리지 못하면 만물의 노
예가 되어 버리는 것이니라.
25 오늘의 종교 집단의 지도자요, 광분하
고 울고불고하는 백성, 너희들은 구원
이라는 그 믿음이요, 구원에 의하여
모두를 가고 있다 하나,
26 너희들은 마음의 문이 열리지 않으며
참진리를 모르기에 구원이라는 단어
에 노예가 되어 지금 방황하는 자들이
요,
27 구원과는 관계없이 그 욕심을 버리지
못하여 지옥의 벼랑으로 떨어져 가는
그 길을 지금 달려가는 백성들이니라.
28 그러니 너희들이 구원이라는 믿음의
주인이 되지 못하고 구원이라는 거기
에 노예가 되어 지금 갈피를 잡지 못
하고 살다 심판대에 서니,
29 지옥이라는 그곳으로 끌려가게 되며,
너희들을 데려가기 위하여 사탄이 지
금 아귀다툼을 하고 있는 그 속에 끌
려가 네 죄를 다 받는다는 것을,
30 나의 아들이 이 세상에서 죽어 가는
자가 어찌 갔는지 그것을 하나하나 대
답해 준다면, 너희들은 아마 소름이
끼칠 것이며 무섭고 두려워 잠을 이루
지 못할 것이니라.
31 그리하여 나의 아들이 모두를 보면서
도 말을 하지 아니하며 너희들에게 깨
우쳐 주지 아니하며 가르쳐 주지 아니
하느니라.
32 한 사람이 죽어 가는 것도 나의 아들
은 그가 어디로 가는지를 알고 있으니,
33 다만 무섭고 소름 끼쳐 너희 자신이
두려워할까 봐 나의 아들이 입을 봉하
고 있음을 너희들은 어찌 모르는가?

11,998 번째 하나님 말씀

2004년 7월 4일 11시 37분

1 사랑하는 나의 아들아!
2 **"네, 아버님! 말씀하옵소서."**
3 내가 이 세상에 하늘의 뜻을 전함에
한 사람을 통하여 모두를 역사한다 하
였음이니라.
4 한 사람을 통하여 모두를 역사할 수
있는 것이 나 여호와의 권능이요, 너

희들이 말하는 전지전능한 나 여호와
가 역사함이니라.
5 내가 모세 한 사람을 통하여 구약의
시대의 그 모두를 역사를 했으며, 또
한 내가 예수를 통하여 오늘의 이 시
대의 모두를 역사하지 않았던가?
6 한 사람을 통하여 내가 한 사람으로
하여금 그 모두를 역사했어도 지금 너
희들이 부족함이 있는가?
7 너희들은 그와 같은 기적의 역사를 이
룬 자가 없을 것이니라.
8 그리하여 나 여호와가 지금 나의 아들
을 통하여 만백성을 구하고자 이 역사
를 이룸이니라.
9 내가 너희들에게 뭐라 했느냐?
10 하늘의 뜻을 나의 아들을 통하여 세상
에 전하며, 그를 통하여 내가 다 거둬
들인다 하였음이니, 너희들이 이를 믿
고 믿지 않는 것은 너희들의 자유이니
라.
11 내가 모세를 통하여 그 모든 구약의
시대를 통제했으며, 예수를 통하여 신
약의 시대를 역사했음이니라.
12 한 사람을 통하여 내가 모두를 역사했
어도 몇천 년이 흘러온 지금 헤아릴
수 없이 수많은 종파가 세상에 생겨서
그게 나의 아들이요, 나의 명을 받은
자들이라 저희들이 간판을 걸고 울고
불고하고 있음이니,
13 내가 하늘에서 콩을 내리듯이 깨우친
자를 그와 같이 수없이 세상에 내려보
냈다면 과연 어떻게 되었겠는가 생각
을 해 보았느냐?
14 이는 상상할 수도 없이 이 세상이 종
파로써 다 찢어지고 갈라지는 그와 같
은 형국이 되었을 것이니라.
15 한 사람을 통하여 하늘의 진리를 전해
도 수천 수억 가지로 갈라져 오늘의
이 혼란이 옴이니, 이와 같은 깨달음
을 너희들은 알아야 될 것이니라.
16 나는 하늘에서 콩을 붓듯이 그리 부어
종교 집단의 지도자를 세상에 내세운
일이 없으며, 그와 같은 자를 지도자
라 명한 자가 없음을 너희들은 알라.
17 너희들이 어찌하든 나는 오로지 지금
의 나의 아들을 통하여 160권의 새로
운 성경을 내려보내며, 이게 하늘의
뜻이요, 너희가 구원을 받는 마지막
길이라는 것을 너희들은 알라.
18 이를 손에 들고 돌아서든, 떠나든, 떠
나지 않든 그것은 너희들의 자유의지
며 네 복일 것이니라.
19 이를 너희들이 명심하여 들을 것이니
라.
20 수천 년 동안 흘러오는 그 역사 속에
몇 사람을 통해서 내가 세상에 만백성
을 구하고자 했더냐?
21 내가 처음에 종을 보냈으며, 그것이
안 되어 나의 아들을 보냈으며,
22 지금은 나의 아들을 통하여 내가 직접
내려와 새로운 성경을 전함이니,
23 나의 새로운 성경을 접할 때 그를 너
희들이 열고 읽을 때 내가 같이한다
하지 아니하였더냐?
24 이것이 나 여호와의 뜻이요, 내가 역
사함임을 너희들은 알아야 될 것이니
라.
25 한 사람을 통하여 내 뜻을 전하고자
했던 것이 수억의 종파로 갈라지고 이
세상이 이리 혼잡하고 어지럽듯이,

26 너희들이 말하는 나로부터 기름 부음
을 받은 자요, 명받은 자요, 종교 지도
자요, 하늘로부터 대명을 받은 자라
말하는 자, 그와 같은 많은 숫자를 내
가 세상에 내렸다면,
27 너희들은 혼잡해서 견딜 수 없으며,
이 세상은 서로 난립하여 치고받고
죽고 사는 그것으로써 한 사람도 존재
할 수 없는 그와 같은 형국의 세상이
되었을 것이니라.
28 내가 한 사람을 통하여 내려보냈어도
거기에서 그와 같이 파생되고 사탄들
이 나의 이름을 팔아 세상을 혼잡게
한 것이 수많은 종파가 생겼음이니,
29 내가 수억 개를 내려보냈을 때 어떠한
형국이 되겠느냐?
30 너희들은 들으라.
31 나는 마지막 시대에 나의 아들을 통하
여 새로운 성경을 내려보내니, 너희들
이 이를 보지 아니하고 이를 깨우치지
아니하면 나에게 오를 수 없다 함을
알겠느냐?
32 이 속에는 모든 정답이 있음이니라.
33 너희들이 어떠한 형태요, 어떠한 삶을
살더라도, 괴롭고 슬플 때 나의 새로
운 성경을 열면 그 뜻이 거기 있으며,
너희에게 지혜를 주며 네 마음에 와
닿는 내용이 다 거기에 있을 것이니라.
34 그것은 바로 내가 내리는 새로운 성경
이며 나 여호와가 주관하기 때문이니
라.
35 너희들과 아무런 관계없는 것 같아도,
괴롭고 고통스러우며 지혜를 얻고자
할 때, 너희들이 나의 새로운 성경을
펼쳐 읽으면,
36 너희 마음이 거기에 기록되었으며 답
이 거기 있으며 슬프고 아픈 네 마음
이 거기에 다 있으니, 이것이 바로 나
의 뜻이요, 내가 역사하는 것이라는
것을 너희들은 알라.
37 이제 나의 아들을 따르는 제자 너희들
은 알라.
38 오로지 하나를 통하여 모두를 역사함
이니, 지금은 나의 아들을 통하여 역
사하는 것이니, 여기를 너희들이 등지
고 떠나서 여기를 벗어나서는 하늘에
오를 수 있는 길이 없다 함을 알라.
39 나 여호와가 10년 안에 모두를 다 덮
는다 하였거늘, 그 10년을 인내하지
못하고 떠나는 자 너희들이 얼마나 불
행한 백성이더냐?
40 너희들이 거듭나는 세상의 삶을 위해
살지 아니하고 백 년도 안 되는 육의
세상의 삶을 살아 모두를 바치며 어리
석게 사는 자,
41 10년도 인내하지 못하며 10년도 기다
리지 못한다면, 너희들같이 불행하고
불쌍한 백성이 없음이니라.
42 누가 감히 10년 안에 이 세상을 다 덮
는다 약속하며 그 말을 할 수 있느냐?
43 10년 후에 그와 같은 답이 역사하지
않을 때 나의 성경을 버리고 너희들이
나의 아들에게 침을 뱉고 돌아서도 내
가 말하지 아니할 것이니라.
44 그러나 그것도 기다리지 아니하고 등
돌리고 가는 자, 절대 용서할 수 없으
며 내가 그를 그대로 더 둘 수 없음을
알라.
45 나의 아들 예수를 욕되게 하는 자, 내
가 그들을 용서할 수 없듯이, 나의 아

들로서 대명을 받아 간 자를 나와 같
다 하며 그와 내가 삼위일체요, 아버
지와 아들이 같다 하는 자, 그로 하여
나의 아들 예수가 얼마나 마음에 고통
을 겪고 있는가?
46 그 마음에 고통을 주는 자, 내가 용서
할 수 없는 것은 당연한 뜻이 아니더
냐?
47 이와 같은 이치를 너희들이 깨달아 오
늘의 삶을 바로 가도록 그리하라.

11,999 번째 하나님 말씀

2004년 7월 4일 18시 10분

1 사랑하는 나의 아들아!
2 "네, 아버님! 말씀하옵소서."
3 너희들이 오늘에 사람이 많고 적으며,
너희들을 따르고 안 따르며, 나의 새
로운 성경을 만백성이 읽고 안 읽는
것, 그와 같은 것에 마음 쓰지 말라.
4 내가 인간 세상에 너희들이 전파하는
것이요, 복음을 전파하는 방법으로 역
사하지 아니한다 하지 않았더냐?
5 절대 그러한 방법으로 역사하지 아니
함이니라.
6 그리고 너희들은 나의 새로운 성경이
이 세상을 다 덮는 그 역사를 살아서
볼 수 있다 하지 아니하였더냐?
7 그것이 무엇인 줄 알겠느냐?
8 지금은 적은 나의 백성이요, 나의 아
들을 따르는 제자들로서 역사하나,
9 나의 아들을 통하여 너희들에게 내리
는 것은 진리요, 내가 새로운 성경이
라 하여 160권을 세상에 만들어 냄이
니, 이는 나 여호와의 뜻이요, 하늘의
뜻이요, 참진리이니라.
10 하늘의 뜻이요, 참진리는 무엇이더냐?
11 이는 변하지 아니하며 변질되지 아니
함이니라.
12 백 년, 천 년, 지구가 존재할 때까지
흘러가도 그는 변화되지 아니하며 변
질되지 아니하는 위대함이 있느니라.
13 너희들이 지금은 적으며 나약하다 해
도, 그것은 참진리이기에 이 진리는
나가고 또 나가고 전해지고 전해져도
변질되지 아니하며 다시 돌아옴이니
라.
14 그들이 나가서 돌아와도 그 형태로 그
대로 돌아올 수 있는 것이 나의 진리
요, 지금 새로운 성경이니라.
15 그러니 영원히 살아서 존재하는 것이
요, 그들이 돌고 돌면서 만백성을 깨
우치니, 너희들이 승자가 되는 것이니
라.
16 지금 말할 수 없이 방대한 조직이요,
오늘의 성전이요, 교회를 가지고 있는
자, 너희들이 세상을 지배할 것 같으
나,
17 비진리라는 것은 그 자리를 떠나서 돌
아오는 동안에 돌아올 수 있는 흔적이
없으며 그 자취가 없어짐이니라.
18 비진리라는 것은 두 사람, 세 사람의
입을 통하여 전해지며 해가 거듭함으
로 인해서 그것은 소멸되며 그건 지워
지니, 항상 제자리를 지키지 못함이니
라.
19 새로운 성경은 나의 뜻이요, 참진리로
서 흔들리지 아니하며 변하지 아니하
며 우뚝 서 있어서 성장하는 것밖에
없음이니, 이는 하늘에 닿도록 성장함

이니라.
20 그러나 비진리는 그 씨앗이 싹을 틀
수 없으며 그가 성장할 수 없음이니라.
21 사람을 거치고 거쳐 가면서 무너지고
부서지고 파괴되며 찢기고 할퀴어서
그 흔적이 없어지며, 나간 자리로 돌
아올 수 없는 것이 비진리요, 나의 뜻
이 아닌 것이요, 사탄이 역사하는 것
이니라.
22 사랑하는 나의 아들아! 너희들은 그
를 알아야 될 것이며 그 의미를 알아
야 될 것이니라.
23 그러니 오늘의 적은 인원이요, 사람이
없다 하여, 너희들을 따르지 않는다
하여, 나의 새로운 성경을 읽지 않는
다 하여도 너희들이 관여하지 말라.
24 그 모두는 다 내가 역사하며, 너희들
에게 내리는 그것은 나의 진리요, 나
의 새로운 성경은 내 뜻이기에 이는
변하지 아니하며 우뚝 서서 서서히 자
람이니라.
25 그것을 누구도 당할 수 없음이니라.
26 떠난 자리에 돌아올 때 그 모습으로
그대로 돌아옴이니, 그게 얼마나 위대
한 힘인 줄 알겠느냐?
27 그것은 진리가 아니요, 내 뜻이 아니
면 그리 역사할 수 없음이니라.
28 모두는 제자리를 떠나면 부서지고 파
괴되느니라.
29 바람 앞에 부식되는 쇠붙이처럼 비진
리는 그리 부서지고 다 녹슬어지는 것
이니, 걱정하지 말며 두려워하지 말
라, 사랑하는 나의 아들딸들아!

12,000 번째 하나님 말씀

2004년 7월 4일 22시 19분

1 사랑하는 나의 아들아!
2 "네, 아버님! 말씀하옵소서."
3 가장 낮은 자가 되라 함은 그 의미요,
뜻이 무엇인 줄 알겠느냐?
4 가장 낮은 자만이 자신의 아름다운 삶
을 살 수 있으며 하늘의 뜻에 따라 살
기 때문이니라.
5 낮은 자만이 이웃을 사랑하고 형제를
사랑하고 모두를 사랑할 수 있는 그
마음의 기초요, 싹이 틀 수 있는 것이
며,
6 낮은 자가 되지 아니하면 모두를 사랑
할 수 있는 마음이 없기 때문이니라.
7 그러니 낮은 자가 되라는 것은 너희들
이 낮은 자의 아름다운 마음의 꽃을
가꿀 수 있기 때문이니라.
8 가장 낮은 자가 되어 아름다운 꽃을
가꿀 수 있는 그와 같은 마음이 없는
자 너희들은 결코 세상의 아름다움이
요, 소중함을 알 수 없기 때문이니라.
9 그리하여 낮은 자만이 형제를 사랑하
며 이웃을 사랑하며 모두를 사랑할 수
있는 그와 같은 마음의 자리를 잡을
수 있기 때문이니라.
10 그리하여 아름다운 삶을 사는 그 속에
서 너희들이 나의 진리를 알며 나의
뜻을 알 수 있기에, 너희들은 낮은 자
가 되라 함이니라.
11 그러니 지금의 종교 집단의 지도자가
모두 다 과연 낮은 자의 형태로써 자
세를 가지고 있으며, 그들이 지금 인
도하고 있으며 가고 있다 생각하느냐?

12 이는 너희 스스로 평가하고 너희 스스
로 다스려 볼 수 있는 지혜가 있거늘,
어찌하여 너희들이 그를 보지 못하며
그를 보고 깨닫지 못한단 말이더냐?
13 한 자도 더하지도 빼지도 말라는 그
성서에 내가 얼마나 기록하여 전했더
냐?
14 '너희들이 높은 자가 되고자 하면 낮
은 자가 될 것이요, 낮은 자가 되고자
하면 높은 자가 될 것이라'는 그 뜻이
요, 나의 성경의 뜻을 너희들이 안다
면,
15 그대로 행하고 지키고 살아가는 집단
이요, 지도자가 과연 얼마나 있는가
너희들이 돌이켜 보라.
16 그와 같은 것을 보면 이 세상에 믿음
의 길이요, 나에게 온다는 백성들이
바른길을 가는지 바르지 못한 길을
가는지 너희들이 알 것이거늘, 스스로
그것 하나도 구분할 수 있는 능력이
없단 말이더냐?
17 너희들에게 얼마나 더 높은 지혜와 판
단할 수 있고 생각할 수 있는 그 모두
를 내가 주어야 된단 말이던가?
18 그것으로써 그 정도의 판단은 충분히
하고도 남으며, 너희들이 스스로 평가
할 수 있는 그와 같은 지혜를 주었음
이니라.
19 너희들에게 지혜를 주지 아니하며 그
와 같은 능력을 주지 아니하고 너희들
이 평가하고 판단해서 바른길을 오라
한다면,
20 나는 창조주요, 전지전능한 아버지도
아니며 나는 공의의 아버지도 아님이
니라.
21 너희들이 역사하고 이룰 수 있는 것은
모두를 다 주었음이니 그리 알라, 사
랑하는 나의 아들딸들아!
22 다만, 너희들이 용기와 자신이 없기
때문이니라.
23 너희 자신을 귀히 생각하며 너희 자
신을 돌아다보면, 너희가 가지고 있는
그 능력의 한계는 끝이 없음을 알라
그리 전하라.

12,001 번째 하나님 말씀

2004년 7월 4일 22시 26분

1 사랑하는 나의 아들아!
2 "네, 아버님! 말씀하옵소서."
3 너희가 구원을 생각지 말며, 나의 새
로운 성경을 공부하고 깨우쳐 강론을
들으며 변하여 가라 하였음이니라.
4 그리하면 너희들이 구원의 길을 볼 수
있으며 그 모두를 볼 수 있다 하였음
이니라.
5 너희들이 스스로 구원이라는 그 병에
걸려 있으며 구원이라는 것을 앞세워
가다 보면, 정녕 너희들은 그 구원의
길을 올 수 없다 하였음이니라.
6 강론을 듣고 새로운 성경을 읽고 깨우
쳐 변화되는 그와 같은 삶을 잘 다스
려 나가면 너희가 그리 갈 수 있음이
니,
7 그리하여 구원의 길이라는 것을 절대
생각하지 말라는 것을 나의 아들을 통
하여 내가 너희들에게 수없이 전했느
니라.
8 너희들이 구원이라는 것을 생각하며
거기에 얽매어 가다 보면 너희들은 실

패라는 것을 생각하게 됨이니라.
9 그리고 불안한 마음을 갖게 됨이니라.
10 그리하여 귀하고 소중한 나의 새로운
성경을 손에서 놓게 되며, 나의 성경
을 들고 있는 것에 불안을 느끼게 됨
이니라.
11 너희가 스스로 영광된 이 길에서 돌아
서게 되며 떠나게 되는 그와 같은 마
음이 생김이니, 이는 바로 무엇인 줄
알겠느냐?
12 너희들이 구원이라는 것에 너무 집착
하며 그를 놓고 모든 믿음이요, 신앙
의 길을 가기 때문에 너희들은 그 반
대의 실패라는 것을 생각하게 되며,
실패했을 때를 생각하게 되며, 수많은
것을 너희들이 생각하게 됨이니, 그리
하여 소중한 것을 보지 못하며 내 뜻
을 받아들여 소화시키지 못함이니,
13 그리하여 그와 같이 돌아서 무너지는
어리석은 우를 범하지 말도록 내가 너
희들을 다스리고자 전하는 뜻을 깊이
마음에 새겨 두도록 그리하라.
14 실패와 불안한 마음이 생기면 사탄은
너희들의 마음을 흔들기 시작하며 너
희들을 절대 놓지 아니함이니라.
15 사랑하는 나의 아들딸들아! 내가 이
세상을 창조하니, 아담과 이브의 마음
이 어떠했는지 알겠느냐?
16 그들도 마음에 틈이 있지 아니하였다
면, 감히 사탄이 그들을 무너트리지
못하였을 것이니라.
17 그들은 나 여호와가 내린 계명을 두려
워하지 아니하였으며, 그를 의혹하였
으며, 그리하여 그들은 그 마음의 한
자리가 자신도 모르게 비어 있었기에
사탄이 그 마음을 잡고 흔들기 시작하
였으며,
18 서서히 그를 무너트려 그와 같이 무
너진 결과가 되었음을 너희들은 알아
야 될 것이니라.
19 그러니 너희들은 마음이 어떠해야 하
겠느냐?
20 인간 세상에 사는 너희들의 그 마음
한구석에 빈틈이 생긴다 할 때, 사탄
들은 너희들을 가차없이 무너트릴 것
이며 지옥으로 끌고 가는 즐거움을 느
끼게 될 것이니라.
21 너희들의 마음 한구석이 비며 믿음으
로 차 있지 아니하며, 실패하는 마음
이요, 잘못되는 마음이요, 불안한 마
음을 가졌을 때, 너희들은 이곳을 떠
나게 됨이니,
22 인간의 생각에 의해서 너희들은 이미
무너졌으며 벗어나지 못하였기 때문
이니라.
23 사랑하는 나의 아들딸들아! 그리되었
을 때 너희들이 이 새로운 성경이요,
이 귀한 것을 버리고 떠나며, 두 번 다
시 돌아올 수 없는 그와 같은 길을 가
게 됨이니, 절대 그와 같은 어리석은
삶을 살지 말도록 그리하라.
24 구원이라는 것에 연연하지 아니하며
거기에 너희들이 매달리지 아니해도,
실패라는 것을 생각하지 않게 될 것이
며, 실패했을 때 불안한 마음을 갖지
아니할 것이니라.
25 그러니 너희들이 스스로 판단하여 평
가하도록 그리하라.
26 그리고 너희들이 정녕 마음을 다스리
지 못할 때 나의 새로운 성경을 정독

하고 성경을 정독하도록 하라.
27 그러면 그 속에 있는 답이요, 그 속에
감춰진 비밀의 의미를 모두 다 너희들
이 알게 될 것이니,
28 스스로 깨우치고 판단할 수 있는 능력
이요, 하늘의 지혜를 얻게 될 것이니
라, 사랑하는 나의 아들딸들아!
29 해 보지도 아니하고 시도하지도 아니
하고 노력하지 아니하고 너희들이 결
정하고 떠나고 포기하는 것, 그리고
버리는 것, 그 모두가 인간의 욕심이
요, 인간의 한계로 너희들이 돌아갔기
때문이니라.
30 이를 너희들이 명심하도록 그리하라.
31 믿음은 조건이 있어서는 아니 되며,
너희들이 거래하고자 하는 것이 있어
서는 아니 되느니라.
32 나의 성전에 와 나의 아들을 통하여
내리는 강론을 듣는 너희들이 무슨 조
건이 있으며 무엇을 바랄 것이 있느
냐?
33 너희들이 듣고 깨우쳐 하늘의 이치를
알며 너희 마음이 다스려지면 그것으
로써 얻을 것을 다 얻은 것이 아니더
냐?
34 모든 백성들이 그러하니라.
35 계명이라는 것을 지키라 할 때, 인간
의 능력으로 지킬 수가 없으며, 거짓
하지 아니하며 악을 행하지 아니하고
살라 하니, 인간은 그리 살 수 없다 하
여,
36 나 여호와가 그저 일순간에 단숨에 무
슨 변화의 역사를 이루어 주고 너희들
을 이끌어 주는 것이 구원의 길이요,
변화될 수 있는 것이지, 인간의 노력
으로써는 변화될 수 없다는 어리석은
말을 하지 말라.
37 내가 역사하는 것은 그저 불이 붙듯이
그리 역사하는 것이 아니니라.
38 나의 아들을 통하여 내리는 새로운 성
경을 한 권을 읽고 너희들이 깨우치며
두 권을 읽고 깨우침을 얻을 때 그것
이 내가 역사하는 것이요,
39 내가 이미 너희들에게 역사하고 있으
니, 바로 모두를 너희들이 접어 두고
갈 수 있느니라.
40 계명을 지킬 수 있으며 거짓 하지 아
니하며, 도적질하지 아니하며, 남을
속이지 아니하며, 하늘을 향하여 부끄
럼이 없는 길을 갈 수 있는 것이니라.
41 그것이 서서히 이루어짐이니라.
42 이미 내가 너희들과 같이하고 있거늘,
그러니 모든 종교 집단의 지도자들이
저희들이 가는 믿음으로써는 서서히
변화될 수 없고, 일순간에 불이 붙듯
이 저희들에게 내가 불로써 성령으로
써 역사하는 기적을 얻지 아니하면 바
로 갈 수 없다 그리 말하니,
43 그 믿음이 잘못된 것이요, 그 믿음이
다 허황된 것이요, 그 속에는 진리가
없으며 깨달을 수 없다는 것을 저희
스스로 입증하는 그와 같은 말을 하고
있음이니,
44 그들의 실태가 그러함을 알라, 사랑하
는 나의 아들딸들아!

12,002 번째 하나님 말씀

2004년 7월 5일 07시 04분

1 사랑하는 나의 아들아!

2 "네, 아버님! 말씀하옵소서."
3 이 세상에서 모든 백성 중에 가장 큰
은혜요, 영광을 받은 것이 너를 따르
는 제자들이요, 그리고 나의 새로운
성경을 읽고 깨우친 백성, 너희들이니
라.
4 그러니 가장 큰 은혜요, 가장 큰 영광
이요, 그 누구도 누리고 얻을 수 없는
것을 얻은 백성 너희들은 바로 무엇이
던가?
5 첫째는 만백성을 구하는 데 너희들의
모두를 다 바쳐야 될 것이며, 그리고
만백성이 들여다볼 때 한 점의 부끄럽
이 없는 삶을 사는 것, 그것으로써 너
희들이 나에게 은혜를 보답하는 길이
요, 그리고 가장 큰 은혜요, 영광을 받
은 백성들이 해야 할 일이며 살아갈
길이라는 것을 잊지 말라.
6 그것이 아니면 너희들은 아니 됨이니
라.
7 가장 큰 영광이요, 축복이요, 남이 가
질 수 없는 것을 가진 너희들이 삶에
또한 남들이 갈 수 없는 어렵고 힘든
길을 인내하며, 하늘을 향하여 한 점
의 부끄럽이 없는 그와 같은 삶을 살
아 너희들이 만백성의 본보기로 보이
는 것, 그것이 가야 할 길이며 그리 가
야 됨이니라.
8 그렇지 않으면 너희들이 나로부터 가
장 큰 은혜요, 영광을 받은 것을 은혜
로써 갚는 것이 아니요, 나를 욕되게
하는 것으로써 갚는 것이며,
9 가장 큰 은혜요, 영광과 축복을 받은
백성으로서 그 자격이 없음이니라.
10 그러니 너희들은 그와 같은 것을 잊지
말며 그를 생각하고 항상 살아가도록
그리하라.
11 너의 제자들 또한 그러하니라.
12 모든 삶에서 모든 행동함에서 누구도
행할 수 없는 그와 같은 변화요, 가장
아름다운 백성이요, 가장 진실한 백성
이요, 하늘을 향하여 한 점의 부끄럽
이 없는 삶을 사는 백성으로서 너희들
이 살아가는 길을 잊지 말며, 그리하
지 아니하면 아니 됨이니 그를 전하라.

12,003 번째 하나님 말씀

2004년 7월 5일 14시 48분

1 "너는 나 외에는 다른 신들을 네게 있
게 말지니라.
2 너를 위하여 새긴 우상을 만들지 말
고, 또 위로 하늘에 있는 것이나 아래
로 땅에 있는 것이나 땅 아래 물속에
있는 것의 아무 형상이든지 만들지 말
며, 그것들에게 절하지 말며 그것들을
섬기지 말라.
3 너는 너의 하나님 여호와의 이름을 망
령되이 일컫지 말라.
4 안식일을 기억하여 거룩히 지키라.
5 네 부모를 공경하라.
6 살인하지 말지니라.
7 간음하지 말지니라.
8 도적질하지 말지니라.
9 네 이웃에 대하여 거짓 증거하지 말지
니라.
10 네 이웃의 집을 탐내지 말지니라.
11 나 여호와가 존재함을 믿는 그 자체가
구원의 길에 들어서는 기본이요 근본
이며, 나의 법전을 가슴에 안고 정독

하는 자, 반석 위에 서서 하늘에 오르
는 찬란한 빛을 보게 되는 영광을 얻
게 됨이니라."
12 사랑하는 나의 아들딸들아!
13 "네, 아버님! 말씀하옵소서."
14 너를 따르는 제자들과 나의 새로운 성
경을 읽고 깨우친 백성, 너희들이 나
의 십계명을 머리말에 기록하여 적어
놓으며 그를 암송하고 또 암송하는 것
은 무엇이더냐?
15 너희들은 모를 것이니라.
16 그리고 만백성 그들은 모를 것이니라.
17 너희들은 그를 지키겠다며 그와 같은
삶을 살겠다는 것, 그와 같은 삶을 살
아서 한 점의 부끄럼이 없는 나의 아
들딸로서 거듭나겠다는 애절한 마음
이요, 간곡한 너희들의 사랑의 뜻이
들어 있지 않더냐?
18 그것이 나를 믿으며 나를 사랑함이니
라.
19 나의 십계명을 암송하고 또 암송하는
너희들의 그 마음이 그리 애절하고 간
곡하니,
20 그를 외우지 아니하며 그를 모르는 체
하는 백성들이 어찌 너희들만큼 나를
믿으며 내 뜻에 따라가는 그 간곡한
마음이 있다 말하겠느냐?
21 나는 아느니라, 너희들 손으로 써 놓
을 때 너희들의 마음이 불 같다는 것
을.
22 어찌하든 이것을 지키며 이 길을 가고
자 하여 고사리 같은 어린 손으로 그
십계명을 써 네 머리말에 붙여 놓으며
너희들이 읽고 깨우치고 그와 같은 길
을 가니,
23 그보다 더한 위대한 역사는 없으며 그
보다 착한 아들딸이 없음이니, 그 길
을 가고자 발버둥치는 너희들이 과연
얼마나 가며 얼마나 변해지더냐?
24 너희들이 변해지지 아니하며 거듭나
지 못하니, 그를 암송하지 아니하며
그와 같이 애절한 마음을 갖지 않는
백성들이 과연 어찌 변하겠느냐?
25 사랑하는 나의 아들딸들아, 들으라.
26 너희들이야말로 나의 아들과 더불어
감이니, 소낙비가 쏟아지는 그것이니,
하늘의 황금빛이요, 내 눈물이 내려감
이니, 그 한 방울의 내 눈물이요, 그
황금빛보다 소중한 그 눈물을 너희들
이 손으로 받는 영광을 가진 백성이라
하였음이니,
27 너희들은 눈으로 보려 하지 말며, 기
적으로써 역사하려 하지 말며,
28 무엇을 만지려 하며 네가 무엇을 얻으
려 하며 그와 같은 어떠한 변화가 있
을 때, 너희들이 믿음의 길을 가고자
하는 그와 같은 생각을 하지 말라.
29 그것은 진정한 믿음이 아니니라.
30 아무것도 보지 말며, 기적이 이루어지
는 것도 보지 말며, 행하여지는 것을
보지 말며, 너희들이 나 여호와가 존
재함을 믿는 그 믿음이 진정한 믿음이
니라.
31 사랑하는 나의 아들을 따르는 제자 너
희들은 들으라.
32 황폐한 그 땅에서 장미꽃을 피우기 위
하여 장미를 심고 있음이니라.
33 그 황무지에서 장미꽃을 피우고 장미
를 심어 세상을 장미꽃으로 덮어야 되
는 그 역사를 위해 가는 것이 나의 아

들이요, 그를 따르는 제자 너희들이
가는 길이니라.
34 내가 너희들을 사랑함이니라.
35 황무지에서 장미꽃을 피우는 것보다
도 더 어렵고 힘든 것이 오늘의 길이
니라.
36 모두 살아서 입이 있으며 모두가 제가
대장이며 제가 나로부터 명받은 자요,
기름 부음을 받은 자라 말하는 그 썩
은 자들 속에서, 너희들이 나의 새로
운 성경을 전하며, 너희가 암송하는
나의 계명대로 살아가기는 정말로 어
렵고 힘드니,
37 황무지에서 장미꽃을 피우는 사랑하
는 나의 아들딸들아! 결국 그는 필 것
이니라.
38 내가 바다를 육지로 바꾸며, 육지를
바다로 바꿔서라도 내가 그 꽃은 피울
것이니라.
39 너희들을 사랑함이니, 기대하지 말며,
바라지 말며, 무엇이 이루어지는 것을
보려 하지 말며, 네 손에 잡혀지는 것
을 보려 하지 말며,
40 네 고통과 시련을 풀어 주며 네가 은
혜로써 재물을 모으고 부귀영화를 얻
는 것으로써 나를 믿으며 나를 따르려
생각하지 말라.
41 아무것도 보지 못하며 아무것도 만지
지 못하되, 그 속에 나 여호와가 존재
함을 믿으며 나의 아들이 존재하며 내
가 내리는 그 성령이 나의 것이라는
것을 굳건히 믿고 믿으라.
42 그 마음만이 진정한 믿음이니, 너희들
은 이제 그리 갈 수 있는 제자들이 아
니더냐?
43 내가 너희들을 사랑함이니, 황무지에
아름다운 장미꽃의 밭을 이루도록 그
리하라.
44 내가 너희를 사랑함이니라.

12,004 번째 하나님 말씀

2004년 7월 5일 14시 53분

1 사랑하는 나의 아들아!
2 "네, 아버님! 말씀하옵소서."
3 지금의 종교 집단과 맹종 맹신하는 그
신도들, 수천 년 동안 믿음의 길을 온
다는 나의 백성들이요, 하늘에 오르겠
다 역사하는 백성이요, 제가 나로부터
기름 부음을 받은 자요, 명받은 자라
는 그 지도자를 맹종하는 신도들, 그
들이 어떠한 믿음을 믿어 왔더냐?
4 저희들의 손으로 지은 죄의 온상인 교
회요, 성당이요, 성막이요, 저희 집단
에 나가서 나의 아들을 찾기만 하며
재물을 바치기만 하면, 예수를 믿기만
하면 그것으로써 누구나 다 구원을 받
는다 하면서,
5 온갖 방법으로써 나의 피조물 만백성
의 고통과 재물이요, 그 모두를 거둬
들이는 행위를 하고 있지 않더냐?
6 너희가 믿기만 하면 구원을 받는다는
그 근거를 어디에 두고 있으며, 그와
같이 내가 기록한 내용이 어디 있으
며, 그 근거를 어디서 내놔 그와 같이
나의 피조물 만백성을 우롱하는가 너
희들은 한번 그들에게 물어보라.
7 그 근거가 없음이니라.
8 나 여호와는 나의 아들을 통하여 기록
하여 책으로 근거하여 전함이니,

9 믿음 그 자체로 나를 믿는다는 것, 나
의 아들 예수를 구세주라고 믿는 것,
그 자체로 구원을 받는 것이 아니요,
구원을 받지 못한다, 나는 새로운 성
경에 기록하여 증거하여 너희들에게
전하나,
10 너희들이 믿기만 하면 구원을 받는다
는 그 내용이요, 그 근거요, 증거를 어
디에 두고 그리 가고 있는가 한번 그
것을 육하원칙에 의하여 제시해 보라
하라.
11 나는 그와 같은 것을 성경에 기록한
일이 없음이니라.
12 너희가 구원받지 못함이니, 구원받을
수 없는 그와 같은 방법으로써 나의
피조물 만백성을 우롱하는 자들이니,
너희가 바로 사탄이니라.
13 너희들이 이를 깨우치지 아니하면 나
의 백성들이 죽음의 길을 가고 있으며
나에게 올 수 없다는 것을 너희들은
알아야 될 것이니라.
14 사랑하는 나의 아들아! 나의 뜻과 전
혀 관계없는 믿음의 길을 가니, 너희
들을 더 기다려 줄 시간은 없으며, 너
희들 자신이 깨달을 시간이 없이 나에
게 와 심판을 받는 그 불쌍한 백성들
을 어찌해야 된단 말이더냐?
15 이 어리석은 집단과 맹종하는 백성이
계속 존재하는 한 하늘의 낙원은 지상
에서 결코 이루어질 수 없느니라.
16 나와 관계없고 나를 욕되게 하며 예수
를 욕되게 하는 백성이 계속 늘어남이
니,
17 이 세상은 가면 갈수록 험악해지며,
사랑이 없으며 메마른 그와 같은 세상
이 되니, 나의 백성들이 살아남을 자
가 하나도 없으니 거듭날 수 없다 함
이니라.
18 그리하여 내가 마지막 너희들을 선택
하여 이 역사를 함이니,
19 나의 아들을 따르는 자, 나의 새로운
성경을 보고 가는 자, 더욱이 나의 새
로운 성경을 세상에 내고자 하는 자,
너희들처럼 용기 있고 자신 있는 백성
이 없기에 너희들이 나로부터 선택된
자들이니,
20 너희들의 용기와 자신이요, 그를 사랑
하느니라, 사랑하는 나의 아들딸들아!
21 절대 좌절하지 말라.
22 아무것도 보지 말며 기대하지 말며 그
저 믿고 가라.
23 그것이 믿음이요, 너희들이 나에게 오
는 것이요, 나에게 기쁨이니라.
24 모두가 거래하고자 하며, 모두가 대가
를 바라며, 요구하며 나를 찾고 울고
불고하는 그 속에서, 너희들만이 '아
버님! 저를 불러 써 주실 수 있도록
그 기회를 주십사' 기도하는 아름다운
나의 아들딸이 존재하니, 세상은 내가
멸하지 아니할 것이며,
25 너희들의 곱고 아름다운 마음이요, 곱
고 맑은 눈동자가 있는 한 나는 재앙
으로써 그를 다스리지 아니할 것이니
그리 알라, 사랑하는 나의 아들딸들아!
26 그리하여 종말이 없음이니, 너희들이
있는 한 종말이 없으며,
27 나의 새로운 성경이 세상에 나가 만백
성을 구하는 역사는 끝이 없이 계속될
것이니라.
28 진리란 끝이 안 나며 돌고 도는 것이

요, 제자리로 오는 것이요, 비진리는
세상에 나오면 부식되는 쇠처럼 부서
지고 깨지는 것이 비진리이니,
29 진정한 진리요, 나의 새로운 성경이
승자요, 모두를 다스리게 되니, 그 앞
에 고개를 숙일 것이니라.
30 돌고 돌아도 변하지 않는 것이 진리
요, 떠났다 다시 와도 진리요, 어디 가
서 누가 뭐라 하든 나의 진리는 똑같
은 말이 이제 세상에 전해질 것이니,
31 160권이 그와 같이 위대한 것이니, 너
희들이 승자이니라.

12,005 번째 하나님 말씀

2004년 7월 5일 15시 03분

1 사랑하는 나의 아들아!
2 "네, 아버님! 말씀하옵소서."
3 나 여호와가 너희들에게 전하느니, 지
금까지 너희들의 믿음은 하늘의 뜻이
요, 영적인 성령의 길을 위한 믿음이
아니었음을 알라 그리 전하라.
4 하늘에 의한 믿음이요, 참진리의 믿음
이요, 하늘의 뜻에 따른 믿음이요, 영
적인 믿음이요, 성령의 믿음의 길을
가는 것이 진정한 믿음이나,
5 오늘의 종교 집단의 지도자들이요, 맹
종하는 그 신도들은 여기에 하나도 해
당되는 자가 없음을 알아야 될 것이니
라.
6 오로지 너희들은 인간이 만든, 너희들
집단이 만든 인간의 교리를 가지고 하
늘의 뜻이라 하여 교묘히 나의 백성들
을 속이며 기만하며 지금까지 몇천 년
의 역사가 흘러왔음이니라.
7 그리하여 나의 피조물 만백성이 구원
이 아니요, 지옥의 벼랑으로 떨어짐이
니,
8 내가 더 이상 너희들의 그 교활한 것
을 두고 볼 수 없어, 나의 아들을 통하
여 160권이라는 새로운 성경을 내려
보내,
9 열매를 맺지 못하는 가라지를 모두 뽑
아 내가 유황불에 던지는 그 역사를
하고 있음이니, 너희들은 알아야 될
것이니라.
10 이제 성령이 충만하여 영적으로 거듭
나는 나의 백성들을 이루어, 완벽한
나의 백성들로 하여금 하늘에서 이루
어진 것같이 이 땅에서 이루어지며,
11 너희들이 육의 삶을 살며 고통스럽지
않은 삶이요, 번뇌하지 않는 삶이요,
악습을 버리기 위하여 몸부림치는 그
와 같은 삶을 살지 아니하고,
12 착하고 선하고 아름다운 백성들이 사
는 세상을 만들어, 너희들이 삶을 살
고 나에게 오를 수 있는 세상이요, 그
와 같은 역사를 이루고자 함이니라.
13 너희들은 인간은 완벽하지 못하며, 그
와 같은 세상은 이룰 수 없으며, 이와
같은 말을 하는 자가 정녕 사탄이요,
마귀라 그리 말할 것이니라.
14 하늘에서 이루어진 것같이 육의 세상
에 살다 하늘에 오르는 그와 같은 삶
은 인간의 세상에 없을 것이라 그리
말하느니라.
15 그러나 내가 너희들에게 말하지 않더
냐?
16 종교 지도자들이 교회요, 성당이요,
회막이요, 어떠한 종교 집단이든 그

앞에 선 지도자가 배움을 받고자 오
는 백성들에게, '가난하고 불쌍한 자
에게 네가 가지고 있는 것을 무엇을
얼마나 나눠 주었는가? 너는 여기 올
동안에 얼마나 나눠 주고 베풀었는가
그걸 기록하여 나에게 전하라.' 그리
가르친다면,
17 이 세상은 남의 것을 갈취하며 도적질
하며 사기 치며 거짓 해서 먹고살려
는 백성들이 아니라, 서로가 착하고
아름답게 살아가고자 할 것이니라.
18 거듭나는 백성이요, 있는 자가 없는
자에게 주기 위하여 찾아다님이니,
19 노력하지 아니하고 거짓말하지 아니
하여도, 사기 치지 아니하여도, 너희
들이 살려는 백성들의 어렵고 힘듦을
도와주니, 그들이 얼마나 아름답고 고
운 마음으로 가겠는가?
20 도와주는 너희들의 베푸는 마음보다
도, 받는 자들의 험악하고 사악한 마
음이 천사와 같은 마음으로 돌아서지
않겠는가?
21 없어서 도적질하며 배가 고파 도적질
하는 백성들에게 너희들이 갖다 주며
베풀어 주면, 너희가 아름답게 살라
말하지 아니하여도 그들은 천사와 같
이 살 것이니,
22 그것 한 가지만 행하고 지켜도 이 세
상은 맑고 맑은 세상이 될 것이니, 그
것이 되고 안 된다 시시비비하지 말라.
23 그것이 너희들이 나를 믿지 못하는 자
요, 믿음이 없는 백성들이요, 간교한
자요,
24 제 마음을 덜 수 없으며 제 마음을 비
울 수 없는 사악한 자들이 저 자신을
위하여 저 자신의 잣대로 제 양심으로
모두를 말하기 때문에, 그와 같이 사
악하고 더럽고 추한 말을 하느니라.
25 너희들이 할 수 없거든 남도 할 수 없
다는 소리하지 말며 입을 봉하라.
26 입을 봉하고 있으면 남들이라도 그 길
을 갈 것이니라.
27 어렵고 힘든 길을 가기도 고통스럽고
힘든 그 백성들에게 가지 말라, 가야
결과는 없다 너희들이 그리 말하니,
28 그들도 지치고 힘들어 그 팔을 놓음이
니, 이와 같은 사악한 것이 오늘의 종
교 집단이요, 너희들이니라.
29 나는 성령이 충만하여 영적인 믿음으
로써 거듭나는 그와 같은 백성들이 세
상을 지배하게 만들 것이며,
30 완전한 백성들이 되어 육의 세상에서
거듭나는 그와 같은 삶을 사는 세상이
될 것이니라.
31 모든 종교 집단이요, 지금 살아가는
백성 너희들은 들으라.
32 믿음과 구원이 무엇이며, 하늘의 지혜
를 어찌하여야 얻는 것이며 어찌 가
야만 되는가, 그것을 깨닫는 데 최선
의 노력을 다해도 아니 될 것이니,
33 몸과 마음과 충성을 다하여 하늘의 지
혜를 얻도록 그리하며, 믿음과 구원이
어찌하여야 가는 것인가 거기에 대한
너희들이 공부를 하고 깨우치라, 그래
야만 얻을 것을 얻게 될 것이니라.

12,006 번째 하나님 말씀

2004년 7월 5일 15시 10분

1 사랑하는 나의 아들아!

2 "네, 아버님! 말씀하옵소서."
3 너희들이 어떠한 믿음의 형태요, 어떠한 신을 섬긴다 하든, 이방인이라 하든, 어떠한 백성 그 누구도 성령으로 임한 거듭나는 삶을 살지 아니하고는 절대 구원의 길을 바라볼 수 없으며 올 수가 없음이니라.
4 성령으로 충만한 백성으로서 거듭나지 아니한다면, 너희들은 아무것도 너희 소원을 이룰 수 없으며, 그리 갈구하는 너희들이 나에게 와 다시 태어나는 그 영광도 얻을 수 없음을 알라.
5 성령으로 충만된 백성이 나에게 올 수 있으며, 천사가 될 수 있으며, 천사와 같은 자가 의인이 되는 것이니라.
6 그러니 너희들은 의인이요, 천사와 같은 말을 듣지 아니하며 그와 같은 삶을 살지 아니하고는 결코 나에게 오를 수 없음이니,
7 이는 너희들이 성령으로 충만한 백성이 되지 아니하면 아니 됨이니라.
8 어떠한 길도 너희들이 의인의 길이요, 의인이 될 수 없으며, 나에게 올 수 없음을 깊이 새겨 둬야 될 것이니라.
9 너희들이 살아가면서 인간의 생각이요, 그리고 너희들의 판단력이요, 그와 같은 것을 지워 버리고 너희 자신을 지우며 너희 마음을 비우지 아니하면, 성령이 임할 수 없음이라는 것을 알라.
10 인간의 생각이요, 인간의 뜻을 가슴에 가득히 안고 있다면, 너희들은 인간의 육이요, 향락에 대한 그 삶의 계산 속에서 너희들이 모두가 다 무너지기 때문이니,
11 그 모두를 초월하지 아니하면 아니 된다는 것을 너희들은 알아야 될 것이니라.
12 나 여호와가 성경에 기록한 내용이요, 십계명에 내가 내려보낸 친필의 그 내용이요, 새로 내리는 이 새로운 성경이요, 이를 너희들이 어떤 조건이나 이유없이 절대적으로 믿고 행하는 데 성령이 임할 수 있음이니라.
13 이와 같은 역사를 행할 때, 너희들이 조건이 있으며 계산이 있으며 바라는 것이 있으며, 너희들이 바치는 것만큼 받고자 하는 그 작은 생각을 가지고 있다 해도, 너희들은 절대 이루어질 수 없음이니라.
14 더욱이 너희들이 그와 같은 생각으로 산다면, 인간의 지식과 인간의 철학과 상식으로 너희들의 가슴이 그득히 차 버렸으니,
15 그를 지우고 다시 나는 그와 같은 삶을 살지 못하게 되는 것이니라.
16 그러니 하늘의 지혜를 볼 수가 없으니, 그 모두를 초월해야 되느니라, 초월하지 아니하면 아무것도 이룰 수 없음이니라.
17 인간의 상식이요, 인간의 철학이요, 그 모두를 다 초월하여 다음 세상의 이치를 깨달으며,
18 세상에 태어난 생명의 원리요, 대자연의 위대하고 오묘하게 역사하는 그 모두를 생각하며,
19 그를 연계하여 다음의 세상을 생각하고 다음의 세상을 깨닫고자 연구한다면 하늘의 지혜를 얻음이니라.
20 그것이 인간의 생각이요, 지식이요,

철학이요, 상식이라는 그 모두를 뛰어
넘는 것이거늘,
21 거기에 매달려 앞을 보지 못하며 나아
가지 못한다면, 너희들은 다음의 세상
을 들여다볼 수 있는 기회를 얻지 못
함이니,
22 의인이요, 천사와 같은 소리를 들을
수 있는 백성으로서 거듭날 수 없는
것이 너희들이니라.
23 인간의 지식이요, 인간의 상식으로써
는 한계가 있으며, 그 한계를 벗어나
지 못하며, 누구나 인간의 노력으로는
거기에 도전할 수 있음이니라.
24 그러나 다음의 세상은 너희들이 마음
을 비우고 모두를 다 지워 버린 자, 그
와 같은 빈 마음에 성령이 임하며, 성
령이 충만되어 성령의 인도를 받아야
너희들이 모두를 이룰 수 있으니, 그
길밖에 없다는 것을 명심하도록 그리
하라.

12,007 번째 하나님 말씀

2004년 7월 5일 21시 53분

1 사랑하는 나의 아들아!
2 "네, 아버님! 말씀하옵소서."
3 너희들이 살아가면서 나의 아들을 따
라 새로운 성경을 접하며 그를 만들어
만백성에게 전하는 너희들에게 뭐라
했느냐?
4 하늘에서 쏟아지는 소낙비 속에 떨어
지는 하나의 황금 물방울을 손에 쥔
자라 하였음이니,
5 너희들이 160권의 새로운 성경을 만
들어 가며 오늘에 역사함이니, 너희들
이 어떠하던가?
6 수천 년 동안 나의 아들딸이 잘못 갔
으며 잘못 역사하는 그와 같은 것을
바로잡기 위하여 내가 역사함이니, 그
세월 동안 나 여호와의 마음이 얼마나
아프며 가슴이 아팠던가?
7 쏟아지는 빗물 속에 나의 눈물 한 방
울이 내려감이니, 그를 선별하여 손에
잡을 수 있는 그와 같은 깨달음이요,
너희들이 그 용기 있는 백성들이요,
그와 같이 은혜를 받은 백성이라는 것,
8 너희들이 그를 받을 수 있으며 그를
받기 위하여 움직이며 그를 받겠다 소
낙비 속에 뛰어드는 그와 같은 용기
있는 자요,
9 그리고 너희들이 하면 아니 되는 것이
없으며 최선을 다하여 하겠다는 그와
같은 용기 있는 백성이니라.
10 그러니 그와 같은 백성들을 보고 남들
이 비웃을 것이니라.
11 하늘에서 떨어지는 그 빗방울 속에 나
여호와의 가슴 아픈 눈물 한 방울이
떨어짐이니, 과연 그를 받을 수 있으
며 받을 수 있다고 가는 백성들이라
면, 이 넓은 세상에 얼마나 어리석고
불쌍한 백성들이라 하겠느냐?
12 그보다 더한 것이 오늘의 나의 아들을
따르는 자들이요, 나의 새로운 성경을
내려보내 이를 접하고 만드는 백성 너
희들이니라.
13 그러니 너희들이 그만큼 용기 있는 자
요, 자신 있는 자요, 슬기로운 지혜가
있는 백성이라는 걸 알아야 될 것이니
라.
14 너희들이 그만큼 용기와 지혜와 슬기

가 있으며, 하면 된다는 것, 그리고 아
버지께서 역사하는 것은 이루지 못할
것이 없으며,
15 아버지께서 눈물을 내리며 그를 받으
라 너희들에게 외쳤다면, 이는 반드시
받고자 하는 자는 받을 수 있다 하여
너희들이 받으려 대드는 용기 있는 자
들이니,
16 노아가 방주를 역사하는 것을 모두가
다 비웃는다 해도 청명한 날씨에 수없
는 시간과 재물을 들여 만든 노아의
그 역사보다도 더 위대한 것을 할 수
있는 자요, 이룰 수 있는 자가 너희들
이니라.
17 그와 같이 선택된 백성 너희들이 지금
도 너희들의 삶에서 한 점의 부끄럼이
있는 삶을 살아서야 되겠는가?
18 그리고 너희들의 마음의 믿음에서 동
요가 있으며 불안하며 초조한 마음을
가지고 있어도 과연 되겠는가?
19 어찌하여 너희들이 그와 같은 마음이
하나가 되지 못하며 불안하고 초조한
마음을 가지고 있으며, 믿음이 확고하
지 못하다면,
20 너희들이 그 빗물에서 내 눈물을 선별
하여 받겠다고 뛰어나가 하늘을 향해
서 손을 벌리고 뛰는 그 용기는 다 어
디로 갔단 말이더냐?
21 그와 같은 용기와 자신을 가지고 너희
들이 세상을 넓게 보며 네 마음의 창
문을 열라.
22 그러면 너희들이 받아들이지 못할 것
이 없으며 역사하지 못할 것이 없을
것이니라.
23 사랑하는 나의 아들딸들아! 너희들은
남의 잘못을 시시비비하지 말며, 네
잘못이요, 너의 부족한 것만 보는 그
와 같은 현명한 마음으로 살아가도록
그리하라.
24 열 개 중에 과연 너희들이 어떤 백성
보다도 더 아름답게 살아가며 무엇이
변한 것이 있는가?
25 나의 새로운 성경을 접하며 나의 아들
을 따르는 백성 너희들이, 다른 백성
들이 변하지 못하였다 해도, 너희들은
어렵고 힘든 어떠한 고비라도 열이면
열 개라는 그 변화된 모습으로써 지금
은 가야 되지 아니하겠느냐?
26 그러니 너희들이 아직도 변하지 못하
고 있다면 어찌하는가?
27 너희들은 네 잘못이 아홉 개를 잘못하
면서도, 다른 사람들이 하나를 잘못하
게 되면 그걸 비평이나 하며, 그를 경
멸하며, 그와 같은 자를 입에 오르내
리는 그와 같은 행위는 하고 있지 않
은가?
28 너희 자신이 아홉 개를 잘못하면서 하
나를 잘못하는 사람을 탓하는 그와 같
은 마음 자세는 아니던가?
29 너희들이 한번 들여다보도록 하는 그
와 같은 삶을 살라.
30 모두가 하나가 되며 너희들이 가슴을
열고 모두를 다른 백성들과 차별화되
어 어렵고 힘든 고비라 하여도 그 열
개의 관문을 너희들이 점검해 볼 때
지금은 아홉 개요, 열 개를 다 통과할
수 있어야 되거늘,
31 그와 같은 깨달음을 들은 백성들이 아
직도 깨닫지 못하며, 제 스스로 깨닫
지 못한 것은 알지 못하며 그는 그저

당연히 그러려니 덮어 두고,
32 더욱이 남이 깨닫지 못하는 것, 남이
가지 못하는 것, 남이 잘못한 것을 가
지고 너희들이 남이 깨우치지 못한 것
을 가지고 너희 형제끼리 나의 성전에
서 시시비비하는 그와 같은 어리석은
자는 없는가 너희들은 들여다보라.
33 너희들처럼 용기 있는 자, 너희들처럼
자신 있는 자, 너희들처럼 은혜를 받
은 자, 너희들처럼 축복받은 자가 없
음이니, 그 축복이요, 은혜요, 용기 있
는 백성은 그와 같은 삶을 살도록 그
리하라.
34 가슴을 모두 열며 남의 잘못을 보지
말라.
35 남의 잘못을 하나 보거든, 너희들은
네 잘못이 아홉 개가 있으며, 그는 잘
하는 것이 아홉 개요, 하나의 실수하
는 것을 보고 탓하는 어리석은 행위를
하지 말라 너의 제자들에게 그리 전하
라.

12,008 번째 하나님 말씀

2004년 7월 5일 22시 01분

1 사랑하는 나의 아들아!
2 "네, 아버님! 말씀하옵소서."
3 지금 사랑하는 나의 아들을 따르는,
깨우쳤다 하는 백성 너희들과 그 제
자, 그리고 종교 집단이요, 그 속에 구
원을 받았다 감히 말하며 하늘에 와
상을 받을 것만 남았다 말하는 잘못된
종교 집단, 또한 너희들이 말하는 이
방인이라 하는 백성들이요, 그리고 다
른 신을 모시고 산다는 어리석은 백성
들, 그 모두가 살아가는 목적이 무엇
이더냐?
4 너희들이 오늘의 삶은 인생의 행복,
육의 세상에서 살아가는 환경을 보고
서 너희들은 성공한 자요, 실패한 자
요, 행복한 자요, 불행한 자라 그리 결
론을 내리며 따지지 않느냐?
5 종교 집단의 지도자도 그러니, 얼마나
큰 교회요, 얼마나 많은 신도를 거느
리고 얼마나 많은 재물을 갈취하느냐
에 따라서 너희들이 성공 여부를 말하
는 오늘의 이 형국이 되지 않았느냐?
6 그러니 너희들이 모두가 더 나은 환경
이요, 남으로부터 보기 좋은 환경이
요, 그리고 남으로부터 성공했다는 그
와 같은 말을 듣고자 하는 것에 오늘
의 삶의 모든 초점이 맞춰졌음이니라.
7 그러니 그 삶이 과연 영원한 것이며
영원히 지속되는 삶이라 너희들은 그
리 생각하고 있지 않은가?
8 내가 너희들에게 물어봄이니, 정녕 영
원한 너희들의 안식처요, 그와 같은
것으로써 삶이 유지된다 그리 생각하
는가?
9 너희들은 잠시라도 그는 영원히 그리
될 수 없다는 것을 생각해 볼 수 있는
시간을 갖지 아니하면 아니 될 것이니
라.
10 너희들은 너희 자신이 얼마나 나를 향
하여 부끄럼이 없는 삶을 살았느냐 하
는 것, 그것을 가지고 성공 여부를 따
질 수 있는 그와 같은 현명한 백성이
되어야 하느니라.
11 모든 백성이요, 이방인이라 하는 백
성, 다른 신을 받든다는 그와 같은 백

성, 그들이 뭐라 말하든,
12 나의 아들을 따르는 백성, 너희들은
육의 세상의 어떠한 환경에서 사느냐
그를 가지고 행복이요, 성공 여부를
따지지 말라.
13 다만, 오늘의 백성 너희들은 과연 나
의 뜻을 향하여 한 점의 부끄럼이 없
는 삶을 사느냐 안 사느냐, 너희들이
어떻게 사느냐 하는 것을 가지고 성공
여부를 따지는 그와 같은 현명한 백성
이 되어야 함을 절대 잊지 말라.
14 사랑하는 나의 아들아! 지금의 종교
집단 속에서 맹종하고 맹신하는 그 신
도들, 그리고 집단의 우두머리요, 그
지도자들, 그 모두가 다 지금 자기 자
신에 의하여 파멸의 길을 가는 것이
아니라,
15 저희들과는 관계없는 그와 같은 길에
서 모두가 서로 지금 얽히고설킨 그와
같은 형국이요, 파멸의 길을 가고 있
음을 너희들은 알라.
16 종교 집단의 지도자들은 알지 못하기
에, 저 자신이 알지 못하는 자가 하늘
에 오르는 길이요, 인도자라 하니, 저
자신도 모르고 제가 파멸의 길로 가는
것이요,
17 또한 그와 같은 자들이 가르치는 소리
를 듣고 '아멘, 할렐루야! 당신은 주의
종이요.' 이와 같은 소리를 하고 따라
가니,
18 저 자신이 어디로 가는지, 저 자신에
의하여 파멸의 길이 아니라, 남에 의
하여 스스로 타인에 의하여 파멸의 길
을 가며, 너희들이 영광이요, 거듭나
는 모두를 다 잃어버리고 가는 백성이
되어 버렸느니라.
19 사랑하는 나의 아들딸들아! 너희들이
무서우리만큼 지금 남을 파괴시키는
그와 같은 종교 집단의 지도자요, 그
광신도들이 있는 한
20 나의 피조물 만백성이 하늘에 오르는
길이요, 구원의 영광을 보지 못하며,
그들을 따라 지옥 불로 가는 그와 같
은 것이 계속됨이니,
21 그와 같이 저 자신도 어디로 가는지
모르며, 저 자신도 모르는 사이에 남
에 의하여 파멸의 길이요, 파멸을 당
하여 지옥 불로 가는 백성들,
22 그들과 나의 일반 백성들과의 그 사이
를 차단시키지 아니하면 지금 이 세상
에 살아남을 자, 구원받을 자가 하나
도 없음이니,
23 나의 아들을 따르는 제자들이요, 깨우
침을 얻은 너희들은 그와 같은 종교
집단이요, 그들과 나의 백성들과의 그
사이를 차단하여 더 이상 고리를 맺지
못하도록 하며 끈으로 연결되지 못하
도록 그리하라.
24 이것이 너희들이 해야 할 길이니라.

12,009 번째 하나님 말씀

2004년 7월 5일 22시 09분

1 사랑하는 나의 아들아!
2 "네, 아버님! 말씀하옵소서."
3 아름답고 평화롭고 행복한 삶을 살아
야 하는 것이 나의 피조물 만백성 너
희들이니라.
4 나 여호와가 너희들에게 내려 주지 아
니한 것이 없으며 내가 안 내려 준 것

이 없으니, 그와 같은 속에서 행복하
게 살아가는 것이 나의 아들딸로서 받
은 축복이요, 영광이요, 너희들이 누
릴 수 있는 것이니라.
5 그러나 지금은 너희들 자신도 모르게
구원의 길이 아니요, 가서는 아니 되
는 지옥의 길로 이끌려 가는 자들이라
내가 그리하지 아니하였더냐?
6 물고기가 낚싯밥에 걸려 그를 물어 제
생명을 잃는 것처럼, 그 소중하고 귀
한 저 자신을 버리는 것처럼, 너희들
삶의 모두를 다 그와 같이 빼앗겨 버
린 너희들이 되지 아니했던가?
7 이들을 어찌해야 한단 말이더냐?
8 이들을 과연 무엇으로써 구원할 수 있
다 생각하는가?
9 오늘의 너희들의 믿음이요, 회개요,
성경을 가지고는 절대 그들을 구원할
수 없으며 거듭날 수 있는 영광이 없
음이니라.
10 사랑하는 나의 아들딸들아! 그러니
너희들의 육이 존재함은 거듭나는 과
정이라 내가 하였거늘, 그리고 너희들
의 육은 거듭나는 과정이라 하여 훈련
의 과정이라 하였거늘,
11 너희들이 이 훈련의 과정에서 모두를
다 바치며 거기에 부귀영화를 위하여
너희들의 모두를 바쳐 살아가는 그와
같은 형국으로 되었음이니,
12 너희들의 본 삶이요, 너희들이 사는
본 세상에는 가 보지도 못하며 접근하
지도 못하고 마니,
13 그 길을 가기는 어렵고 힘든 과정이기
에 그 모두를 외면하도록, 그 길을 외
면해도 너희들이 구원을 받을 수 있으
며 나에게 오를 수 있다는 사탄들이
제시하는 그 말에 나의 피조물 만백성
들이 지금 무너지고 있지 않더냐?
14 사탄들이 된 종교 집단 지도자들의 화
려한 장밋빛 인생으로 살 수 있다는
것, 그리고 아름다운 인생을 살 수 있
는 그와 같은 것이라 하여 너희들에게
제시하는 그와 같은 자들이 존재하기
에,
15 너희들이 허상이요, 그들의 선전 선동
에 지금 다 무너져 버리며 지옥으로
가는 그와 같은 형국이 되었느니라.
16 어렵고 힘든 길을 선택하지 아니하며,
그저 가짜 지도자요, 사탄의 노예가
된 자들이 화려한 장밋빛 인생의 길을
너희들에게 제시하며, 저희들이 가는
대로 가기만 하면 된다 그리 가르치니,
17 앞에서 길을 트고 간다는데 뒤따라 가
기 싫어할 자가 누가 있느냐?
18 그리하여 모두를 다 지옥의 벼랑으로
이끌고 간다는 것을 너희들은 알아야
될 것이니라.
19 사랑하는 나의 아들딸들아! 그와 같
이 사악한 자들을 다 뽑아 유황불에
던져 태우지 아니하고는 너희들이 어
떠한 변화도 이룰 수 없는 것이니라.
20 그러니 이 일을 누가 하겠는가?
21 이와 같은 일을 역사하는 것은 나의
새로운 성경과 나로부터 선택된 백성
너희들이 이를 모두 다스려 가고 역사
하지 아니하면 아니 됨을 너희들은 알
아야 될 것이니라.
22 사랑하는 나의 피조물 만백성 너희들
은 들으라.
23 내가 나의 아들을 통하여 뭐라 했느냐?

24 폐부를 너희들이 바늘로 찌르는 것처
럼, 너희들의 심장을 가시로 찌르는
것처럼 그와 같이 아프고 따가운 말을
듣고 깨우치도록 그와 같은 말을 너희
들에게 전하며 그리 행하라 하는 나의
아들의 가르침과,
25 너희들이 꿀을 빨도록 하여 꿀을 빨며
삶을 살아가는 것, 꿀을 빠는 것이 하
늘에 오르는 길이라 하여 그와 같이
인도하는 자들, 그들과의 그 차이점이
뭐라 말하였느냐?
26 너희들의 폐부요, 심장에 가시와 바늘
로 꽂는 그 아픈 말을 전하는 나의 아
들의 가르침을 듣고 따르지 아니하고,
27 너희들이 꿀을 발라 그것을 먹으면 구
원을 받는다는 그 단맛에 인생의 모두
를 저버리며 거듭나는 은혜를 잃는 그
와 같은 삶을 살지 말도록 전하라, 사
랑하는 나의 아들딸들아!
28 아무리 화려한 인생이요, 화려한 미래
를 설계해 주고 가르쳐도 그것은 다
너희들이 쓰지 못하는 것이며, 영원하
지 못한 것이며, 너희들이 빠는 것이
진짜 꿀이 아님을 알라.
29 독소가 들어 있는 것이요, 너희들을
죽이는 것이며, 너희들의 마음까지 황
폐하게 만들어 하늘의 뜻을 모르며 나
를 보지 못하며,
30 나의 아들딸들이 아버지를 아버지라
부르지 못하는 그와 같은 길에서 너희
들이 지금 허덕이고 있음을 알라 그리
전하라.

12,010 번째 하나님 말씀

2004년 7월 5일 22시 13분

1 사랑하는 나의 아들아!
2 "네, 아버님! 말씀하옵소서."
3 지금의 종교 집단의 지도자들이 만용
을 부리기 때문에 아무것도 보지 못하
며 그들이 깨닫지 못하는 그와 같은
형국이 되어 버렸느니라.
4 너희들이 세상을 살아가는 데 진정한
용기야말로 자신을 지키며 네 이웃을
지키며 모두를 지키고 살아가는 그와
같은 아름다움이 될 것이니라.
5 그러나 용기가 만용이 된다면 너희 자
신을 불행하게 만들며 네 이웃을 파괴
시키며 인류를 모두 파괴시키는 흉악
한 것으로써 사용됨을 알아야 될 것이
니라.
6 종교 집단의 지도자들이 어떠한 형국
인지 알겠느냐?
7 만용을 부리는 자요, 과잉 충성과 과
한 탐욕으로 인하여 제정신이 아닌 자
들이 지금 하늘에 오르는 길이요, 내
뜻에 의해 역사한다는 백성들이니라.
8 그러니 성경에서 전하고 가르치는 진
리를 보지 못하며 사탄의 노예가 되어
사탄이 가르치는 인간의 교리에 모두
를 다 바치고 있는 자들이 그들이니라.
9 그러니 종교 지도자들에게 맹종 맹신
하는 것이니, 나 여호와를 찾고 나를
경배하는 자들이 아니니라.
10 그와 같은 형국이 되어 버렸으니, 거
기에 어디 진리가 있으며 하늘의 뜻이
있단 말이더냐?
11 사랑하는 나의 아들딸들아! 그들에게

전하라.
12 너희들이 재물을 바쳐 더욱 큰 교회,
더욱 큰 성전을 짓는 그와 같은 행위
를 하는 것이 나를 기쁘게 하며, 내 뜻
이라, 나에게 사랑을 받는 것이라 너
희들이 그와 같은 행동으로 나의 피조
물 만백성에게 재물을 거둬들이니, 그
와 같은 행위를 중단하라 그리하라.
13 너희들이 재물을 거둬들여 더욱 큰 교
회요, 더욱 큰 성전이요, 아름다운 그
장식 속에 그것이 나에게 바치는 사랑
이요, 나에게 기쁨이라 말하는 자, 네
이웃의 가난하고 불쌍한 백성들에게
나눠 주는 그것부터 먼저 하라 그리하
라.
14 네 이웃에게 베풀어 주는 것이 그 인
생을 살아가는 삶이 나를 볼 수 있는
인생의 삶이요, 나를 볼 수 있는 길이
라는 걸, 나에게 오르는 길이라는 것
을 그들에게 전하라.
15 그렇지 아니한 너희들은 아무것도 이
룰 수 없음이니라.
16 내가 나의 아들을 통하여 이리 전함은
너희들이 나의 뜻을 모두를 역행하는
삶을 살고 있기 때문이니라.

12,011 번째 하나님 말씀

2004년 7월 5일 22시 18분

1 사랑하는 나의 아들아!
2 "네, 아버님! 말씀하옵소서."
3 지금의 종교 집단의 지도자, 그리고
그 광신도들, 오늘의 교회나 종교 집
단이 영원할 것이며 그것만이 구원의
길이요, 구원의 집이라 그리 말하고
그리 믿고 가고 있느니라.
4 그러나 그곳에서는 너희들이 아무것
도 이룰 수 없으며 역사할 수 없음이
니라.
5 그것은 나에게 오는 그 길목에서 잠깐
쉬었다 가는 정거장의 역할도 하지 못
하며, 그것은 잠깐 쉼터로서의 역할도
하지 못하는 그와 같은 장소임을 알라.
6 너희들이 영원한 구원의 집이요, 그곳
만이 하늘에 오르는 길이라 그리 생각
하는 너희들의 손으로 지은 그 교회
요, 그 성전이요, 성막은 모두가 죄의
온상이니,
7 나에게 오는 길에 정거장이요, 그리고
잠깐 쉬었다 가는 쉼터의 역할도 못
하는 것이 오늘의 교회요, 성막이요,
성당이요, 그 회막이라는 것을 알라.
8 너희들은 영원히 존재하고 확실한 구
원의 집이라 그리 생각하며 거기에 미
쳐 광분하는 그와 같은 백성들, 너희
들은 그 잠에서 깨어나야 될 것이며,
9 너희들이 무슨 짓을 하고 있는가 들여
다보는 현명함을 얻지 아니하면 아니
될 것이니라.
10 지금의 종교 집단의 지도자, 광신도
너희들이 손으로 지은 모두는 영원한
구원의 정착지가 아님을 알라.
11 영혼의 정착지요, 그곳에서만 나에게
오를 수 있는 길이라 그리 생각하나,
그곳은 지옥으로 가는 표를 사고파는
그 집임을 알라 그리 전하니,
12 그것은 하늘에 오르는 길이 아니요,
지옥이요, 너희들이 파멸의 그 문으로
들어가는 표를 사는 곳이라는 것을 잊
지 말며,

13 그 표를 팔면서도 버젓이 재물을 거둬
들이는 것이 오늘의 종교 집단이요,
사악한 선생이라는 자들이 하고 있는
짓이니 그리 알라.

12,012 번째 하나님 말씀

2004년 7월 5일 22시 21분

1 사랑하는 나의 아들아!
2 "네, 아버님! 말씀하옵소서."
3 영원한 구원의 정착지가 지금의 교회
가 아니라는 것을 너희들은 알라.
4 너희들이 지옥의 열차표를 팔고 사는
곳이요, 더욱이 그것도 암거래하는 장
소라 함을 알라.
5 저 자신을 던져 암거래하면서 지옥행
표를 사고자 하는 것이 너희들이요,
그와 같은 것이 오늘의 교회라는 것을
잊지 말라.
6 너희들이 집단의 우두머리요, 지도자,
그 신도들, 그 자신도 모르고 있으며
그걸 아는 백성이 없으니, 이것이 큰
문제임이니라.
7 이 모두가 서로 모르며 서로 알지 못
하는 자들이 그리 장사를 하고 있음이
니, 이 사실이 가장 큰 문제라는 것을
그들에게 깨우쳐 주라.
8 너희들이 그와 같은 증거로써 무엇을
말할 수 있겠느냐?
9 너희들이 나의 피조물 만백성에게 나
의 뜻을 가르치는 것을, 그 교회라는
건축물을 그저 대형으로, 그리고 많은
숫자를 긁어모으는 것으로써, 그리고
화려하게 나의 피조물 만백성에게 위
압적인 자세로 보이는 것,
10 그 모두를 이루고 역사하는 것이 나에
게 오르는 길이요, 하늘에 오르는 길
이라 하고 있지 않으냐?
11 그러니 그와 같은 것을 위하여 모두를
바치고 거기에 모두를 다 바치는 자,
너희들은 또한 구원을 받으며 나에게
올 수 있다 가르치는 오늘의 그 행위
가 바로 무엇인 줄 알겠느냐?
12 너희들이 잘못된 자요, 스스로 알지
못하는 자요, 저희들이 지금 무슨 일
을 하고 있는지 그 사실을 모르는 어
리석은 지도자요, 그 백성임을 너희들
은 알아야 될 것이니라.
13 너희들은 그 숫자를 늘리는 데 모두
를 다 바치고 있지 않으냐?
14 인간인 너희들은 모이면 쉽게 썩고 쉽
게 변질되는 것이요, 사악한 자들이
뿌리를 내리며 악한 자들이 거기에서
뿌리를 내리니, 나는 나의 아들에게
뭐라 했느냐?
15 사람이라는 너희들이 모이면 모일수
록 잘못됨이니, 그리하여 나의 성전에
모이는 자 2백 명을 넘지 말라 내가
나의 아들에게 엄히 명했으니,
16 너희들은 나의 성전에 2백 명 이상 모
여서는 아니 된다는 그 깨달음이요,
그 의미를 깊이 깨닫도록 그리하라.
17 너희들은 '예수를 믿으면 천국이요,
믿지 않으면 지옥으로 간다.'는 이 말
을 갖고 전도라는 것을 지금 하고 있
으며, 이 짓을 하고 있는 그와 같은 백
성, 그것이 무슨 짓인지 알겠느냐?
18 그것이 나에게 기쁨을 주며 나로부터
상을 받을 수 있는 길이라 그리 가르
치니,

19 너희들이 거리로 나와 그와 같이 외치
고 다니는 것이 오늘의 종교 집단의
지도자 너희들이 하고 있는 짓이 아니
냐?
20 그 모두가 너희들이 착각 속에서 헤매
는 자들임을 알라.
21 그 착각 속에서 너희들이 거듭나지 아
니하면 아니 됨을 알라 그리 전하라,
사랑하는 나의 아들딸들아!

12,013 번째 하나님 말씀

2004년 7월 5일 22시 25분

1 사랑하는 나의 아들아!
2 "네, 아버님! 말씀하옵소서."
3 이와 같이 나의 뜻과는 관계없는 험악
한 세상을 만든 너희들이 수천 년 동
안 믿음의 길을 오면서 뭐라 말하느냐?
4 예수가 재림하여 구원하러 온다 하니,
구원하기를 바라는 것이 너희들의 뜻
이 아니더냐?
5 그리고 그것을 믿고 살아가는 것이 아
니더냐?
6 그러니 몇천 년 동안 지금 세월이 흐
른 다음에 과연 너희들을 구원하러 나
의 아들 예수가 왔는가?
7 나의 아들을 찾아온, 믿음의 길을 가
는 그 여인이 그리 말했느니라.
8 예수가 구원을 하며 오늘에 재림한다
하니, 그것을 나의 아들에게 어찌 생
각하느냐 그리 물었느니라.
9 그 여인에게 나의 아들이 뭐라 말하였
느냐?
10 2천 년 동안 예수가 재림한다고 기다
렸으니, 지금까지 안 온 것을 여인이
인정한다면, 여인이 죽을 때까지 나의
아들 예수가 재림하지 아니하면 어찌
할 것이냐,
11 여인이 죽기 전에 나의 아들 예수가
재림하면 그것을 믿되, 그때까지도 오
지 않는다면 어찌할 것인가, 나의 아
들이 그리 말했느니라.
12 여인이 죽을 때까지 절대 예수가 재림
하여 구원하러 오지 아니할 것이니,
여인은 어찌할 것인가 그와 같이 답을
했느니라.
13 바로 너희들이 그러하니라.
14 나의 아들 예수가 재림하여 구원하러
온다는 말을 믿지 말라, 그리고 기다
리지 말라.
15 첫째는 너희들 스스로 그 답을 모르겠
는가?
16 나의 아들이 이 세상에 구원할 자가
한 명도 없음이니라.
17 그러니 한 명도 구원할 자가 없는데,
나의 아들 예수가 뭐하러 구원하러 오
며, 구원하러 내려올 수 있단 말이더
냐?
18 지금의 종교 집단이요, 너희들이 그와
같이 만들지 아니하였는가?
19 그러니 나의 아들 예수가 재림해 와야
할 일이 없으며, 그가 하고 갈 일이 없
는 이와 같은 세상이 되어 버렸으니,
20 나의 아들 예수가 오기로 약속되었다
해도 내려올 수가 없으며 내려올 이유
가 없는 것이 오늘이니라.
21 또한, 나는 나의 아들을 다시 내려보
낸다는 그와 같은 약속을 한 적이 없
으며, 그와 같은 것은 나 여호와의 계
획에 없음을 너희들은 알아야 될 것이

니라.

22 내가 그리하여 답답한 너희들에게 깨
우쳐 주기 위하여 나의 아들을 통하여
말함이니, 구원받을 자가 한 명도 없
으니, 나의 아들이 내려와봤자 할 일
이 없으며 올 이유도 없음이니, 그리
하여 오지도 아니하지만, 내가 두 번
다시 내려보낸다 하지 아니하였음이
니라.

23 새로운 보혜사요, 새로운 성령으로써
너희들을 깨우치고 인도하는 새로운
시대가 열린다는 것은 내가 성서에 기
록해 놓았음을 알라.

24 진정 너희들이 참진리요, 믿음의 길을
가는 백성은 지금 볼 수 없다는 탄식
의 뜻을 나의 아들 예수가 성경에 기
록하여 전하지 않았던가?

25 너희들은 과연 그 뜻을 어찌 생각하는
가?

26 나의 아들이 미리 너희들에게 그리 말
했느니라.

27 진정한 참진리의 믿음의 길을 가는 백
성은 볼 수 없다, 그리하여 나의 아들
이 탄식하며 너희들에게 탄식함을 전
하지 아니하였던가?

28 너희들은 정녕 그 뜻을 모르겠는가?

29 너희들이 믿음의 길을 가는 자, 바로
가는 백성이 하나도 없으니, 너희들이
오늘에 얼마나 잘못되었는가를 너희
들에게 깨우쳐 줌이니,

30 이를 바로잡고 바로 역사하기 위하여
정녕 하늘에 오르는 그 믿음의 길을
가는가?

31 참진리의 믿음의 길을 가는 백성들을
만들기 위하여 오늘의 160권의 새로
운 성경이 내려오며, 나의 아들을 통
하여 이와 같은 역사를 이룸을 알라.

32 이것이 너희들에게 마지막 내리는 사
랑이요, 나 여호와가 베풀 수 있는 마
지막 은혜라는 것을 절대 잊지 말라.

12,014 번째 하나님 말씀

2004년 7월 5일 22시 30분

1 사랑하는 나의 아들아!

2 "네, 아버님! 말씀하옵소서."

3 지금에 구원을 받았다, 그리고 구원을
갈구하여 애원하는 너희들이야말로
정녕 하늘의 뜻을 모르는 백성들이요,
구원의 길이 무엇이며 구원의 길이 어
떠한 것인지도 알지 못하는 백성들이
니라.

4 그러니 구원을 받지도 못하는 어리석
은 백성이 오늘의 종교 집단 속에 속
해서 너희들이 울고불고 광란의 짓을
하며, 너희들은 모두 선택된 백성으로
서 역사할 수 있다고 말하는 자, 바로
너희들이야말로 가장 어리석고 불쌍
한 백성들이니라.

5 너희들의 믿음을 가지고는 절대 하늘
에 오를 수 없으며, 나에게 간다 말하
지 말라.

6 하늘에 오를 수 있으며 구원을 받았다
장담하는 백성 너희들이 하늘의 이치
를 알며 하늘의 뜻을 아는가?

7 더욱이 너희들이 나 여호와의 고유의
권한인 하늘의 문을 들어올 수 있다
하며, 너희들은 뭐라 가르치느냐?

8 많은 재물을 바치는 자, 하늘에 와 너
희들이 나로부터 상을 받을 일만 남았

다 하니,
9 그것이 사실인지 알고 거기에 현혹된
백성, 저희들이 죽어 와 나에게 창고
에 쌓아 놓은 그 보물이요, 그 상을 그
만큼 저희들이 받는 줄 알고,
10 있는 것, 없는 것, 아픈 마음으로 갖다
바치는 그와 같은 어리석은 행동을 하
도록 만든 것이 사탄이요, 사탄의 노
예들이 아니고는 누구도 할 수 없는
사악한 짓을 하고 있음이니 그리 알라.
11 너희들이 죽어 나에게 와 보지도 않았
으며 심판을 받지도 아니한 자들이 어
찌하여 너희들이 하늘에 와 구원을 받
을 수 있다 하며 상을 받을 수 있는 자
라 말하느냐?
12 너희들이 경기를 하지 아니하고 상대
방을 무시하며, 해 보지도 아니하고
우승은 제 것이요, 모든 영광을 저희
것이라 말하는 어리석은 운동선수요,
13 그보다 천배 만배 더 어리석고 불쌍하
며 욕심에 차 있는 백성이 지금 믿음
의 길을 가는 너희들이요, 그 종교 집
단의 우두머리들이요, 지도자들이요,
광분하는 신도들이니라.
14 저희가 죽어 천국에 가는 것밖에는 아
무것도 모르는 백성이 되어 버린 자들
이 그들이니라.
15 하늘에 오르며 내 뜻이 무엇이며, 구
원의 길이요, 거듭나는 것은 어떠한
절차요, 어떠한 길을 위하여 역사하는
것인지 깨닫고 그 어렵고 힘든 길을
가고자 노력하지는 아니하고,
16 그저 저희는 죽기만 하면 천국을 가는
것이요, 천국 가서 구원받는다는 것밖
에는 아무것도 생각하지 못하며, 그저
구원받는다는 것 한 가지에만 너희들
이 모두를 다 바치며 거기에 빠져 지
금 어디에 있는지 캄캄한 밤을 헤매고
있는 불쌍하고 가련한 백성들이니라.
17 천국밖에 모르는 백성들아! 정녕 너
희들이 모르는 그 천국을 지금의 그런
마음이요, 그와 같은 삶이요, 그와 같
은 행동으로써는 너희들은 올 수 없으
며,
18 너희들의 행동은 그저 지옥으로 가는
길밖에는 아무것도 없다는 이 무서운
사실을 내가 너희들이 죽기 전에 전함
이니라.
19 너희들이 이 세상에서 가장 큰 은혜
요, 영광이요, 축복은 나의 아들을 통
하여 새로운 성경에 기록하여 전하기
를,
20 너희들이 구원이요, 천국에 오르는 것
이 아니요, 지옥의 길이요, 죽음의 길
밖에 없다고 내가 전하는 것,
21 이것이 너희들에게 가장 큰 보배요,
영광이요, 하늘에서 너희들에게 내리
는 은혜라는 것을 뼛속 깊이 새겨 두
도록 그리하라.

12,015 번째 하나님 말씀

2004년 7월 5일 22시 34분

1 사랑하는 나의 아들아!
2 "네, 아버님! 말씀하옵소서."
3 너희들이 갈구하고 바라는 구원의 그
것, 너희들이 믿음으로 노력하여 얻는
것은 무엇이라 생각하는가?
4 너희들이 믿음의 길을 가는 것, 그리
고 오늘의 신앙생활을 하는 것, 그 모

두를 얻는 것은 무엇이더냐?
5 너희들이 죽어서 천국 가는 것이라 그
리 생각하며 그걸 얻기 위하여 온갖
짓을 다 하고 있지 않으냐?
6 그러니 너희들이 믿음의 노력으로써
역사하는 것, 얻는 것은 죽어서 천국
가는 것을 얻는 것이 아니라 그리 깨
우치라.
7 너희들이 그로 하여금 천국 가는 것이
아니니, 우선 천국을 갈 것이며 구원
을 받으며 나에게 오를 수 있는 것은
믿음의 노력이라는 것, 그것만으로 얻
어지는 것이 아니요, 바라는 소망으로
만 이루어지는 것이 아님을 알라.
8 사랑하는 나의 아들딸들아! 너희들은
만백성에게 전하라.
9 너희들이 마음을 비우고 가장 낮추고
사는 자, 가장 낮은 자세로써 살아가
는 자만이, 그리고 하늘을 향하여 한
점의 부끄럼이 없는 삶의 길을 가는
자, 그와 같은 백성들이 거듭나며 천
국의 길에 역사하는 것이지,
10 너희들이 바라고 소원하는 그와 같은
믿음이요, 그걸 위하여 노력하는 자세
로써는 아무것도 이룰 수 없는 것임을
알라.
11 바라지 아니하고 원하지 않는 진정한
믿음 중의 믿음으로써 너희들이 역사
하는 것이지, 그렇지 아니하는 것은
아니 됨이니라.
12 진정한 믿음의 길을 가는 백성, 너희
들은 하늘의 뜻을 알 수 있어 마음을
비울 수 있는 자요, 낮은 자세요, 낮은
삶을 살 수 있는 자이니라.
13 그러니 오늘의 믿음이요, 너희들이 가
는 종교 집단의 지도자요, 오늘의 이
형국으로써는 너희들이 천국이라는
곳을 가고자 하는 것, 갈 수 있다는 생
각을 꿈에도 생각지 말라.
14 너희들과는 관계없는 세상이요, 관계
없는 나라임을 알라.
15 너희들이 지금 이와 같이 잘못되어 역
사했으며 잘못 흘러온 것임을 알라.
16 그러니 내가 나의 아들을 통하여 너희
들에게 한 번의 기회를 줌이니,
17 너희들이 낮은 자세로써 네 마음을 비
우며 하늘을 향하여 한 점의 부끄럼이
없는 그와 같은 삶을 살도록 모두를
맞춰 나가며, 거기에 초점을 맞춰 목
숨을 바쳐 충성을 다하여야 하는 것이
나를 볼 수 있는 것이라는 것을 잊지
말라 전하라.
18 지금의 믿음에서 너희들이 깨어나며
반대의 길을 바라볼 때, 하늘에 오르
는 빛을 볼 수 있는 자요,
19 앞만 보고 달려가는 자, 하늘의 빛을
볼 수 없음이니, 이것이 오늘의 너희
들의 삶이라는 것을 전하라.

12,016 번째 하나님 말씀

2004년 7월 5일 22시 39분

1 사랑하는 나의 아들아!
2 "네, 아버님! 말씀하옵소서."
3 지금 제3의 시대에 새로운 성경이 내
려와 이미 나의 뜻을 따르고 배우는
백성들,
4 그리고 이를 가지고 깨우쳐 만백성에
게 전하고자 하는 전사, 선택된 백성
들이요, 지금 나에게 오를 수 있는 그

와 같은 백성들,
5 제3의 시대에 새로운 성경을 받아들
이며 그를 가지고 연구하며 그를 가지
고 공부하는 백성들,
6 그들이 마음을 비우기 시작하였으며,
그들이 천사와 같은 마음의 삶을 살기
위해 시작하였음이니,
7 그들의 오늘의 비운 마음이요, 그들이
천사와 같은 마음으로 변하는 오늘의
그 생활만으로도 그들은 하늘을 향하
여 구름 위를 지금 달리고 구름 위를
날고 있는 그와 같은 경지에 오른 백
성들이 나의 새로운 성경을 접하고 깨
우치고 공부하는 백성들이니라.
8 그리하여 마지막 시대에 이와 같은 역
사가 이미 이루어져, 구름 위를 날고
있는 이와 같은 형국에 있거늘,
9 너희들이 지금 구약과 신약의 성서를
붙잡고 훨훨 날아 하늘나라에 안내하
려 몸부림치며 언제 안내할 것이라 아
무리 몸부림치고 애원해도,
10 날개가 없는 구약과 신약의 그 성경은
너희들을 하늘로 날게 할 수도 없으며
너희들을 하늘에 인도할 수도 없다는
것을 알라.
11 아무리 너희들이 애걸복걸하고 너희
들을 하늘로 인도해 주기를 바라며 너
희들을 날개 달린 짐승처럼 훨훨 날아
하늘로 인도해 달라고 애걸복걸해도,
그는 이루어질 수 없으며 성사될 수
없는 것이 너희들이 지금 하고 있는
짓이라는 것을 알라.
12 날개가 달리지 않은 성서가 어찌 너희
들을 날 수 있게 할 수 있단 말이더냐?
13 너희들은 알아야 될 것이니라.
14 너희들이 스스로 지금 나의 아들처럼,
그리고 새로운 성경을 읽고 깨우친 백
성처럼 구름 위를 달리고 날 수 있다
는 것은, 너희들이 무서우리만큼 너희
자신을 비우는 데 모두를 다 던지며,
네 이웃을 먼저 생각해야 되며, 너희
들이 너 자신을 먼저 놓고 모든 것을
계산하는 계산법으로 세상을 살아가
지 말라.
15 너희들의 탐욕스러운 그 마음의 무거
운 추를 다 끊지 아니하고 그를 주렁
주렁 달고는 너희들이 평생 날려 아무
리 몸부림쳐도 날 수가 없으며, 너희
들은 지상에서 한 발짝도 오를 수 없
음이니라.
16 그리하여 내가 열여섯 권의 새로운 성
경의 기초의 가르침에 뭐라 말하였느
냐?
17 비오는 날 하늘을 날겠다고 하늘로 뛰
어오르겠다고 개굴개굴하며 뛰고 또
뛰어 점점 지쳐서 쓰러지는 개구리 모
습과 같은 것이 오늘의 종교 집단 너
희들이라 하지 않았더냐?
18 그러니 너희들이 그 욕망의 추를 달고
는 날 수가 없음이니라.
19 사랑하는 나의 아들딸들아! 너희들이
그 모두를 다 놓아야 되며 그 모두를
비워야 되느니라.
20 모두를 놓아야만 너희들이 날 수 있느
니라.
21 나는 너희들에게 그리 말하였느니라,
모두를 비우라.
22 그리하여 너희들이 공기보다도 더 가
벼운 너희들이 되지 아니하면 너희들
은 무지개 속을 날 수가 없으며, 그 역

사의 영광을 얻을 수 없다 내가 그리
하지 아니하였더냐?
23 그러니 지금 구름 위를 달리고 나는
나의 아들을 따르는 제자들이요, 나의
새로운 성경을 읽고 깨우친 백성, 그
들처럼 너희들이 모두를 다 비우는 그
와 같은 삶을 살도록 하라.
24 아무리 너희들이 신약을 붙잡고 날 수
있도록, 그리 날아서 하늘에 너희들을
보내 달라 하고 너희들을 실어 달라
하여도, 결코 날 수 없는 것이 구약과
신약의 그 한계임을 알라 전하라.

12,017 번째 하나님 말씀

2004년 7월 6일 0시 21분

1 사랑하는 나의 아들아!
2 "네, 아버님! 말씀하옵소서."
3 인간 세상에 너희들은 그 한계가 있
으며, 가르치는 선생도 그 지식의 한
계가 있음이니, 그를 더 이상 넘지 못
하는 것이 인간의 가르침이요, 그 한
계가 아니더냐?
4 지금의 모든 종교 집단의 지도자 그들
이 하늘에 오르는 길이요, 나에게 오
르는 길을 인도한다는 그 선생이나 그
백성들이 모두 더 이상은 전진하고 변
화되어 앞으로 나아갈 길을 알지 못
하며 나아갈 수가 없는 지경에 와 있
음이니라.
5 그들이 한계에 부닥쳤으며 그 한계를
넘을 수 없는 것이 지금의 종교 집단
의 지도자요, 맹신 맹종하는 그 백성
들이니라.
6 그들이 더 나아갈 수도 없으며 나아
갈 수 없는 그 환경에 부닥쳤으니, 제
자리걸음을 하고 있음이니라.
7 그러니 앞으로 전진하지 못하며, 새로
운 성경이요, 나 여호와의 뜻이요, 하
늘의 이치를 알지 못하며 전진하여 변
화되는 그와 같은 역사를 이루지 못하
니, 그들이 결국 무엇이 되겠는가?
8 그들은 제자리에서 맴돌다 보니 세속
화되었으며, 간교한 방법이요, 사악한
방법으로써 전락되어 가고 있으며,
9 그리 타락되어 가고 있는 백성들이 오
늘의 종교 집단의 지도자요, 그들이
이 세상을 이끌어 가고 있느니라.
10 그러니 저희들이 한계에 부닥쳐 제자
리걸음을 하고 있으며, 하늘의 뜻으로
써 전진하지 못함이니,
11 그들은 무너지고 타락되며 세속화된
그 삶을 사니, 거기에 어떠한 것이 있
겠는가?
12 거기에 참진리가 있으며 하늘에 오를
수 있는 이치를 알 수 있겠느냐?
13 전혀 알 수 없는 것이 너희들이니라.
14 그리하여 나와 관계없는 것이라 하였
으며, 너희들은 나와 관계없는 그 길
을 가느니라.
15 그러니 너희들이 구원이 무엇이며 나
에게 오를 수 있는 것이 무엇이던가?
16 너희들은 더 이상 나가지 못하고 그
속에서 지금 부패할 대로 부패하고 썩
을 대로 썩어져 가 있는 것이요,
17 오로지 거기에서 구원이라는 너희들
은 관계없는 그 소리만 외치고 부르짖
는 구원의 중병이요, 구원의 병자들이
되어 있느니라.
18 사랑하는 나의 아들딸 너희들은 들어

야 될 것이니라.
19 새로운 성경처럼 새로운 성령으로 계
속 이끌어 줘야 하는 것이며,
20 그리하여 너희들이 새로운 성령이요,
하늘의 뜻을 부여받는 그와 같은 역사
의 은혜를 입음으로 인하여 너희들이
변화 속에서 참진리를 깨우치며 하늘
의 뜻을 깨우치며 내가 역사하고자 하
는 것을 알 수 있음이니라.
21 그러니 내가 나의 아들을 통하여 새로
운 성경을 내려보냄이니, 이는 바로
너희들이 전진할 수 있으며 변화될 수
있으며, 그 변화 속에 너희들이 나 여
호와의 뜻을 알며 내가 역사하는 것을
알 수 있는 것이니라.
22 그러니 오늘의 종교 집단의 지도자 그
들이 더 이상 변화될 수 없으며 전진
할 수 없는 그와 같은 형국에서 나가
지도 물러서지도 못하니, 제자리에서
서로가 서로를 물고 뜯는 그와 같은
추악한 짓이요,
23 그리하여 너희들이 이웃의 형제의 살
을 물어뜯고 비방하고 그를 저주하는
그와 같은 오늘의 한계에서 벗어나지
못하고 있는 처참한 현실이니라.
24 내가 보는 너희들이 그러함이니라.
25 너희들은 아니라 하며 절대 그렇지 않
다 하나, 너희들은 썩을 대로 썩고 부
패할 대로 부패되었느니라.
26 몇천 년 동안 너희들이 나의 성경으로
써 그걸 가르치고 또 가르치니, 배우
다 말고 죽어 저희들이 지옥으로 가는
자들이요, 그리고 또 그와 같은 역사
만을 계속 너희들이 2천 년 동안 해
온 것이라는 것을 절대 잊지 말라.
27 그 이상의 너희들이 역사한 것이 없음
이니라.
28 한계에 부닥치면 그 자리에 서며, 그
자리에 서는 자, 너희들은 타락하고
부패하며 간교한 방법으로써 네 이웃
에게 거짓 하며 네 이웃을 악용하는
그와 같은 짓을 하다 나에게 와 심판
대에 서니,
29 너희들의 추하고 더러운 죄목만 남아
있고 아무것도 남아 있지 않으니, 사
탄들이 기다리고 있다가 너희들을 쇠
사슬에 묶어 지옥으로 끌고 가는 것이
너희들의 운명이라는 것을 다시 한 번
전하니, 이 두려움과 무서움을 알라.
30 너희들이 오늘의 육의 세상에서 끓는
기름 가마 속이요, 불바다 속에서 한
번 견딘다 생각해 보라.
31 너희들이 바늘방석을 걸어가는 그 고
통을, 정신이요, 생각이 또렷한 속에
서 과연 오늘의 그와 같은 길을 갈 수
있으며 그 길을 견딜 수 있겠는가?
32 너희들이 그와 같은 것을 생각한다면,
오늘의 삶을 어찌 살아야 되겠는가?
33 오늘의 너희들의 삶을 단 1초도 소홀
히 보내서는 아니 되며, 단 1초도 악
에 물드는 생각을 해서는 아니 되는
것이 너희들의 삶이라는 무서운 사실
을 알라.
34 너희들이 죽어 나에게 왔을 때 받는
그 벌은 벗어남이 없으며 용서함이 없
음이니라.
35 너희들이 지상에서 어떠한 고통과 시
련을 견디지 못하는 아픔이 있을 때,
그보다 천배 만배 더한 아픔이요, 그
고통을 영원히 벗어나지 못하고 그 속

에서 견딘다 너희들이 한번 생각해 보
라.
36 너희들이 끓는 물 속에, 끓는 기름 가
마 속에 작은 손가락 하나를 다쳐도
너희들이 그 고통에 견디지 못할 것이
니, 그 속에서 견뎌야 된다는 생각을
해 보라.
37 그러고도 너희들이 이 세상에서 죄를
지으며 십계명을 지키고 살 수 없다
있다 말할 수 있으며,
38 내가 내리는 새로운 성경을 지킬 수
있다 없다 말하며, 말로써 울부짖는
것으로써 구원을 받을 수 있겠는가?
39 모든 은혜를 다 주었거늘, 너희들이
관리하고 다스려 은혜에 감사하는 기
도를 하지 아니하고, 무엇을 달라, 이
루어 달라 그리하다 나에게 왔을 때,
과연 너희들이 그 대가를 치르는 것이
무엇인가를 알도록 그리하라.

12,018 번째 하나님 말씀

2004년 7월 6일 0시 23분

1 사랑하는 나의 아들아!
2 **"네, 아버님! 말씀하옵소서."**
3 너희들이 죽어 와 심판대에 섬이니,
나를 부를 수 없으며 회개를 할 수도
없으며 돌아갈 수도 없으며,
4 너희들의 후손에게 지금의 삶을 바로
잡고 새로운 성경을 읽고 하늘에 오르
는 길을 얻으라 그리하려 해도 그 한
마디도 전할 수 없는 것이 너희들의
운명이니라.
5 그러니 너희가 지금 여유가 있으며 자
유의지대로 행동할 수 있는 이 육의
세상의 삶을 살고 있을 때, 너희들이
어찌 가야 되는가를 깊이 깨달아야 될
것이니라.
6 오늘의 너희들의 삶을 함부로 살 수
없으며, 소홀히 살 수 있는 삶이 아니
라는 것을 알라.
7 나 여호와가 구약의 시대에도 내가 나
의 뜻을 바로 이루고자 하며 내 뜻에
의해 역사하고자 했으나, 내 뜻대로
이루지 못하는 그와 같은 형국이 되었
으며, 신약의 시대 또한 그를 열어 가
면서 내 뜻대로 이루지 못했느니라.
8 그리하여 내가 지금 마지막 제3의 시
대를 엶이니, 이 시대에 내가 심판을
시작하기 시작함이니, 이는 거둬들일
자와 버릴 자를 구별하는 것이라는 것
을 알라.
9 사랑하는 나의 아들딸들아! 너희들이
지금 이 순간에 거듭나지 아니하면 아
니 됨이니라.
10 그러니 너희들이 새로운 성경을 읽고
옳고 그름을 스스로 평가하며 스스로
깨달음을 얻도록 그리하라.
11 지금 내가 나의 아들을 통하여 내리는
160권의 이 새로운 성경, 제3의 시대
에 역사하는 이것을 너희들이 읽지 않
고, 깨우쳐 네 것으로 만들지 못한다
면, 너희들은 절대 성령의 열매를 맺
을 수가 없음이니라.
12 그러니 성령의 열매를 맺지 못하는 나
무를 내가 어찌하겠는가?
13 내가 가라지와 쓸데없는 것을 다 뽑아
유황불에 던지며, 나의 백성이요, 새
로운 백성의 세상을 열어 가는 그와
같은 세상을 만든다는 것을 내가 일찍

이 너희들에게 성서에 약속했음이니,
바로 그와 같이 선별하는 시대가 지금
이니라.
14 그러니 너희들이 지금 이 순간에 거듭
나는 삶을 살지 아니하면 아니 됨이니
그리 알라.
15 그리하여 내가 나의 아들을 통하여
10년이라는 그 세월 속에 모두를 역
사하며 너희들에게 기회를 주고자 하
는 것이 내가 이루고자 하는 뜻임을
알라 전하라.

12,019 번째 하나님 말씀

2004년 7월 6일 0시 28분

1 사랑하는 나의 아들아!
2 "네, 아버님! 말씀하옵소서."
3 이 세상에 살아가는 모든 백성 그들에
게 전해야 되며 그들에게 알려야 될
것이니라.
4 너희들이 지금 육의 세상의 이 시대를
살면서 가장 먼저 해야 할 일이며 지
켜야 할 길이 무엇인가?
5 그걸 모르고 너희들이 가서는 아니 됨
이니라, 사랑하는 나의 아들딸들아!
6 너희가 믿어야 할 길, 그리고 참진리
의 길이 어떠한 것인가를 너희들이 깨
우쳐야만 되는 것이니라.
7 이를 너희들이 알지 못하면 절대 아니
됨이니라.
8 진정한 믿음이요, 참진리의 길이 무엇
인가 이것을 너희들이 먼저 알아야 될
것이며, 이를 너희들이 바로 보지 아
니하면 아니 될 것이니라.
9 그리고 너희들은 나 여호와가 원하는
것이 무엇이며, 내가 바라는 것이 무
엇이며, 내가 이 세상에서 너희들을
통하여 이루고자 하는 것이 무엇인가,
이것을 깨우쳐 먼저 알아야 될 것이
니라.
10 이를 알지 못하며 너희들이 이 길을
선택하여 가지 아니한다면, 결코 너희
들이 그리 갈망하고 소원하는 그 구
원이라는 것은 있을 수 없음이니라.
11 사랑하는 나의 아들딸들아! 너희들이
나에게 올 수 있는 길이 무엇이더냐?
12 너희들이 나에게 오고자 정녕 바란다
면, 하늘의 뜻이요, 참진리요, 그리고
나 여호와가 원하는 것이 무엇이며 내
가 이루고자 하는 것이 무엇인가를 너
희들이 동참하여 나와 더불어 하나가
되는 그와 같은 삶을 살지 아니하고는
결코 너희들이 나에게 오를 수 없음이
니라.
13 나에게 오를 수 없는 백성이란 무엇이
더냐?
14 너희들이 오늘의 육의 삶을 소홀히 그
리 살다, 육의 세상에 사는 것은 너희
들이 어리석고 부족한 백성이 짓는 죄
이기에, 어리고 불쌍한 백성들이기 때
문에, 모르는 백성들이기 때문에, 나
여호와가 모두를 다 용서해 준다 너희
들이 그리 생각하지 말라.
15 나는 너희들에게 기록하여 전하느니
라.
16 너희들이 심판을 받음은 육의 세상의
삶에 대한 그 결과로써 심판은 이루어
짐이니, 그 심판의 결과는 무엇이더냐?
17 너희들이 상을 받을 자와 벌을 받을
자가 정해짐이니, 너희들은 여기서 오

늘의 삶을 어찌 살아야 되겠는가?
18 내가 나의 아들을 통하여 수없이 너희
들에게 경종을 울리며 또 경고함이니,
이를 소홀히 들어서는 아니 될 것이니
라.
19 참진리요, 진정한 믿음의 길이 무엇인
가 그를 찾으라.
20 그리고 너희들이 나 여호와가 바라고
원하는 것이 무엇인가 그를 찾으라.
21 그렇지 않으면 너희들이 나와 하나가
될 수 없으며 내 뜻에 의해 역사하는
백성이 아니니, 나의 나라에 올 수 없
는 것이니, 오지 못하는 백성은 결국
은 무엇이더냐?
22 나와 인연이 없는 백성이요, 나와 관
계없는 백성으로 전락함이니, 그는 사
탄들이 너희들을 갖다 어찌하는지 나
도 너희들에게 하나하나 기록하여 전
해 주고 알려 줄 수는 없음이니라.
23 내가 나의 새로운 성경에 그와 같은
형태요, 그와 같은 것을 비유를 들어
너희에게 수없이 전했음이니, 이를 보
고 깨우쳐 너희들이 거듭나는 백성으
로 살라 전함이니라.

12,020 번째 하나님 말씀

2004년 7월 6일 0시 33분

1 사랑하는 나의 아들아!
2 "네, 아버님! 말씀하옵소서."
3 너희들이 나의 아들 예수의 이름을 부
르며, 나의 이름을 부르면 구원을 얻
으며 거듭나는 그와 같은 영광을 얻는
다 그와 같이 생각하기 전에, 너희들
은 어찌하여 나 여호와의 심기를 모르
는가?
4 나 여호와가 너희들의 가는 것을 보며
기쁨으로써 지금 인내하고 있는가, 노
한 마음으로써 인내하고 있는가를, 너
희들은 어찌하여 그를 모른단 말이더
냐?
5 이제 나의 아들을 따르는 제자 너희들
은 들어야 될 것이니라.
6 160권이라는 새로운 성경이 세상에
나오니, 이를 만들고 읽고 접하며 전
하는 백성 너희들은 나 여호와가 지금
무엇 때문에 노하였으며 내가 무엇 때
문에 기뻐하는가, 우선 너희들이 나를
살필 줄 알며 내 뜻을 알려 하며 나를
볼 줄 알아야 됨이니라.
7 지금 나 여호와가 극히 노하여 있음이
니라.
8 나의 노함을 아무도 달랠 수 없으며
내가 인내할 수 없을 정도로 지금 나
의 노여움이 극에 달해 있음을 너희들
은 알아야 될 것이니라.
9 사랑하는 나의 아들을 따르는 제자 너
희들은 그와 같은 것을 깨달으며,
10 나 여호와의 기쁨이 무엇이며 나의 노
함을 너희들이 풀 수 있는 길이 무엇
인가 그 길을 찾는 현명함을 얻도록
그리하라.
11 너희는 알라. 너희가 구원의 기회를
얻음은 바로 무엇이더냐?
12 내가 너희들에게 수없이 가르치고 전
했으며, 가훈이라 하여 사랑하는 나의
아들딸 너희 가정에 하나씩 그를 붙여
놓고 읽고 깨우치라 내가 가훈을 내리
지 않았더냐?
13 육의 삶에 한 점의 부끄럼이 없는 삶

을 사는 것이 너희들이 성령이 임하는
것이요, 성령의 인도함을 받는 것임을
알아야 될 것이니라.
14 그러나 지금 나의 아들을 통하여 내가
새로운 성경을 너희들에게 전하니, 너
희들이 이를 접하고 깨우치지 아니하
면 성령이 너희들에게 임할 수 없으며
성령의 인도함을 너희들이 받을 수 없
음이니라.
15 지금 나의 아들을 통하여 내리는 새로
운 성경을 읽고 깨우친 백성 너희들은
알라.
16 하늘에서 천사들이 성령이 임한 백성
을 아무리 찾으려 해도, 하늘로 인도
할 수 있는 자를 찾으나 찾을 수가 없
으며 준비된 백성이 없음을 알아야 될
것이니라.
17 천사들이 성령이 임한 백성이요, 성령
으로써 인도하고자 하는 백성을 아무
리 찾고 또 찾아도 찾을 수가 없으며,
18 준비되지 아니한 백성들이요, 준비하
고 있는 백성이 없다면 어찌하겠는가?
19 그러니 나의 뜻에 의하여 너희들이 성
령이 충만된 삶을 살지 못하며, 천사
들이 하늘로 인도하고자 찾으나 찾을
자가 없다면, 너희들은 바로 무엇이더
냐?
20 나의 뜻에 의하여 역사하는 백성이 아
니요, 죄 속에서 살아가는 자요, 죄 속
에서 역사하는 자들이 아니더냐?
21 성령이 임하지 못함이니 인도하지 못
하며, 또한 너희들을 다스려 이끌어
가지도 못하는 것이 오늘의 형국이니
그리 알라.
22 사랑하는 나의 아들딸들아! 나 여호
와의 노함이 극에 달했다 했음이니,
더 이상 내가 참을 수 없으며 인내할
수 없을 정도로 나의 노여움이 그렇다
하였느니라.
23 그러나 지금 내가 나의 아들을 통하여
새로운 성경을 내려보내 너희들을 다
스리고자 함이니라.
24 그러니 또한 나 여호와의 노함이 무엇
인 줄 알겠느냐?
25 나는 너희들이 말하는 이방인이요, 잡
신을 따르는 백성들이요, 그와 같은
나의 아들딸 때문에 나 여호와가 노함
이 아니니라.
26 나는 바로 나의 아들의 이름을 팔며
나의 이름을 부르며 울고불고하며 장
사하는 자, 종교 집단의 지도자요, 그
와 같은 행위를 하는 자, 그와 같은 자
들 때문에 나 여호와가 더욱 노하여
있음을 너희들은 알라.
27 나는 정녕 나의 이름을 파는 자, 나의
아들 예수의 이름을 파는 자, 말로써
는 모두를 다 주나 사랑을 행하지 않
는 자, 그리고 선택을 받은 자요, 구원
을 받았다 하여 감히 나의 고유의 권
한에 도전하는 자,
28 나는 그와 같은 백성들에게 노하며 그
들로 하여금 나 여호와가 참지 못하여
이와 같은 형국에 있음이니라.
29 이방인이요, 잡신을 따르는 백성들 때
문에 내가 노하여 있음이 아님을 알라.
30 내가 이제 나의 아들을 통하여 새로운
성경을 내려보내니, 이를 접하고 깨우
치는 백성들, 용기 있는 자, 그리고 역
사할 수 있는 백성, 너희들이 있기에,
31 나의 노여움을 풀어 가는 그와 같은

일이 지금의 현실이라는 것을 그들에
게 정확히 전해 주고 깨우쳐 주도록
그리하라.

12,021 번째 하나님 말씀

2004년 7월 6일 0시 38분

1 사랑하는 나의 아들아!
2 "네, 아버님! 말씀하옵소서."
3 사랑하는 나의 아들 너를 통하여 지금
160권이라 하여 새로운 성경을 세상
에 내려보내니, 이 성경이 과연 무엇
이더냐?
4 너희들은 무엇이라 생각하며 이를 어
찌 생각하느냐?
5 사랑하는 나의 아들아! 너는 과연
160권의 새로운 성경을 너의 제자들
에게 뭐라 말하고 싶으냐?
6 "네, 아버님! 저는 그리 생각되옵나이
다.
7 이는 아버님께서 내리는 명령서이나,
이는 저희들과 아버님이 지키고 지켜
야 할 계약서요, 약정서요,
8 변하지 아니하며 고칠 수도 없으며 일
방적으로 파기할 수도 없는 아버님의
계약서요, 명령서라 그리 생각되옵나
이다, 그리고 약정서라 그리 생각되옵
나이다.
9 아버님께서 모든 은혜로 저희들을 이
세상에 내보내셨으며, 그와 같은 아버
님께서 저희들에게 지키라 하여 명하
시는 것이기 때문에, 저희들은 반드시
이를 받아들여야 되며 행하여야 된다
는 것이요,
10 이것이 저희들이 가야 할 길이요, 저
희들이 역사할 것이옵나이다.
11 아버님께서 내린 명령서이기 때문에
이 세상에서 서로가 쌍방의 합의서요,
약정서를 하는 것이 아니라, 창조주
아버님께서 내리신 것이기 때문에 이
는 약정서요, 이는 계약서요, 그보다
더한 약정서요, 계약서가 없으며 이보
다 철저히 지키고 행하여야 되는 것이
없다 생각되옵나이다, 아버님!"
12 사랑하는 나의 아들아! 그러하니라.
13 나 여호와가 지금 너희들에게 지켜야
할 것을 내려보내니, 이는 너희들이
볼 때는 명령서요, 명령이라 그리하나,
14 나는 너희들이 이를 따라야 되며 이를
행하여야 되며, 그것이 너희들이 나의
은혜에 보답하는 길이요, 또 너희들이
거듭나는 삶을 살 수 있기 때문에,
15 이 세상에 어떠한 약정서요, 계약서보
다도 가장 무섭고 두려운 약정서요,
계약서라는 그 깨우침을 너는 전하도
록 그리하라, 사랑하는 나의 아들아!
16 이것이 무엇이더냐?
17 나 여호와의 모두를 태워 새로운 성경
이라 하여 내가 세상에 내려보내니,
이를 지키지 아니하면 아니 되며, 이
를 너희들은 절대적으로 지키고 행해
야 되기 때문에, 내 명령서이기 전에
너희들이 서명하는 약정서와 같으며
계약서와 같음이니,
18 나 여호와와 너희들이 약속한 것이며,
나 여호와에게 너희들이 계약의 증서
로써 보이는 것임이니 그리 알라.
19 사랑하는 나의 아들아! 내가 내리는
것을 지키고 하늘에 오르는 길을 위하
여 너희들이 최선의 노력을 다할 때,

너희들은 바로 나를 볼 수 있으며 그
역사를 이룰 수 있음이니라.
20 그러니 바로 지금 내가 내리는 새로운
성경, 이 160권은 너희들과 내가 약속
으로써 이루어지는 계약서요, 약정서
임을 너희들은 알아야 될 것이며,
21 그 누가 뭐라 하든, 모든 백성들이 뭐
라 하더라도 너희들은 약정서요, 계약
서가 이 160권의 책이라는 것을 잊지
말라 그들에게 전하라.
22 너희들은 어떤 변명이요, 이유를 댈
수 없으며, 이는 나와 너희들의 약정
서요, 계약서라는 것, 바로 160권의
새로운 성경이 계약서임이니라.
23 그러니 너희들은 이대로 이행하지 아
니하며 이대로 지키지 아니하면 아니
됨이 여기 있음을 알라 전하라.
24 나 여호와가 너희들과 계약한 것이요,
약정서가 160권이니라.
25 그러니 이를 지키지 아니하면 너희들
이 나에게 어떠한 고통을 받는다 해도
너희들이 계약서를 위반한 것이요, 나
와 약속을 지키지 아니한 것이니라.
26 그러기에 160권을 지키고 너희들이
읽고 깨우쳐 네 것으로 만들지 아니하
면 하늘에 오를 수 있는 길이 없다 함
이니라.
27 모든 백성은 들으라.
28 160권이 약정서이니라.
29 그리고 너희들과 엄연히 지킬 계약서
이니라.
30 이를 지키지 아니했을 때 너희들의 그
대가는 스스로 너희들이 받고자 자처
하는 것이니, 나를 원망하지 말라 그
리 전하라.

12,022 번째 하나님 말씀

2004년 7월 6일 0시 43분

1 사랑하는 나의 아들아!
2 "네, 아버님! 말씀하옵소서."
3 지금의 종교 지도자요, 그 집단의 우
두머리들이 과연 나로부터 지시를 받
은 자요, 명받은 자요, 내가 너희들에
게 지도자라 하여 직접 임명장을 내렸
는가?
4 너희들이 그리 바라고 원하는 기름을
부어 준 자 있으며 받은 자 있는가?
5 너희들은 이를 알아야 될 것이니라.
6 오늘의 모든 종교 집단의 지도자 너희
들은 인간이 시키는 교육 과정을 거쳐
서 인간이 준 임명장을 가지고 너희가
나의 지도자요, 하늘의 명받은 자라
그리하고 있으니,
7 그것이 시작부터 너희들이 사기극이
요, 거짓된 자요, 사탄의 노예들이 나
의 피조물 만백성을 우롱하기 시작하
는 그와 같은 형국이 됨이니라.
8 너희는 인간의 교리요, 임명장을 받은
자이기에, 인간의 교리의 한계를 벗어
나지 못하는 것이니라.
9 그러니 너희들이 하늘의 뜻을 알 수
없으며 하늘의 이치를 알 수 없음이니
라.
10 너희들은 들으라.
11 하늘의 명을 받은 자는 나 여호와의
성령의 뜻에 따라 새로운 시대를 열어
가며, 나와 교통하여 내가 내리는 그
명령서를 그때그때 행하고 지키며 가
르치며 만백성을 이끌어 가는 그와 같
은 역사를 이룸이니라.

12 지금 너희들은 알라.
13 내가 모세를 통하여 한 시대를 역사했
으며, 그리고 나의 아들 예수를 통하
여 한 시대를 역사했음이니, 그들은
새로운 것을 모두 너희들에게 제시했
음이니라.
14 구약의 시대는 구약의 성경으로써 너
희들에게 보여 주었으며 그를 증거했
으며,
15 신약의 시대는 나의 아들 예수를 통하
여 신약의 성서를 가지고 그가 나의
아들이며 내가 역사하는 것임을 증거
하고 보여 주었음이니라.
16 그것이 바로 나와 교통하여 내 뜻을
책으로 만들어 너희들에게 글로써 전
하는 것이 아니더냐?
17 그러니 제3의 시대는 또한 어떠하던
가?
18 지금 내가 나의 아들을 통하여 너희들
에게 세세하게 가르치며, 구약이요,
신약의 그 모두가 이루지 못했던 것,
그 속에 있는 것, 이루고자 했던 그 모
든 비밀을 풀어 내가 바로 역사함이
니, 이것이 바로 무엇이냐?
19 나의 성령의 뜻에 따라 나와 교통하
며, 나의 명을 받아 새로운 시대요, 새
시대를 열어 가며 새로 가르치며 새로
운 것으로써 지도하며 그 백성들을 이
끌어 가는 것이 바로 나에게 명받은
자요, 나로부터 모든 대명이요, 권한
을 인계받은 자니, 이는 세상에 단 한
사람밖에 없음이니라.
20 이것을 너희들이 안다면, 오늘의 너희
들이 부끄러운 줄을 알며, 너희들이
누구에게 교육을 받아 누구한테 임명
장을 받으며 누구를 가르치며 너희들
이 가르치는 한계가 어디 있는가?
21 나로부터 직접 명받은 자 있으며, 나
로부터 기름 부음을 받은 자 있으며,
내가 임명장을 써 준 자가 어디 있는
가?
22 임명장이 무엇이고 나와 너희들의 그
약정서요, 계약서가 뭔지 알겠느냐?
23 모세와의 약정서요, 계약서는 구약 성
서요, 나의 아들 예수와의 약정서요,
계약서는 신약 성서요,
24 그리고 나의 아들과 내가 계약하고 역
사하여 세상에 내리는 160권의 새로
운 성경이 바로 임명장임을 알라 그리
전하라.

12,023 번째 하나님 말씀

2004년 7월 6일 08시 25분

1 사랑하는 나의 아들아!
2 "네, 아버님! 말씀하옵소서."
3 너희들이 살아가면서 작은 약속을 지
키며 그를 행하고 살아가는 것이 바로
무엇이더냐?
4 정도의 삶의 길이요, 진실된 삶의 길
이요, 그리고 참진리의 길을 가는 것
이 기본이니라.
5 그러니 참진리의 길이요, 그와 같은
나의 뜻에 따라 살아가는 백성 너희들
이 거기에 대해 노력하는 만큼, 변하
는 만큼 항상 상이 있으며 그 은혜가
있음을 어찌 모르는가?
6 너희들이 작은 약속을 지키고 살아갈
때, 그를 지킴으로 인하여 얻는 기쁨
이 있으며 행복함이 있느니라.

7 그것이 바로 너희들이 나로부터 받은 은혜요, 영광이 아니더냐?
8 너희들은 물질로써, 은혜로써 눈에 보이는 것으로써 그와 같은 것을 얻고자 함이니, 너희들이 그게 잘못됨이니라.
9 육으로 너희들이 재물을 얻으면 그 재물의 기쁨이 무엇이며 그 행복함이 어디에 있는가?
10 너희들은 네 마음이 변함으로써 그 기쁨을 얻는 것보다 더 위대한 기쁨이요, 영광이 없느니라.
11 그러니 너희들은 그와 같은 은혜를 나로부터 받으며, 내가 너희들에게 베푸는 은혜는 그러한 것이니라.
12 스스로 작은 약속을 지키며, 지킬 수 없는 약속을 약속이기에 지킬 때, 너희들은 거기에서 기쁨이 있으며 행복함이 있으며 삶의 보람을 느끼게 됨이니라.
13 그것이 바로 너희들에게 내가 내리는 은혜요, 축복임을 잊지 말라, 사랑하는 나의 아들딸들아!
14 내가 너희들에게 뭐라 말하였느냐?
15 너희들이 버리고자 하는 그 악습을 하나 버리며 너희들이 하나를 깨우쳐 바로 설 때마다 내가 너희들에게 상이요, 은혜를 내린다 함이니,
16 너희들은 금화와 은화요, 재물을 네 앞에 내리는 것을 원하지 말라.
17 그보다 더 귀하고 소중한 것이 무엇이더냐?
18 너희들이 마음을 비울 수 있으며, 천사와 같은 삶을 살 수 있는 그와 같은 마음의 변화를 얻음이니, 그것이 가장 큰 은혜요, 영광이니라.
19 나 여호와가 너희들에게 어찌 말했더냐?
20 내가 내리는 상은 부서지고 깨지며, 그리고 영원히 관리하지 못하는 그와 같은 것을 상으로 내리지 아니한다 하였음이니라.
21 나 여호와는 창조주이기에, 너희들이 다음의 세상에 영원히 간직할 수 있는 것, 영원히 너희들의 소유물이 되며 재산이 되는 것을 나 여호와가 너희들에게 상이요, 은혜로 내림이니 이를 알라, 사랑하는 나의 아들딸들아!
22 너희들이 육의 세상에서 선생으로부터, 네 부모로부터, 형제로부터 노력하여 얻는 것은 너희들이 때가 되면 다 그를 놓아야 되며 그를 버려야 되며, 너희들이 영원히 갖지 못하는 그와 같은 것을 얻기 위하여 노력하는 것이 아니더냐?
23 그리고 그와 같은 것을 얻었을 때 너희들은 그 기쁨으로 나로부터 복을 받았으며 은혜를 받았으며 축복받았다 하나,
24 그것은 인간으로서 너희들의 거래에서 이루어지는 것이요, 나 여호와는 그와 같은 것으로써 너희들에게 은혜와 상을 내리지 아니함을 알라.
25 오로지 너희들이 천사와 같이 아름다운 마음으로 변하는 그와 같은 깨달음을 주며, 인간의 삶의 도리가 무엇이며, 사람의 사는 길이 무엇이며, 하늘에 오르는 길이 무엇이며, 어찌하여야 너희들이 나에게 오를 수 있는 것인가,
26 그리고 너희들이 그와 같이 변하는 자신을 보고 행복함을 느끼며, '나는 할

수 있다.'는 자부심을 가질 때, 그와
같은 것이 내가 너희들에게 내리는 상
이요, 은혜이니라.
27 내가 내리는 것은 나 여호와요, 보이
지 않는 창조주가 내리듯이, 너희들이
손으로 잡을 수 없으며 보이지 않는
위대한 사랑이니,
28 이는 영원히 존재하는 것이며 영원히
간직하는 것이며 너희들이 나에게 와
심판받을 때 가장 큰 보배이니라.
29 그와 같은 것을 내가 항상 너희들에게
내리며, 내려 주지 아니함이 없는 것
을 알라 그리 전하라.
30 그러니 너희들이 작은 거짓말을 하지
아니하고 거듭날 때 그 기쁨은 너희
스스로 알 것이며, 너 자신이 변함을
알 것이며, 너 스스로 미소를 지을 것
이니라.
31 그리고 자신을 사랑하며 자신의 소중
함을 알 것이니라.
32 작은 약속을 지킴으로써 자신이 변함
을 알며, 너희가 그와 같이 지킬 수 있
는 사람으로 변화된 것을 보고 너희
스스로 기쁨을 얻을 것이며, 너희 스
스로 행복함을 얻을 것이며,
33 너희 자신이 얼마나 귀하고 소중한 자
인가, 너희 인생을 너희가 다시 한 번
돌아다보며, 나로부터 생명을 받았으
며 나로부터 은혜를 받은 그와 같은
큰 영광이요, 은총이 무엇인가를 너희
가 기쁨으로 맞이할 수 있으니, 이것
이 내가 내리는 상이니라.
34 이와 같은 것이 내가 내리는 상이지,
너희들의 눈에 보이는 상을 내리는 것
이 아니니,
35 눈에 보이는 상을 위하여, 눈에 보이
는 것을 얻기 위하여 울고불고하는 그
와 같은 기도를 하지 말라.
36 그것은 인간 세상에서 인간끼리 이루
어지고 베풀고 거래하는 것이요, 보이
지 않는 창조주 아버지는 보이지 않는
것으로써 너희들에게 내림이니, 더 위
대하고 큰 것이며 귀하고 소중한 것이
니라, 사랑하는 나의 아들딸들아!
37 그러기에 나의 아들을 따르는 제자들
이요, 그리고 나의 새로운 성경을 가
지고 공부하고 깨우쳐 가는 백성, 너
희들이 이미 내가 줄 것을 다 주었으
며 받을 상을 다 받은 자라 하지 아니
하였더냐?
38 그 의미가 여기에 있음이니 그리 알
라, 사랑하는 나의 아들딸들아!
39 스스로 변화되는 것을 알며 그 기쁨을
얻으며, 그것이 영광이라 생각하며,
변할 수 있는 너희들이 나에게 감사하
는 기도를 드릴 때,
40 그것이 바로 내가 내린 은혜를 받는
것이요, 너희들이 나에게 감사하는 기
도이니, 그보다 소중하고 귀한 우리의
만남이 없음이니라.
41 그와 같은 것이 자주 있을 때, 그와 같
은 것이 수시로 있을 때, 하루에도 너
희들이 수십 번씩 그와 같은 것을 느
낄 때,
42 바로 너희들이 나와 항상 같이 있으며
내 옆에 오고 있음이라는 것을 알라,
사랑하는 나의 아들딸들아!

12,024 번째 하나님 말씀

2004년 7월 6일 08시 30분

1 사랑하는 나의 아들아!

2 **"네, 아버님! 말씀하옵소서."**

3 믿음의 길을 가는 백성들이요, 그리고 나로부터 선택된 백성, 너희들은 밖으로부터 무엇을 얻고 구하려 하지 말라.

4 너희들이 웅장한 교회요, 그 화려한 단상에 서서 화려한 옷을 입고 제왕과 같은 모습으로써 너희들에게 설교하고 가르치는 그와 같은 자의 가르침이 하늘에 오르는 길이요, 참진리라 그리 말하지 말라.

5 너희들이 베적삼을 입고 떨어진 고무신을 신어 맨발로 서 있는 자라 하여도, 그가 가르치는 진리요, 아름다움이 나 여호와의 뜻이라면 그보다 더 위대하고 귀한 것이 없느니라.

6 그러니 너희들은 외형에 따라서 무엇을 구하며 밖에서 찾으려 그리하지 말라, 사랑하는 나의 아들딸들아!

7 너희들은 나의 새로운 성경을 읽으라.

8 그를 읽고 나면 너희들이 구약과 신약에서 알지 못했던 것, 보지 못했던 답이 다 거기에 있음이니라.

9 그러니 너희들이 나의 새로운 성경을 읽으라 함이니라.

10 너희들이 하늘에 오르는 길이요, 참진리요, 비진리요, 사탄이요, 마귀요, 이와 같은 시시비비를 하지 말고,

11 '창조주 하나님께서 이 세상에 필요하여 내린 것이니, 이는 한번 볼만한 것이라' 하여 너희들이 한번 정독하고 읽어 보라.

12 그리하여 너희들이 나의 새로운 성경의 길을 가며 나의 아들을 따르라 함이 아니니라.

13 너희들이 이것을 읽어 보고 나서 성경을 들여다보면, 지금까지 몇십 번씩 읽었어도 알지 못하며, 수십 년 동안 네 가슴에 끼고 교회라는 곳을 시계추처럼 흔들려 왔다 갔다 한 것을 알게 되며, 그 속에서 깨우치지 못한 어리석음을 알며, 그 속에서 배운 것이 없음을 알 것이니,

14 바로 너희들이 그와 같은 세월 속에서 얻지 못했던 성경의 비밀이요, 그 속에 있는 것을 모두를 다 알게 될 것이니라.

15 그것이 바로 무엇인 줄 알겠느냐?

16 마지막 시대에 너희들을 구하기 위하여 내가 나의 성령을 태워 모두를 내려보내는 내 새로운 성경을 너희들이 접하고 읽는 그 공이니라.

17 그것이 바로 상이니라.

18 그러니 그보다 더 큰 사랑이 없을 것이며 상이 없거늘, 어찌하여 너희들이 나의 새로운 성경을 읽어서 깨우치려 하지 아니하고,

19 밖에서 외부에서, 쓸데없는 곳에서 우왕좌왕하면서 하늘에 오르는 길이요, 구원의 길을 가겠다 그리하느냐?

20 사랑하는 나의 아들딸들아! 다 너희들 안에 있으며 너희들 자신의 손에 있음이니라.

21 너희들이 나의 새로운 성경을 읽으라 함이 바로 너희들이 아무리 구약과 신약을 읽어도 알지 못함이니,

22 그를 깨우치면 너희들이 하늘에 오르

는 길이요, 너희 스스로 그 모두를 알
아 갈 수 있으며 깨우침의 길을 갈 수
있으며 하늘의 지혜를 얻을 수 있음이
니,
23 요란하고 복잡하고 제왕적이며 위협
적인 큰 교회요, 화려한 성전이요, 화
려한 그 종교 지도자의 거짓된 소리를
듣지 아니하여도, 너희 가슴이 열릴
것이며 눈이 열릴 것이며 귀가 뚫릴
것이니라.
24 사랑하는 나의 아들딸들아! 외형의
불필요한 것에, 요란한 것에, 그리고
과장된 것에서 진리를 찾으려 하지 말
며, 내 뜻을 찾으려 하지 말며, 하늘에
오르는 길을 찾으려 하지 말라.
25 비록 초라하며 베적삼을 입었으며 신
발을 신지 못하였다 해도, 그가 하는
말이 나 여호와의 뜻이요, 진리라면
너희들은 그를 듣고 네 것으로 만들면
되는 것이니라.
26 화려한 외형을 찾는 것은 너희들이 믿
음의 길을 잘못 가는 것이요, 깨달음
의 길을 잘못 가는 것이니, 밖으로 보
이는 것으로써 평가하지 말며, 밖으로
나가 무엇인가를 얻으려 하지 말라.
27 정 안 되거든 성경의 한 구절 한 구절
을 너희들이 왜 나 여호와가 이와 같
은 명을 내렸으며 이와 같은 일을 했
는가, 그리고 내가 어찌하라고 했으
며, 나의 아들 예수가 어찌하라고 했
는가,
28 하라고 명한 것, 그것만 찾아서 너희
들이 밑줄을 긋고 읽고 또 읽으라, 그
러면 또한 깨달음이 있을 것이니라,
사랑하는 나의 아들딸들아!
29 나의 새로운 성경을 읽고 깨우칠 수
없거든, 구약과 신약의 그 성서 중에
어찌하라, 어찌 지키라, 그리하면 되
는 것이라 그리 내가 기록하여 전한
것,
30 그것에 밑줄을 긋고 그를 읽고 또 들
여다보며, 왜 이 뜻을 내렸으며 왜 이
뜻을 기록하였는가 생각하면,
31 거기에서 너희들이 조금이나마 깨우
침을 얻게 될 것이며, 너희들이 지혜
를 얻게 될 것이니라, 사랑하는 나의
아들딸들아!

12,025 번째 하나님 말씀

2004년 7월 6일 08시 35분

1 사랑하는 나의 아들아!
2 "네, 아버님! 말씀하옵소서."
3 사랑하는 나의 아들아, 어찌하여 이
길이 고통스러우며 고난의 길이라 하
여, 네가 눈물로써 나에게 그 아픈 마
음을 전하며, 눈물로써 네 가슴의 아
픔을 만백성에게 전하고자 하는 그와
같은 행동을 하는가?
4 너는 눈물을 거둬야 될 것이니라.
5 모든 백성들이, 지금 나의 피조물 그
들이 너를 보기를 부러워하며, 너와
같은 임무를 받을 수 있는 것을 그들
은 영광으로 생각하며, 그 임무를 대
행하고자 하는 백성들이 얼마나 많이
있는 줄 알겠느냐?
6 그들이 영광된 것이며 축복된 길이라
그리하여 목숨을 바쳐 그들은 충성을
다하고 정성을 다하여 이 길을 가고자
하는 그 백성들이 헤아릴 수 없이 많

이 있건만,
7 어찌하여 네가 오늘의 길이 어렵고 힘
들어 고난의 길이라 하여 눈물을 흘리
며, 네가 이 길에 최선을 다하지 아니
하며 자꾸만 무너지려 그리하느냐?
8 그리고 나에게 기적이요, 역사를 바라
는 그와 같은 마음을 지워야 될 것이
니라.
9 너는 이 길을 가야 되며, 지금과 같은
방법이 아니고는 어떠한 것도 이룰 수
없음이니 그리 알라, 사랑하는 나의
아들아!
10 너의 눈물을 거두라, 마음 아파해서는
아니 되느니라.
11 네가 가야 할 길이요, 네가 넘어야 할
길은 이 길이 아님이니라.
12 더 어렵고 힘든 고난의 길이 너를 기
다리고 있음을 어찌 모른단 말이더냐?
13 너는 한 치의 부끄럼이 없이 살아야
되며, 한 치의 거짓됨이 없어야 되며,
남들 앞에 너 자신을 위장하는 것도
절대 있어서는 아니 됨이니라.
14 모든 요리사라는 사람들이 생선을 놓
고 이리 바르고 저리 발라 필요한 것
을 떼어 내듯이, 모든 백성들이 너를
헤쳐 놓고 모두를 찾으며, 상한 것, 썩
은 것, 그리고 잘못된 부분을 다 들춰
낸다 그리하지 아니하였더냐?
15 그때 네가 눈물로써 감당할 수 없으며
통곡으로써 감당할 수 없음이니,
16 너희들이 육의 세상에서 함부로 살다
나에게 와 심판을 받아 지옥의 길로
끌려가며 통곡하는 것보다 네가 더 고
통의 눈물을 흘릴 것이니라.
17 사랑하는 나의 아들아! 모든 백성들
이 너를 헤쳐 놓았을 때, 네가 부끄럼
이 있는 그와 같은 나의 아들이라면,
너는 나에게 올 수 없으며, 만백성이
너를 나의 아들이라 생각하지 아니할
것이며 믿지 아니할 것이니라.
18 그리되었을 때, 네가 지금까지 만들어
놓은 이 160권의 새로운 성경은 빛을
보지 못할 것이며, 만백성을 심판할
수 없는 것이니라.
19 그러니 너는 앞으로 닥쳐올 그 길이
더 험악하고 더 험난하며 고통스러운
길이 네가 가야 할 길이거늘, 어찌하
여 오늘의 이 길에 네가 눈물을 흘리
며 나에게 하소연을 하고자 하는 마음
을 갖는단 말이더냐?
20 나의 아들 예수가 일찍이 세상에 나가
목숨으로써 모두를 이루고자 했음을
네가 어찌 모른단 말이더냐?
21 그는 목숨을 바쳐 내 뜻을 행하고 실
천했음이니, 너도 그와 같은 마음으로
써 그 길을 가고자 하는 생각 외에는
다른 생각을 해서는 절대 아니 됨이니
라, 사랑하는 나의 아들아!

12,026 번째 하나님 말씀

2004년 7월 6일 08시 41분

1 사랑하는 나의 아들아!
2 "네, 아버님! 말씀하옵소서."
3 눈물을 거두며 마음 아파하지 말라.
4 네 마음이 어찌하여 그러하는가?
5 너의 제자들이 너를 도우며, 새로운
성경이 세상에 나올 수 있도록 그들이
심혈을 기울이니,
6 너는 그들에게 감사하며, 그들에게 몸

둘 바를 모르며, 그들을 보기에 네가
보답할 길이 없다 그리 말하지 아니하
는가?
7 그러면 네가 그들을 위하여 보답할 길
이 무엇이며, 그들을 위하여 네가 사
랑하는 증표가 무엇이며, 그들의 선하
고 착한 천사와 같은 그 마음에 네가
그 대가를 치를 수 있는 것은 무엇인
줄 알겠느냐?
8 네가 힘들고 어렵다 하여 눈물을 짓는
그와 같은 길을 가지 아니하며, 행복
과 즐거움이라 하여 네가 나의 새로운
성경을 받는 데 최선을 다할 것이며,
9 쉬지 않고 앞만 보고 달려가는 길이
그들의 은혜에 보답하는 길이요, 그들
의 노고에 보답하는 길이요, 그들의
천사와 같은 마음에 보답하는 것이요,
그들을 사랑함임을 너는 알아야 될 것
이니라.
10 그들에게 재물을 주며 기쁨을 주며 어
떠한 영광을 주는 것이 네가 그들에게
베푸는 것이 아니니라.
11 그 상의 모두는 나 여호와가 내리는
것이요, 네가 내릴 수 없는 것이거늘,
어찌하여 네가 그들에게 그와 같은 것
을 내리지 못함을 마음 아파하는가?
12 이는 나 여호와가 역사하는 것이니라.
13 다만, 네가 그들을 소중히 생각하며
감사하는 마음을 가지고 있다면, 그리
고 영원히 그들과 더불어 네가 나에게
오고자 한다면, 너는 아무것도 할 것
이 없음이니라.
14 오로지 새로운 성경을 받는 데 쉬지
말며, 계속 최선을 다하여 노력하는
그와 같은 마음을 가지는 것이니,
15 그들에게 모든 받은 은혜요, 받은 감
사함에 네가 보답하는 길은 딱 그 한
길뿐이니라.
16 그러하거늘, 말로써 네가 그들을 사랑
하며 그들을 소중하다 하며, 네가 나
의 새로운 성경을 받을 수 있도록 받
쳐 주는 그들에게 보답하는 마음이 있
다면, 과연 네가 눈물을 흘릴 수 있으
며 나에게 눈물의 기도를 바랄 수 있
는가?
17 너는 이제 그를 깨달아야 될 것이며,
그것이 네가 가야 할 길이라는 것을
알라.
18 마음의 눈물을 거두며 울지 말라, 그
리고 최선을 다하라.
19 그리고 네가 쉬지 않고 달려가는 그
길뿐이니, 그리 알고 행하도록 그리하
라.
20 그리하지 아니하는 것은 네가 제자들
을 사랑하는 것이 아니요, 그들에게
감사하는 것이 아니요, 네가 기회주의
의 사람밖에 더 되겠는가?
21 나는 기회주의자 같은 나의 아들을 사
랑하지 아니하며, 그를 믿지 아니하
며, 나의 아들이 그러한 아들이 아님
을 나는 알고 있음이니라.
22 그러니 네가 그들을 사랑하여 감사히
생각하며, 나 여호와가 내리는 성령을
받도록 역사하는 그들이 소중하고 귀
하며, 네가 더불어 그들과 같이 나에
게 오고자 한다면,
23 그들에게 모든 은혜에 네가 보답할 수
있고 상을 내릴 수 있는 것은, 너는 새
로운 성경 160권을 받아 세상에 내는
데 최선을 다하라.

24 그것이 그 모두가 이루어지는 길이요,
내가 상을 주고 안 주는 것은 나 여호
와 뜻이니, 너는 그 능력이 없음이니
라.
25 사랑하는 나의 아들아, 이 뜻을 알았
는가?
26 "네, 아버님! 알겠사옵나이다.
27 사람은 살아가면서 편하면 더 편하고
자 하며, 인간 세상에 그리하여 말을
타면 마부를 두고자 하는 그와 같은
마음이 있다는 것,
28 그와 같이 부질없는 인간이요, 부질없
는 사람의 대표자가 저인 것을 이제야
깨달았사옵나이다.
29 이제 그들을 사랑하는 것을 알았으며,
그들을 소중히 생각하는 걸 알았으며,
그들에게 감사하는 마음을 알았사옵
나이다, 아버님! 제가 그들에게 베풀
수 있고 감사할 수 있으며 그 은혜에
보답할 수 있는 길이 있다면, 제 마음
이 오늘과 같이 이리 슬프고 괴롭지는
아니하였을 것이옵나이다.
30 밝은 마음이요, 기쁜 마음으로 전진하
고 또 전진하도록 그리하겠사옵나이
다."
31 사랑하는 나의 아들아! 그러기에 네
가 나의 아들이요, 그리 고쳐 갈 수 있
기에 나의 아들이요, 그리고 행할 수
있기에 나의 아들임이니라.
32 내가 너를 세상에 내보냄이 가장 기쁨
이요, 영광이요, 네가 내 뜻을 어기지
아니할 것을 기대하느니라.
33 내가 너와 너의 제자들을 그리 사랑함
이니라.

12,027 번째 하나님 말씀

2004년 7월 6일 08시 46분

1 사랑하는 나의 아들아!
2 "네, 아버님! 말씀하옵소서."
3 나 여호와가 구약을 내려 너희들에게
약속했으며, 신약을 내려 너희들과 약
속을 했음이니라.
4 그리고 제3의 시대에 지금 내가 새로
운 성경을 너를 통하여 내려 이 모두
를 이루는 것이 무엇이더냐?
5 곧 나의 약속이니라, 사랑하는 나의
아들아!
6 나의 약속이 무엇이더냐?
7 나 여호와의 권세가 하늘과 지상과 이
땅의 모두를 역사하는 것이요, 내가
모든 권세를 다스리는 것이라 하지 아
니하였더냐?
8 나의 권세 속에 너희들이 와야, 너희
들이 육의 세상에 살다 하늘에 오르는
그와 같은 영광을 얻는 것이라 하지
아니하였더냐?
9 그러니 나 여호와가 너희들에게 구약
과 신약을 내린 것, 그리고 계명을 내
린 것, 나의 아들 예수를 보낸 것, 이
모두를 이루기 위하여 나의 약속으로
써 이루어지는 것이니라, 사랑하는 나
의 아들딸들아!
10 하늘에서 이루어진 것같이 이 땅에서
이루어지는 것, 그것을 내가 약속을
지키는 것이 오늘의 내가 역사함이니
라.
11 그러니 내가 왜 나의 아들과 너를 따
르는 제자들의 그 모두가 소중하고 귀
한 아들딸이라 했는지 알겠느냐?

12 왜 선택된 자라 함인지 알겠느냐?
13 하늘에서 이루어진 것같이 이 땅에서
이루어지는 나의 약속을 너희들이 행
하며 지키고 그를 이루기 위해 선택된
백성들이라 함이니라.
14 누구도 갈 수 없으며 누구도 용기 없
는 그 길을 너희들이 가고 있지 않더
냐?
15 이 모두는 성경에 의하여 너희들에게
약속한 일들이니라.
16 그러니 이가 이루어지고 있음을 너희
들은 알아야 될 것이니라.
17 사랑하는 나의 아들딸들아! 내가 구
약과 신약이요, 계명과 나의 아들 예
수를 내려보내, 이 세상에 사랑을 심
고 나의 복음을 전하고자 했던 것이
다 너희들과의 약속이라 하지 아니하
였더냐?
18 너희들과 계약을 체결하지 않으며 약
정서를 만들지 아니하였으나, 너희들
이 지키고 나에게 올 수 있을 것이며,
와야 되는 나의 피조물 만백성이기에,
그를 지키고 행해야 되기 때문에, 너
희들과 나와의 그 약속이라 하고 언약
이라 하지 아니하였더냐?
19 그 모두를 나 여호와가 지키고 있음을
너희들은 알아야 될 것이니라.
20 이 모두는 성경에 의하여 너희들에게
약속된 것을 지금 내가 지키기 위하여
160권의 새로운 성경을 세상에 내려
보내며 오늘의 이 역사를 이룸이니라.
21 지금의 믿음의 지도자들, 종교 집단
너희들로서는 내가 이루고자 하는 그
약속을 지킬 자격이 있는 자가 없으
며, 그 약속을 지키지 못하며, 너희들
이 다 미달자의 그 길을 가고 있으며,
22 더욱이 나를 능멸하고 나를 욕되게 하
는 그와 같은 신앙이요, 믿음의 길을
가고 있기 때문에, 너희들로서는 내
약속을 행할 수가 없으며 지킬 자격이
미달되는 자이기에,
23 내가 지금 새로운 백성들로부터 그 약
속을 지키기 위하여 나의 아들을 통하
여 새로운 성경 160권을 '하늘에 오르
는 길'이요, '하나님! 말씀하옵소서.'라
는 책으로 증거로 제시하여 증거로써
역사하는 그와 같은 시대가 열림이니
라.
24 사랑하는 나의 아들딸들아! 내가 구
약과 신약과 모든 세상 속에서 너희들
과 약속한 부분, 약정한 것, 그 모두가
지금 하나하나 이루어지고 집행된다
는 것을 너희들은 알아야 될 것이니라.
25 그러니 너희들이 지금 나의 아들의 강
론을 듣지 아니하며, 내가 내리는 새
로운 성경을 읽지 아니하면,
26 너희들이 어떠한 약속을 어찌 지켜야
될 것인가, 나와 너희들이 언약한 것
을 어찌 행하여 될 것인가, 이를 알 수
없기 때문에,
27 나와의 약속을 지키지 못하는 자요,
행하지 못하는 자이기에, 나와 관계없
는 자요, 그리고 나에게 오를 수 없다
함이니, 이 무서운 사실을 깨닫도록
그리하라.

12,028 번째 하나님 말씀

2004년 7월 6일 09시 47분

1 사랑하는 나의 아들아!

2 "네, 아버님! 말씀하옵소서."
3 오늘 있다가 내일 아침에 아궁이에 던
져지는 그 풀들까지도 내가 다 입히고
관리하거늘,
4 나 여호와가 어찌하여 나의 백성 너희
들을 보살피지 아니하며 너희들에게
모두를 역사하지 아니하였다 그리 생
각하는가?
5 그것이 오늘의 인간 너희들의 생각이
아니더냐?
6 내가 내일 아침에 아궁이에 던져지는
그 보잘것없는 풀들까지도 다 입히고
또 보살펴 주었거늘,
7 내가 나의 아들딸 너희들에게 어찌하
여 먹이지 아니하며 너희들을 다스리
지 아니하겠는가?
8 그러니 너희들이 그와 같이 믿지 못하
는 것, 그와 같이 행하지 못하는 것,
너희들이 믿음이 없는 백성들이요, 깨
달음이 없는 백성들이요, 나를 경배한
다 하나 너희들이 정녕 경배하지 못하
는 백성임을 알아야 될 것이니라.
9 육의 세상에서도 너희들이 살아가면
서 그러하지 아니하는가?
10 너희들이 양식이 없음이니, 그 양식을
가지고 너희들은 자식을 먼저 먹여 살
리겠는가, 그렇지 않으면 너희들이 짐
승부터 먼저 그 먹이를 주겠는가?
11 인간 세상의 부모도 적은 양식이 있을
때, 자식은 먼저 먹이나 짐승들은 절
대 주지 아니할 것이니라.
12 그것을 너희 아들딸도 믿을 것이니라.
13 너희 아들딸도 부모를 믿기를 양식이
적을 때 부모 스스로 먹기 전에 저를
먼저 먹일 것이며, 그리고 이웃집 자
식을 먹이기 전에, 그리고 기르는 짐
승들에게 주기 전에 저에게 먼저 먹이
고 저에게 줄 것이라는 것을 그 아들
은 부모를 믿고 믿느니라.
14 그러니 그와 같은 환경에서 인간의 자
식이 부모를 믿는 것만도 못한 것이
오늘의 너희들의 믿음이요, 나를 향하
여 오는 백성들이 아니더냐?
15 그러니 이와 같은 것으로써 너희들이
어찌 구원받으며 나에게 오를 수 있단
말이더냐?
16 그리하여 내가 나의 아들 예수를 통하
여 믿음이 없는 자요, 깨달음이 없는
자라 너희들을 탓함이니, 이를 너희들
은 과연 어찌 받아들이는가?
17 지금의 모든 백성들 중에 종교 집단의
지도자요, 신도 너희들에게 하는 말이
요,
18 이방인이요, 믿지 않는 백성들에게 깨
달음이 없는 자요, 믿음이 없는 자라
내가 탓하겠는가?
19 바로 너희들을 탓함이니, 너희들이 잘
못 가고 있음을 알아야 될 것이니라.
20 지금의 모든 종교 집단이요, 너희들이
나를 향하여 오는 길이요, 나의 피조
물 만백성을 하늘로 인도하며 나로부
터 명받은 자요, 너희들이 그와 같이
아무리 울고불고 부르짖으나 믿음이
없는 자이니라.
21 너희들에게는 믿음을 찾아볼 수도 없
으며, 너희들의 신앙생활은 나와는 아
무런 관계도 없는 그와 같은 길을 가
고 있음이니,
22 지금이라도 너희들이 나의 아들을 통
하여 내리는 새로운 성경을 읽고 깨우

쳐 반성하고 회개하는 그와 같은 삶을
살지 아니하면, 그리 너희들이 다스려
나가지 아니하면 아니 됨을 알아야 될
것이니라.
23 내가 너희들에게 전한 그 뜻을 너희들
은 알겠는가?
24 보잘것없는 그 풀도 생명을 주며 모두
를 입히고 먹고살게 했으니, 내가 사
랑하는 나의 아들딸, 그리고 내가 아
끼는 너희들에게 그 모두를 주지 아니
했겠느냐?
25 그를 믿지 못하는 것, 그를 믿지 못하
기에 너희들이 쌓아 놓으려 하며, 더
가지려 하며, 더 뺏으려 하며, 그와 같
이 하고 사는 것,
26 그 모두가 너희들이 믿음이 없는 자
요, 나를 믿지 못하는 자들이라 하는
그 무서운 사실을 너희 스스로 받아들
이고, 한번 너희 자신을 돌이켜 생각
하는 기회를 가지라.
27 그렇지 아니하면 너희들이 아니 됨이
니라.
28 너희들이 작은 죄를 짓고 회개한다고
울고불고하기 전에, 너희들의 그 믿음
의 자세요, 믿지 못하는 마음, 흔들리
는 마음, 진정한 믿음의 길을 가지 못
하는 너희들의 마음을 회개하고 반성
하도록 먼저 그리하라.

12,029 번째 하나님 말씀

2004년 7월 6일 09시 54분

1 사랑하는 나의 아들아!
2 "네, 아버님! 말씀하옵소서."
3 내가 들풀에도 모두에게 생명을 주어
그들이 지탱하도록 하였으며, 내일 버
릴지라도 오늘까지 내가 모두를 보호
하고 지켜 주는 나 여호와의 사랑이
요, 내가 하는 일이라 하지 아니하였
더냐?
4 그리고 이것이 나 여호와가 역사하는
위대함이니라.
5 그리하여 너희들에게 내가 뭐라 말하
였느니라.
6 너희들을 염려하여 내가 전하기를 '너
희들은 무엇을 먹을까 생각하지 말며,
무엇을 마실까 생각하지 말며, 무엇을
입을까 생각하지 말라.
7 이 모두를 다 생각하고 몸부림치며 가
는 자는 이방인들이 구하는 것이라'
나 여호와가 너희들에게 그리 전하고
깨우쳤느니라.
8 이 모든 것이 너희들이 해야 할 줄 알
아야 되며, 이와 같이 행해야 되는 것
이 너희들이 가야 할 길이 아니더냐?
9 그러나 지금 내가 너희들을 들여다보
니, 지금 나를 찾지 않는 백성이요, 너
희들이 말하는 이방인이요, 사탄이요,
사악한 자라 말하는 그 백성들이 정녕
이방인이 아님을 너희들은 알아야 될
것이니라.
10 믿음의 길이요, 하늘에 오르는 길이라
하여 너희들이 선택된 백성이요, 구원
의 은혜를 받았다 하는 백성들, 너희
들이 바로 이방인이라는 것을 알아야
될 것이니라.
11 나의 피조물 만백성, 나를 찾지 않는
백성이 이방인이 아니라, 지금 잘못된
종교 집단 속에서 나를 찾고 울고불고
하면서 너희들이 무엇을 먹을까, 무엇

을 마실까, 무엇을 입을까 하는 그와
같은 고심에 빠져 있는 종교 집단의
지도자,
12 그리해서는 아니 된다는 것을 모르는
이방인이 아니라, 그와 같이 해서는
아니 된다는 걸 알면서 그리 행하는
너희들이 바로 이방인이며, 나의 뜻을
거역하는 자요, 사탄의 자식들이 되어
있음을 알라.
13 종교 집단이나 지도자, 그리고 맹종
맹신하는 광신도들, 너희들이 과연 내
가 말한 것을 그리 행하지 아니하는가?
14 생각도 하지 말아야 되며, 행동으로
하지도 말아야 되며, 실천하지도 말아
야 할 것이 너희이거늘, 너희들이 과
연 무엇을 먹을까 그와 같은 생각을
하지 않는가?
15 지금의 모든 종교 집단의 지도자들,
그들이 '내가 어디를 가니 무슨 대우
를 받았으며, 내가 어디 가서 세상의
대우를 받았거늘,
16 어찌하여 여기 있는 신도들이요, 우리
교인들은 그와 같이 하지도 못하는
가?' 이와 같이 함부로 말하는 것이
종교 집단의 지도자들이 단상에 서서
할 수 있는 말이라면, 이게 얼마나 썩
고 얼마나 부패해졌으며 얼마나 잘못
되었는가?
17 그러니 너희들은 무엇을 먹을까 생각
하지 말라 하였거늘, 너희들은 무엇을
먹을까 하여 혈안이 되었으며,
18 너희들이 남의 것까지 뺏어 먹는 데
단거리 선수보다도 더 빠르며 번갯불
보다 더 빠른 자들이니,
19 너희들이 남의 것을 뺏어 먹는 자, 무
엇을 먹을까 하여 연구하여 그저 좋다
면 무엇이든지 낚아채며 남의 것을 뺏
어 먹는 데 혈안이 된 것이 너희들이
아니더냐?
20 그러니 이것이 너희들이 내 뜻에 의해
행하는 자들이더냐?
21 이것 하나도 행하지 아니하고 거역하
니, 너희들이 사탄이 아니더냐?
22 무엇을 마실까 너희들이 생각하지 말
라 하였으니, 너희들이 과연 마실 것
에 대하여 얼마나 생각하고 연구하는
가?
23 오래된 것, 더 진귀한 것, 몸에 좋은
것이라 하면 물불을 가리지 아니하고
마셔 대는 것이 과연 너희들이 아니
더냐?
24 그러면서 내가 너희들에게 그리 전했
거늘, 그를 행하지 아니하며 그를 모
르면서 행하지 않는 백성은 이방인이
아니니라.
25 그 모두를 수십 번 수천 번 들었으며
평생 들은 자들이 그를 행하지 아니하
는 것이 사탄이요, 마귀의 자식으로
굳어지고 굳어졌기 때문에,
26 사탄의 자식이요, 지옥으로 갈 것이
결정된 자들이기 때문에 너희들은 그
와 같이 혈안이 되어 있는 자들이니라.
27 그리고 무엇을 입을까 생각지 말라 하
지 아니하였느냐?
28 그러니 지금 종교 집단의 지도자 너희
들이 무엇을 입을 것인가를 생각하지
아니하며, 있는 그대로 깨끗이 세척하
여 걸치고자 하는 그와 같은 겸손한
삶을 사는가?
29 너희들은 입는 데 바치는 시간과 재물

을 얼마나 많이 낭비하는가?
30 그 대표적인 자들이 믿음의 길을 가는
자들이니라.
31 이것도 또한 모르는 백성보다도 수천
수만 번 들어서, 그리하면 아니 된다
는 걸 들은 너희들이 그를 행함이니,
32 얼마나 대담하며 얼마나 용기 있는 자
들이며, 얼마나 무서운 자들인지 알겠
느냐?
33 정면으로 내 뜻을 거역하며 나를 짓밟
는 자들이 너희들이니라.
34 그러니 나의 뜻을 거역하는 자들이 이
방인이 아니라, 바로 너희들이요, 그
러기에 너희들이 이방인의 집단이라
함이니라.
35 종교 집단의 지도자, 너희 신도라는
자, 이와 같은 것을 성경에 기록하여
엄연히 지키라 내가 하였거늘,
36 너희들이 내 은혜를 생각하며 나의 전
지전능함을 생각하는 백성들이더냐?
37 그를 생각하지 아니하기 때문에 너희
들은 무엇을 먹을까, 너희는 남에게
뺏길까 하여 창고에다 쌓아 놓으며,
한번 들어가면 내놓지 않는 자요, 마
실 것도 또한 너희들이 그리하느니라.
38 몸에 좋고 낫다 하면 그저 가리지 않
고 마시며, 남이 마실까 봐 너희들이
더 마시는 그와 같은 자들이요,
39 너희들이 화려한 모습이요, 아름답게
가꾸고자 하는 그 욕심, 그것이 얼마
나 너희들이 재물과 시간을 거기에 낭
비하는가?
40 그러면서 너희들이 울고불고 기도하
며 나로부터 선택된 백성이 나에게 온
다 함이니, 이를 보는 내가 어떠하겠
느냐?
41 그러니 들에 매여 있는 황소가 웃으
며, 모든 짐승이 가장 어리석고 불쌍
한 것이 너희들이라 함을 아느냐?
42 가장 불쌍한 백성들아! 어찌하여 너
희들은 수천수만 번 들어 지키고 행하
면 하늘에 오르는 길이라 하는 것을
지키지 아니하고 행하지 아니하면서
하늘에 오르겠다 몸부림치며 나를 부
르고 울고불고하는가?
43 그 더럽고 추한 입으로써 나를 부르지
말라 내가 명함이니라.

12,030 번째 하나님 말씀

2004년 7월 6일 09시 57분

1 사랑하는 나의 아들아!
2 "네, 아버님! 말씀하옵소서."
3 '너희는 먼저 그의 나라와 그의 의를
구하라.' 그리하지 않았던가?
4 그리하면 너희들이 모든 것을 이룰 것
이며 너희들에게 더할 것이며 모두가
역사할 것이라 그리하였느니라.
5 너희들은 하늘나라의 의인이요, 천사
가 되는 그와 같은 길을 가기 위하여
그 길을 구하며 그 방법을 구하고 연
구하라.
6 그러면 너희들에게 모든 것이 이루어
질 것이며, 원하는 것 이상으로 너희
들에게 더 상을 내릴 것이라는, 나의
아들 예수를 통하여 너희들에게 가르
치고 전한 그 뜻을 어찌하여 너희들이
그리 외면하고 사는가?
7 '그러므로 너희들은 내일을 위하여 염
려하지 말고 내일 일은 내일 염려할

것이요, 한 날 오늘의 염려와 괴로움
이요, 오늘의 걱정은 오늘로써 족함이
니, 내일 일을 염려하지 말라.' 그리
가르친 뜻이 무엇이더냐?
8 나 여호와가 너희들이 바로 가고자 하
는 백성들에게는 내일의 걱정이 없으
며 모레의 걱정이 없으며 모두가 그와
같이 다 이루어지며 뜻대로 행해짐이
니라.
9 다만, 너희들이 천사와 같은 자가 되
지 아니하였으며 의인으로써 의를 지
키는 자가 되지 못하기에, 너희들이
얻을 수 없으며 볼 수 없다 한 나의 가
르침을 너희들은 깊이 깨우쳐야 될 것
이니라.
10 사랑하는 나의 아들딸들아! 그리하여
너희들이 먹고 쓰고 자고 마시고 하는
것에 모두를 바치지 말라 그리함이니
라.
11 천사와 같이 변화되는 삶을 먼저 살
며, 너희 자신을 비우고 사는 삶을 살
라, 그러면 너희들이 모두를 다 나로
부터 얻을 것이라 내가 전한 그 뜻을
어찌 모르는가?
12 그를 지키고 행하는 것이 너희들이 하
늘에 오르는 길이요, 나로부터 생각지
않은 은혜까지 받을 수 있으며 구할
수 있는 것을,
13 나의 뜻을 따르지 아니하고 지키지 아
니하면서 너희들이 어찌하여 무엇을
얻을 수 있다 생각하느냐?
14 그러나 나의 뜻을 알면서도 거부하는
자가 더 사악한 자요, 더 잘못된 자요,
이를 모르고 행하지 않는 백성은 죄가
되지 아니하다 하였음이니,
15 너희들이 이방인이요, 사탄이요, 마귀
가 되어 있는 것을 아직도 모르고 있
으니, 너희 자신을 깨우치며 너희 자
신을 들여다보도록 그리하라.

12,031 번째 하나님 말씀

2004년 7월 6일 10시 01분

1 사랑하는 나의 아들아!
2 "네, 아버님! 말씀하옵소서."
3 성경에 기록하여 '너희들이 남으로부
터 비판을 받지 않으려거든, 원망을
듣지 아니하려거든, 남을 비판하지 말
며 원망 듣는 짓을 하지 말라.' 기록하
여 전했느니라.
4 그러니 그와 같은 것을 읽고 배운 종
교 집단 지도자요, 그 신도들이 과연
남을 비판하지 아니하며 화평한 삶을
살아가는가?
5 지금 너희들의 자세를 돌아다보라.
6 너희들은 비평이요, 비판의 명수가 되
어 있음이니라.
7 무조건 저 자신이 무엇인지 알지 못하
며, 제가 지금 암흑에서 허덕이는지,
지옥의 길에 허덕이는지도 모르면서,
8 저와 같이 가지 아니하는 백성은 그저
사탄이요, 마귀라 하여 너희들이 비평
하는 것뿐만 아니라,
9 작은 것에서부터 큰 것까지 너희들이
남을 비평하며 남을 모함으로 몰아넣
는 데는 지금의 종교 집단 너희들이
명수요, 대표적인 자임을 알라.
10 너희들이 얼마나 사악하고 악랄한가?
11 내가 나의 아들을 통하여 너희들에게
서울 한복판의 '마포'라는 곳에 달란

트라는 사업장을 개설해 주지 않았던가?

12 그러니 그 사업장의 주변에 있는 모든 종교 집단이요, 믿음의 길을 가는 자들이 어찌하는가?

13 그 집은 사탄의 집이요, 마귀의 집이니 절대 가지도 말며, 들어 보지도 말며, 거저 준다 해도 가지 말며, 거저 잔치를 베푼다 해도 음식을 먹지 말며, 물을 마시지 말며, 그 집 근처에도 가지 말라 담합하여 그와 같이 회의를 하고 그리 욕하고 계획하는 것이 아니더냐?

14 과연 이것이 종교 집단이 할 수 있으며 사랑을 한다는 자들이 할 수 있는 것이더이냐?

15 그러니 너희들이 남을 비평하고 모함하는 자들이 아니더냐?

16 달란트 사업을 역사하며 어려운 자를 도우며 살아가는 것은 나 여호와의 뜻이요, 내가 역사함이니,

17 저희들은 하지도 못하며 역사하지도 못하는 자들이 그리 가지 말라, 돕지 말라, 거래하지 말라 하는 것, 거저 주는 잔치도 가지 말며, 거저 먹여 준다 해도 가지 말라 하는 것이 너희들이 비판만 하는 것이더냐?

18 너희들이 뜻이 다른 자의 가슴에 비수를 꽂는 것보다도 더 잔혹하고 가혹한 일이요, 간교한 짓을 하는 것이 오늘의 종교 집단의 지도자니,

19 내가 너희들에게 비평하고 남을 모함하는 명수요, 대표적인 자요, 그것을 위하여 오늘의 종교 집단 속에 살아온 자들이 그 하나를 얻은 것 외에는 너희들이 얻은 것도 없으며 구한 것도 없다는 무서운 사실을 알라.

20 과연 그 종교 집단이요, 그 신도들이 사랑을 하는 자들이던가?

21 그들은 사랑을 행하기는커녕, 사랑의 '사'자도 입에 담을 자격이 없는 추한 자들이니라.

22 남이 잘되는 것을 보지 못하는 것이 오늘의 종교 집단이요, 그 신도들이요, 그리고 남들이 울고불고 쓰러져 가는 것을 기뻐하는 자들이 바로 너희들이니라.

23 그러니 새로운 종파요, 새로운 역사의 진리가 내려와도 절대 따르지 못하며 듣지 못하도록 하는 자가 아니냐?

24 그리고 제 부모요, 형제라도, 같은 종파요, 같은 믿음의 길을 가지 않는 자는 무조건 인간으로 취급하지 아니하며, 제 부모요, 제 형제요, 그 모두를 다 개돼지로 생각하는 그 사악한 자들이 아니더냐?

25 너희들이 믿지 않는다 하여 네 이웃을 개돼지로 생각하며, 사람으로 생각하지 아니하며, 너희 부모요, 너희 형제도 믿지 아니하면 그리 똑같이 생각하는 자들이 아니더냐?

26 어찌하여 네 부모가 믿지 않는다고 해서 개돼지로 취급하며, 이웃의 백성이 믿지 않는다고 해서 개돼지로 취급하는가?

27 너희들은 그와 같은 말을 함부로 하지 말라.

28 너희들이 개돼지의 상태의 그 벌이요, 그 죄를 받을 것이니라.

29 그러니 내가 남의 잘못하는 것을 기뻐

하지 말며, 슬픈 일을 너희들이 즐거
워하지 말라 하지 아니하였더냐?
30 언젠가 너희들이 그 자리에 와 있게
될 것이라 하였음이니라.
31 너희들은 들으라.
32 나의 아들딸들을 너희들이 종파가 다
르며 믿음이 다르다 하여 개돼지로 취
급하는 자, 네 부모요, 형제를 그리 생
각하는 자, 너희들이 개돼지가 되어
있음을 알 것이며,
33 너희들은 개돼지도 되지 못하는 자들
이요, 그만큼만 된다 해도 너희들은
축복일 것이니라.
34 너희들은 말할 수 없는 고통이요, 시
련의 길을 가야 되는 것이요, 사람을
개돼지로 그리 불렀으니, 너희들은 그
보다도 못하게 되는 것이 당연한 것이
니라.
35 모든 인간을 너희들이 짐승처럼 생각
하는 그 세월만큼, 너희들이 고통의
늪으로 깊이 빠져들어 간다는 그 무서
운 사실을 잊지 말라 전하라.

12,032 번째 하나님 말씀

2004년 7월 6일 10시 06분

1 사랑하는 나의 아들아!
2 "네, 아버님! 말씀하옵소서."
3 너희들이 얼마나 사악하고 간교한 백
성이면 나 여호와가 너희들에게 남을
비평하지 말며 남을 함부로 평하지 말
라 그리하지 아니하였던가?
4 남의 좋은 것을 보고 배워야 되거늘,
좋지 못한 것을 너희들이 자랑이나 하
듯 그리 내보이며, 남들 앞에 그를 평
하지 말라 하였음이니라.
5 그러니 너희들이 오죽이나 잘못되고
잘못 가는 백성이면, 내가 성경에 기
록하여 '네 형제의 눈에 있는 작은 티
를 보고 네 눈 속에 있는 들보를 깨우
치지 못하는 어리석은 짓을 하지 말
라.' 하지 아니하였더냐?
6 그리하여 너희들이 형제의 눈에 있는
티보다 네 눈 속에 있는 들보를 먼저
빼 버리는 그와 같은 현명한 백성이
되라 그리하지 않았더냐?
7 지금의 모든 사랑한다는 종교 집단의
지도자 너희들이 어떠한 백성인 줄 알
겠느냐?
8 저희 형제들이 100개중에 99개를 잘
하고 하나를 잘못하는 그 형제를 물고
늘어지고 비평하는 데 주저하지 아니
하느니라.
9 저는 99개를 잘못하며 그저 조금 한
다면 하나나 잘하는 것이 있는 자가
제가 잘못하는 것은 모르고, 남이 잘
못하는 하나를 물고 늘어지고 비평하
고 욕하는 대표적인 자가 오늘의 종교
집단의 지도자요,
10 그 약점을 찾아내는 데 또한 너희들만
큼 명수가 없으며 너희들만큼 유능한
자가 없음을 알아야 될 것이니라.
11 남의 허물 하나를 물고 늘어지는 것,
백 개 중에서 하나를 잘못하는 것을
용서하지 아니하며 물고 늘어지는 그
것이 너희들이니, 얼마나 너희들이 사
악하고 간교한 종교 지도자이더냐?
12 제가 99개를 잘못하는 것은 잘못이
아니요, 그는 감춰 두고 제가 하나를
잘하는 것만 내세우며,

13 아흔아홉 개를 잘하는 사람을 하나를
가지고 뭉개 버리는 그것이 너희들이
니,
14 그러한 너희들로서는 하늘에 오를 수
없으며 너희들은 구원을 받을 수 없음
이니라.
15 그러니 오늘의 너희 백성들이 눈을 뜨
고 귀를 열어, 나의 아들을 통하여 내
리는 160권의 새로운 성경을 읽고 깨
우쳐, 거듭나는 진통이요, 그 고통을
겪지 아니하고 바로 서지 못하면,
16 너희들은 아무것도 와서 얻을 것이 없
으며 볼 것이 없으며, 그저 너희들은
나와 관계없는 자가 되어 지옥으로 끌
려감이니,
17 얼마나 무섭고 두려운 것이며 가서는
아니 되는 길인 줄 그때 깨달을 것이
나, 이미 때가 늦음이니라.

12,033 번째 하나님 말씀

2004년 7월 6일 10시 59분

1 사랑하는 나의 아들아!
2 "네, 아버님! 말씀하옵소서."
3 지금의 모든 종교 집단의 지도자, 그
리고 신도라는 백성들이 정녕 너희가
하늘나라의 나의 뜻에 의한 길을 가고
있다고 생각하는가?
4 종교 집단의 지도자로서 너희들이 나
의 뜻에 의해 역사한다면, 나의 뜻을
그대로 따르고 지키고 행하여 너희들
이 지금쯤은 하나가 되는 삶을 살도록
나의 피조물 만백성을 그리 이끌어 오
고 인도했어야 될 것이니라.
5 2천 년이라는 기나긴 세월 속에 너희
들은 나의 백성들을 하나로 뜻을 같이
하여 서로 연계되어 살아가는 그와 같
은 하나 된 세상을 만들지 못했으며,
6 천파만파 갈라지고 서로가 시기와 질
투하는 그와 같은 세상으로 만들었음
이니라.
7 너희가 모두를 이루어 놓지 못하였음
이니라.
8 그러니 하나가 되도록 이루지 못하였
으니, 그리하여 너희들이 진정한 믿음
이요, 하늘에 오르는 참진리의 길을
오지 못한 백성이라는 것을 알아야 될
것이니라.
9 아무것도 너희들이 이루어 놓지 못하
지 아니하였는가?
10 그러니 너희들은 나의 뜻을 역사하도
록 내가 내린 그 뜻에 따라 좌표를 확
실히 제시하고,
11 모든 백성들이 너희가 제시하는 좌표
가 하늘의 뜻이요, 내 뜻이 되어 그들
이 그를 보고 살아가는 삶을 살도록
너희들이 만들어야 했을 것이니라.
12 그러나 너희들은 나의 뜻의 좌표를 세
우지 못했으며, 그 좌표가 어긋나 지
금 그와 같은 삶을 살고 믿음을 향하
여 이끌어 왔기에,
13 사랑하는 나의 백성들이 흔들리며 그
중심을 잡지 못하는 그와 같은 세상이
되었느니라.
14 너희들이 진정한 믿음이요, 나 여호와
의 뜻이요, 하늘에 오르는 그 좌표를
반듯이 제시하여 그 좌표에 어긋나지
아니하는 흔들리지 않는 믿음이요, 삶
을 살도록 했더라면,
15 오늘의 이 세상은 이와 같이 험악하지

아니하였으며 너희들이 분열되지 아
니하였을 것이니라.
16 그러나 진정한 믿음의 좌표를 너희들
은 제시하지 못하였으며, 그 뜻도 없
어졌으며 그 목적도 없어졌느니라.
17 그러니 나의 뜻을 분별하지도 못하며
내가 역사하는 것이 무엇인지도 모르
는 종교 집단이요, 그 지도자들이 종
파의 이름을 만들어 수없이 그 이름을
내걸고, 지금 나의 나라를 건설하는
데 너희들이 역행하며 훼방하는 짓만
하고 왔음을 너희들은 알겠느냐?
18 우선 너희들이 수많은 종파의 이름을
내건 것으로써 나를 거역하는 것이며,
내 뜻을 너희들이 행하지 아니하는 자
임을 알아야 될 것이니라.
19 나 여호와가 추구하는 사랑의 나라를
건설하는 데 그 목적을 두지 아니하고
지금까지 그 반대의 길을 살아왔기에,
20 인간이 인간을 두려워하며 세상에 사
랑이 메말랐으며 황폐하고 메마른 그
세상을 만들어 버린 것이 너희들이니
라.
21 그러니 이와 같이 황폐한 세상이요,
이를 더 이상 볼 수 없으며 이를 방치
할 수가 없어, 이를 바로잡고자 지금
나의 아들을 통하여 역사함을 너희들
은 알아야 될 것이니라.
22 그러니 믿음의 길을 가는 백성, 너희
들 종파 속에 헤매는 백성, 그리고 이
방인이라 하여 나를 믿지 않는 백성,
모두는 들으라.
23 너희들이 내가 내리는 새로운 성경을
바로 보고 바로 읽고 깨우쳐 역사하도
록 그리해야 될 것이니라.
24 지금 나의 아들을 따르는 그 나약한
백성들이 너희들을 바로잡고 바로 깨
우치고자 하나, 그들을 지금 볼 때 어
리석은 자요,
25 너희들이 감히 바위를 계란으로 깨려
는 어리석은 짓을 하는 것이라 하여
비웃고 이들을 바라보지 아니하며,
26 너희들의 숫자와 방대한 건물이요, 그
와 같은 것에 현혹되어 지금 믿음의
길을 가나, 너희들은 알아야 될 것이
니라.
27 오늘에 나의 새로운 성경을 가지고 가
는 나의 아들과 그 제자들이 비록 약
하나, 너희들은 이를 감당할 수 없을
것이며, 모두는 다 그대로 역사하고
이루어질 것이니 그리 알라 전하라.

12,034 번째 하나님 말씀

2004년 7월 6일 11시 04분

1 사랑하는 나의 아들아!
2 "네, 아버님! 말씀하옵소서."
3 수천 년 동안 흘러오면서 그 많은 종
교 집단의 지도자들이 세상에 나왔으
나, 나의 뜻을 제대로 알아듣는 자가
없으며, 내 뜻을 받을 자가 없으며, 내
가 내린 성경의 그 뜻도 제대로 알지
못하는 자들이니,
4 나는 사랑의 나라를 만들기 위하여 하
늘나라의 백성을 너희들이 양성하도
록 그리 바랐으며 너희들이 그리 가기
를 내가 원했던 것이니라.
5 그러나 너희들은 사랑하는 나라를 만
들기 위하여 너희들이 하늘의 백성을
양성하는 것이 아니라, 그 반대인 사

탄의 백성을 양성하는 데 모두를 다
바치며 지금까지 존재해 왔음을 알라.
6 너희들이 사탄의 백성을 만드는 것은
꿀을 빠는 것과 같으며, 하늘나라의
백성을 만드는 것은 너희들의 심장부
에 가시를 꽂는 그와 같은 아픔의 길
을 가야 되기 때문이니, 이 길을 선택
하는 자가 없었기 때문이니라.
7 그리하여 너희들이 지금은 급속히 세
속화되어 버려 신흥 종교요, 기독교라
는 것이 세상에 나와 지금 나의 피조
물 만백성을 혼란케 했으며,
8 그 기독교라는 종파가 2천 년의 세월
을 오면서 너희들이 하늘에 오르는 백
성으로 거듭나는 그와 같은 역사를 이
루지 못하고 몰락의 길로 지금 전락되
어 버렸음이니라.
9 그리하여 돌이킬 수 없으며 거듭날 수
없는 그와 같은 형국이 되어 버렸음이
니라.
10 세속화되어 버린 그 기독교라는 교회
의 타락이라는 것이 이루 말할 수 없
이 지금 타락의 길에 젖어 있느니라.
11 교회라는 곳이 인간의 욕망을 채우는
기복 신앙의 대표지가 되어 버렸고,
너희들은 참진리는 찾아볼 수 없으며
원상태로 돌아갈 수 없는 그와 같은
세상이 되어 버렸으니, 어찌한단 말이
더냐?
12 너희들은 교회라는 곳끼리 서로가 사
랑하고 위로하며 살아가는 것이 아니
라, 분열된 것이 그 골이 깊어 감히 하
나가 될 수 없으며 합쳐질 수 없는 그
와 같은 형국이 되어 버렸으니, 너희
들을 어찌한단 말이더냐?
13 그러니 너희들이 부정이요, 부패요,
그리고 진리를 다 버리고 이익의 관계
에 서로 싸우고 치고받는 형국이 되
어, 이제 분열이 된 그 골이 하나로 될
수 없으며 붙일 수 없는 그와 같은 것
이 되지 않았더냐?
14 그러니 나의 사랑하는 백성들이 그 틈
바구니에서 혼란을 이루며, 혼란을 다
스리지 못하며 제정신을 차리지 못하
고 지금 우왕좌왕하는 것이 되었으며,
15 그리고 너희들이 가르치는 것 외에는
받아들일 수 없도록 그저 세뇌만 시켜
놓아,
16 참진리요, 나 여호와의 뜻이 세상에
내려가나, 이를 받아들이지 못하도록
그리 무능한 백성으로 만들어 버렸느
니라.
17 이제는 그 백성의 집단이요, 그들을
구제할 수 없을 만큼 벼랑에 떨어져
가고 있으니, 이를 어찌한단 말이더냐?
18 사랑하는 나의 아들딸들아! 나의 새
로운 성경을 읽고 각자가 은혜를 갚고
자 감사함과 참진리의 길을 찾아 각자
의 소명에 충실하는 그 시대를 열어야
될 것이며, 그와 같은 그들에게 기회
를 주도록 최선의 노력을 다하라.
19 혼란 속에 허덕이며 지금 저희들이 가
는 길이 어느 길인지도 모르고 가는
그 백성들에게 나의 새로운 성경을 전
해 주라.
20 그중에 깨우친 자, 구원을 받을 자, 그
를 읽고 깨달을 것이며, 그리하여 나
에게 받은 은혜와 그 모두에 감사하는
마음을 갖게 되며, 그들이 참진리를
찾고자 노력할 것이니라.

21 그리하여 저희들이 참진리의 길을 알
고 나의 새로운 성경이 제시하는 것을
알고 내 뜻을 안다면, 저희들의 소명
이 무엇인가를 그 백성들이 각자 깨우
쳐 알 것이요,
22 그 소명에 충실하는 그와 같은 백성으
로 살도록 역사하는 길을 안내하도록
하라.
23 그렇지 아니하면 나의 백성이 구원될
수 없으며 나에게 오를 수 없는 처참
한 결과의 대가만이 기다리고 있다는
것을 전해 주라.

12,035 번째 하나님 말씀

2004년 7월 6일 11시 07분

1 사랑하는 나의 아들아!
2 "네, 아버님! 말씀하옵소서."
3 지금의 믿음의 길을 가는 그 백성들이
올바른 길이요, 참진리의 길을 모르고
저희들이 비진리의 길을 달려가며 지
금 허황된 꿈속에서 헤어나지 못하고
있음이니라.
4 말로는 사랑이요, 헌신적인 믿음이요,
그와 같은 마음을 가지고 가나, 그들
은 헌신을 모르며 사랑을 모르며 저희
들이 지금 그와 같이 살아가고 있느니
라.
5 그러니 그들에게 그와 같은 것을 깨우
쳐 너희들이 새로 나는 세상이요, 거
듭나는 세상이요, 하늘의 나라가 무엇
을 원하며 무엇을 내가 이루고자 하는
가, 그 세계를 바라보고 행할 수 있는
백성으로 거듭날 수 있도록 인도하라.
6 그렇지 아니하면 아니 됨이니라.
7 그와 같이 제정신이 아니요, 세뇌되어
어디로 가는지도 모르고 끌려가는 그
백성들,
8 그 헌신이요, 사랑이요, 말로만 부르
짖으며 행함이 없는 자, 나에게 와 심
판을 받을 때, 저희들을 건져 주는 것
이 없으며 저희들을 변호해 주고 증거
해 줄 것이 없는 그와 같은 백성들, 그
들이 바로 설 수 있고 바로 살아갈 수
있도록 그들을 깨우쳐 주라.
9 그것이 너희들이 해야 할 길이니라.
10 그리하여 그들에게 새로운 성경을 전
해 주어 그들이 정독하는 기회를 만들
것이며, 그 속에서 하늘의 지혜를 얻
으며, 나의 뜻을 알며, 다음 세상에 저
희들이 어찌 역사해야 하는 것이며,
그리 갈구하는 구원이요, 거듭나는 것
이 어찌 이루어지는 것인가, 그 올바
른 길을 보도록 올바른 뜻을 깨닫도록
그들에게 최선을 다하라.
11 그리하여 저희들에게 주어진 책임이
무엇이며 제가 행할 것이 무엇인가 스
스로 찾아 제자리를 지키며, 한 점의
부끄럼이 없는 제 몫을 다하는 백성으
로 거듭나도록 해야만 그들을 구원하
는 것이요, 그들을 버리지 아니하게
함이니라.
12 너희들이 이웃의 형제요, 그들이 지옥
에 가 그 대가를 치를 때, 너희들이 아
무리 공이 크다 하여도 그들을 구원할
수 없으며 이끌어 줄 수 없는 것이니,
13 오늘에 있어 너희들이 베풀 수 있는
모두를 다 베풀고, 던질 수 있는 것은
모두를 다 던지며, 희생할 수 있는 것
은 모두를 다 희생하여 그들을 구하도

록 그리하라.
14 그러면 보이지 않는 나의 은혜요, 영
광이요, 영원히 존재하는 축복이 있을
것이며 그 상이 같이함을 잊지 말아야
될 것이니라.

12,036 번째 하나님 말씀

2004년 7월 7일 06시 00분

1 "너는 나 외에는 다른 신들을 네게 있
게 말지니라.
2 너를 위하여 새긴 우상을 만들지 말
고, 또 위로 하늘에 있는 것이나 아래
로 땅에 있는 것이나 땅 아래 물속에
있는 것의 아무 형상이든지 만들지 말
며, 그것들에게 절하지 말며 그것들을
섬기지 말라.
3 너는 너의 하나님 여호와의 이름을 망
령되이 일컫지 말라.
4 안식일을 기억하여 거룩히 지키라.
5 네 부모를 공경하라.
6 살인하지 말지니라.
7 간음하지 말지니라.
8 도적질하지 말지니라.
9 네 이웃에 대하여 거짓 증거하지 말지
니라.
10 네 이웃의 집을 탐내지 말지니라.
11 나 여호와가 존재함을 믿는 그 자체가
구원의 길에 들어서는 기본이요 근본
이며, 나의 법전을 가슴에 안고 정독
하는 자, 반석 위에 서서 하늘에 오르
는 찬란한 빛을 보게 되는 영광을 얻
게 됨이니라."
12 사랑하는 나의 아들아!
13 "네, 아버님! 말씀하옵소서."
14 세상에 존재하는 그 모두는 나 여호와
의 뜻에 의하여 내가 이루었음이니,
그들이 세상에 존재하면서 그들이 살
아가야 할 길과 행해야 할 것, 그 모두
를 같이 내가 정하여 주었느니라.
15 다만, 그 문서가 없으며 내가 기록해
준 것은 없으나, 그 모두는 너희들이
살아갈 수 있는 것을 이미 나로부터
다 받았으며,
16 너희들이 살아가야 할 그 방향이요,
살아가는 삶의 자세요, 그리고 지켜야
될 그 모두를 너희들은 상세히 다 알
고 있느니라.
17 그러나 이 세상의 모든 동식물은 그를
거역하지 아니하며 그를 벗어나 살지
아니함이니라.
18 유독 나의 사랑하는 아들딸 너희들만
이 그를 어기며 그를 지키지 아니하고
살아감이니,
19 그리하여 이 세상이 혼탁하며 질서가
파괴되는 그와 같은 형국을 만드는 것
은 인간 너희들이라 내가 하였음이니
라.
20 그러니 지금이라도 너희들이 그와 같
은 이치를 깨달아, 인간의 도리가 무
엇이며, 살아가는 것이 무엇이며, 너
희들이 행해야 할 것이 무엇인가 그를
알아야 될 것이니라.
21 나는 나의 백성 너희들에게 사랑하는
마음이요, 베푸는 마음이요, 이웃을
네 몸과 같이 사랑하는 그와 같은 마
음이요, 자세로 살아가라 이미 명하였
으니,
22 그와 같이 살지 않는 백성은 곧 나의
뜻을 거역하는 것이요, 내가 너희들에

게 살아가라 한 그 언약의 뜻을 너희
들이 지키지 아니함이니,
23 그와 같은 백성은 내가 그를 용서할
수 없으며, 그와 같은 백성은 곧 나에
게 올 수 없다 함이니라.
24 그러니 지금이라도 너희들이 나의 새
로운 성경을 읽고 깨우쳐, 내가 너희
들에게 어찌 살아야 되며 어찌 행해야
하는지 내려보낸 그 뜻을 알아,
25 너희들이 네 이웃을 네 몸처럼 생각하
며 너희들 자신이 사랑하고 나누는 그
와 같은 삶을 살지 않는 자는 어떠한
형태든 나에게 오를 수 없음이니라.
26 그는 내가 너희들에게 어찌 살라 명한
그 약속을 행하지 아니하며 지키지 아
니한 삶이기 때문에, 너희들은 그 대
가를 치른다는 것이 하늘의 법도임을
잊지 말라 그리 전하라.

12,037 번째 하나님 말씀

2004년 7월 7일 06시 13분

1 사랑하는 나의 아들아!
2 **"네, 아버님! 말씀하옵소서."**
3 오늘의 종교 집단의 지도자요, 그 모
두가 무엇을 하고 살아야 되는가?
4 사랑을 하며 나누고 실천하는 그와 같
은 삶을 사는 것이 나의 백성이요, 나
의 도리를 하는 백성이요, 너희들의
근본이라 하였느니라.
5 그러나 지금의 종교 집단이요, 그들이
과연 사랑을 하는가?
6 그들은 사랑이라는 그 '사'자도 할 자
격이 없는 자들이니라.
7 저희들이 정녕 도와줘야 할 곳, 도와
줘야 할 사람, 그리고 돌아다봐야 할
사람, 그런 사람들에게 정녕 저 자신
의 재물을 나눠 주는 것이 아니니라.
8 다만, '예수를 믿으라, 그리고 나를 믿
으라, 그리고 주님을 믿으라, 그러면
너희들을 도와줄 것이라' 그리 말하느
니라.
9 배고파 쓰러지는 자에게 그들은 전하
기를 그리 말하느니라, '예수를 믿고
주님을 믿으라, 그러면 모든 것이 역
사하고 다 이루어질 것이라'.
10 그들은 정녕 필요한 것을 도와주며 그
들의 고통스러운 것을 도와주는 것이
아니니라.
11 배고픈 자에게 너희들이 빵을 나눠 주
며 한 끼의 식사를 대접하는 것이 나
여호와의 뜻이요, 사랑이니라.
12 너희들이 그리 도와주면서 나를 믿으
라 하며 예수를 믿으라, 주님을 믿으
라 한다면, 그 백성이 너희들에게 감
사할 것이며 그는 그와 같은 길을 갈
것이니라.
13 그러나 너희들은 그와 같이 행하지 아
니하느니라.
14 정녕 너희들이 나눠 주고 베풀어 주고
그가 필요한 것을 역사하지 아니하며
협조하지 아니하며 도와주지 아니하
느니라.
15 그러면서 그저 예수를 믿으라, 주님을
믿으라, 그러면 구원받는다, 하늘에
간다 그리 말하는 것이 아니더냐?
16 그러니 너희들이 아무리 하늘에 오르
는 길이요, 사랑을 베풀며 산다 해도
너희들처럼 잘못된 자가 없으며, 사랑
을 베풀지 아니하며, 더욱이 너희들처

럼 잔인한 자가 없는 것이니라.
17 배고파 지금 빵 한 조각이 필요한 자
에게 너희들이 빵 한 조각을 나눠 주
는 것이 아니라,
18 '믿으라, 주님을 믿으라, 예수를 믿으
라, 그러면 구원을 받는다, 네가 믿으
라, 믿지 아니하면 아니 된다.' 너희들
이 그리 복음을 전하며 그리 소리 치
고 있느니라.
19 과연 그것이 너희들이 나 여호와의 뜻
에 의하여 역사하는 것이며 하늘의 뜻
에 의하여 역사하는 것인가?
20 너희들은 잘 들어야 될 것이니라.
21 그러한 방법으로써 너희들은 오늘의
복음을 전한다 하며 그것이 내 뜻이라
전하나,
22 너희들은 빵이 필요한 자에게 빵을 나
눠 주는 그와 같은 행동을 먼저 하라.
23 그러면서 너희들이 하는 행위요, 살아
가는 모습을 보고 그들이 너희들을 찾
게 되며 너희들을 따르게 되는 그와
같은 길을 가지 아니하면 아니 될 것
이니라.
24 지금 배고파 쓰러지는 자에게, 잘 곳
이 없는 자에게 너희들이 하나의 빵이
요, 잠자리를 제공해 주는 것이 내 뜻
이요, 사랑하는 백성이요, 하늘에 오
르고자 하는 백성이 해야 할 길이니라.
25 그러나 너희들은 그와 같은 것은 베풀
지 아니하고 그저 예수를 믿으라, 주
님을 믿으라, 그러면 천국 간다, 그러
면 네가 모두를 다 얻을 것이요, 너에
게 빵이 내려질 것이요, 잠자리가 내
려질 것이니라.
26 그리고 믿으라, 그렇지 아니하면 아니
된다 그리 전하고 전하는 것이 너희들
이 아니더냐?
27 배고픈 자요, 빵 한 조각이 필요한 자
의 그 심정을 모르면서, 너희들은 그
와 같이 믿으라 말만 하며 그의 고통
을 덜어 주지 아니하며 그에게 협조하
지 아니하는 것이니라.
28 그러니 너희들은 다 필요 없는 자이니
라.
29 동전 몇 닢이 꼭 필요한 사람에게 그
를 도와주는 것이 아니요, 그저 예수
를 믿으라, 주를 믿으라, 나 여호와를
믿으라, 그러면 모두를 다 줄 것이며
이루어질 것이라 하니, 과연 그들에게
그리되겠는가?
30 너희들은 그와 같은 것을 네 것을 베
풀며 나누며 행동으로 보여 주는 삶을
먼저 살라.
31 그렇지 아니하면 너희들은 바른 삶을
살 수 없으며 내 뜻대로 살아가는 백
성이라 할 수 없음을 알라.

12,038 번째 하나님 말씀

2004년 7월 7일 06시 17분

1 사랑하는 나의 아들아!
2 "네, 아버님! 말씀하옵소서."
3 나의 피조물 만백성이요, 이 세상의
모두가 존재하는 것은 나 여호와의 권
세하에 움직여지는 세상이요, 내 사랑
안에 움직이는 세상이요, 내 뜻대로
너희들이 살아가는 세상이 되어야 함
이니라.
4 그러나 나의 피조물 만백성이 나 여호
와의 뜻에 의하여 움직여야 하는 세상

이 지금 어찌 되었는가?
5 나를 너희들이 정녕 사랑하고 경배하
는가?
6 너희들은 나를 거래하는 자요, 너희들
이 필요할 때만 찾는 하나님으로 그리
만들지 아니하였는가?
7 그러니 지금의 세상이 사탄이 지배하
며 사탄에 의하여 움직여지는 세상이
되어 버렸으니, 이걸 누가 그리 만들
었던가?
8 가장 높은 지혜를 주어 판단력이 있고
생각할 수 있는 나의 백성 너희들이
지금 그와 같은 삶을 사느니라.
9 그러니 나 여호와의 마음이 과연 어떠
하겠는가?
10 동식물이 그와 같은 짓을 한다면 나
여호와의 아픔이 덜할 것이니라.
11 그러나 가장 사랑하는 나의 아들딸이
내 뜻을 거역하며 사탄의 노예가 되는
세상이 되어 버렸으니, 이를 보는 나
여호와의 마음이 어떠하겠는가?
12 그리하여 사탄이 움직이는 세상으로
되어 버린 이 세상을 나 여호와가 지
배하며 내 권세하에 존재하는 세상으
로서 내가 다시 돌려놓고자 하며, 내
가 그와 같은 세상을 만들고자 하는
것이 나의 뜻임을 너희들은 알아야 될
것이니라.
13 사랑으로 충만해야 할 세상이 지금 욕
심에 의하여 모두가 무너진 세상이 되
어 버렸으며, 욕심에 의하여 너희들이
멸망의 길을 가는 백성으로서 지금 되
어 버렸지 않느냐?
14 그러니 그와 같은 욕심을 버리며, 너
희들이 사랑이 충만한 세상으로 만들
어, 멸망에서 구원의 길로 변화되는
그와 같은 삶을 살고자 하며, 그리 변
하도록 하고자 하는 것이 나 여호와가
역사하고자 함임을 너희들은 알아야
될 것이니라.
15 내가 만든 이 세상이요, 내가 모두를
하늘과 땅의 권세가 같이할 수 있는
그와 같은 세상을 만들기 위하여, 악
을 제거하며 천사가 존재하는 이 세상
을 이루고자 하는 것이 나 여호와의
뜻이니라.
16 그리하여 내가 그를 더 이상 볼 수 없
어, 지금 나의 아들을 통하여 160권이
라는 새로운 성경을 내려보내, 너희들
의 마음을 다스리며, 너희들의 마음을
천사와 같은 마음으로 바로잡고 살아
갈 수 있도록 그와 같이 내가 시작함
을 너희들은 알라.
17 이것이 곧 심판의 시대이니라.
18 나의 뜻에 따라 행하는 자는 구원을
받을 것이요, 그렇지 아니하는 자는
나를 볼 수 없으며 나에게 오를 수 없
음이니, 이게 바로 심판이 시작되었음
을 너희들은 알아야 될 것이니라.

12,039 번째 하나님 말씀

2004년 7월 7일 06시 21분

1 사랑하는 나의 아들아!
2 "네, 아버님! 말씀하옵소서."
3 지금의 종교 집단의 지도자와 그 신도
들, 너희들의 모습을 지금 비춰 봐야
하느니라.
4 너희들이 외형의 모습을 비춰 보는 것
이 아니라, 내면의 너희들의 마음을

한번 들여다보고 비춰 보도록 하라.
5 너희들이 가고 있는 그 믿음이요, 가
고 있는 신앙이 과연 정녕 나의 뜻에
의한 것인가, 내 뜻을 거역하며 살아
가는 것인가, 너희들이 그를 들여다봐
야 될 것이니라.
6 나 여호와가 너희들을 보는 그 모습이
어떠한 줄 알겠느냐?
7 너희들은 나를 믿는 그 마음이요, 나
를 경배하며 내 뜻에 의해 살아가는
그와 같은 마음이 아니니라.
8 그리하여 너희들이 다 부서지고 일그
러질 대로 일그러진 것이 너희들의 속
마음의 모습이니,
9 나는 너희들의 그 속마음을 그리 보고
있거늘, 어찌하여 너희들은 너희 자신
의 속마음을 비춰 볼 수 없단 말이더
냐?
10 너희들은 이제 너희 자신의 속마음을
한번 비춰 보도록 하라.
11 그리하여 너희들이 살아오는 너희 마
음의 본질이 무엇이며, 너희가 행동하
는 것이 과연 무엇인가, 너희가 하늘
을 향하여 한 점의 부끄럼이 없는 삶
을 사는가를 보고,
12 한 점의 부끄럼이 없는 삶을 살지 아
니한다면, 너희들의 속마음이요, 너희
들 속의 그 모습은 일그러지고 부서진
그와 같은 것이요, 험악할 대로 험악
한 자들이요, 더 이상 내가 볼 수 없는
흉악한 몰골로 서 있음을 알아야 될
것이니라.
13 그 모습이 너희들의 모습이라는 것을
생각해 보라.
14 너희들이 삶의 이 시간이 그리 여유
있고 그 시간에 지금 마음대로 이리
살아갈 수 있다 생각하는가?
15 너희들은 정녕 시간이 없음이니라.
16 거듭나는 삶의 시간이 없으며, 너희들
이 지금까지 잘못 살아온 것을 회개하
고 깨우치고 새로운 삶을 살 시간이
너희들에게는 없는 것을 어찌하여 모
른단 말이더냐?
17 사랑하는 나의 아들딸들아! 너희들이
자유로이 살아가는 이 세상, 그러나
그 삶의 시간이라는 것이 얼마나 두렵
고 무서운 시간인가, 너희들은 이를
알아야 될 것이니라.
18 너희들이 지금의 시간을 그리 함부로
낭비할 수 있는 여유가 없음을 어찌하
여 모른단 말이더냐?
19 그러니 너희들 자신의 마음의 모습을
한번 들여다보도록 하라.
20 그리하여 너희들이 지금이라도 너희
마음에 일그러지고 쭈그러지고 부서
진 것을 바로 세우는 데 최선을 다하
지 아니하면 아니 된다, 사랑하는 나
의 아들딸들아!
21 너희들의 마음의 모습을 내가 쳐다볼
수 없을 만큼 너희들의 그 형상이 보
기 흉하고 내가 볼 수도 없는 그와 같
은 형태라 하지 않느냐?
22 사랑하는 나의 아들딸들아! 너희들이
그를 바로잡을 시간이 없다는 것을 알
라.
23 그러니 지금이라도 너희들이 성경에
기록되어 가르치는 뜻대로, 그리고 나
의 계명대로, 지금 나의 아들을 통하
여 내리는 160권의 새로운 성경을 읽
고 깨우쳐 나의 뜻대로 너희들이 믿음

의 길을 가지 아니하면 아니 되며,
24 내가 원하고 바라는 그 길을 가지 아
니하면 아니 됨을 알라, 사랑하는 나
의 아들딸들아!

12,040 번째 하나님 말씀

2004년 7월 7일 08시 25분

1 사랑하는 나의 아들아!
2 "네, 아버님! 말씀하옵소서."
3 나의 백성 너희들에게 가장 높은 지혜
요, 그 모두를 주어 세상에 내려보냈
으니, 나의 귀하고 소중한 나의 아들
딸들이 아니더냐?
4 그러니 너희들이 하늘을 향하여 한 점
의 부끄럼이 없는 아름다운 삶을 살다
나에게 오르는 것이 너희들의 근본이
요, 기본이니라.
5 그러나 너희들이 그와 같은 내가 처음
에 내려 준 아름다운 마음을 버리고
오늘과 같이 험악한 삶을 사니, 이를
바로잡을 수가 없는 것이 너희들의 오
늘의 형국이 아니더냐?
6 사랑하는 나의 아들딸 너희들이야말
로 순수한 정금과 같은 삶을 살아야
하는 것이 나의 백성 너희들이 가야
할 길이며, 너희들이 그리 역사해야
되는 것이니라.
7 그러니 그와 같이 순수하고 깨끗한 정
금과 같은 삶을 살다 그대로 하늘에
오르는 길이요, 나의 품에 오면 영원
히 사는 거듭나는 그 세상에서 그대로
살 수 있는 것을,
8 어찌하여 너희들이 천년만년 영원히
사는 그 세상의 삶을 보지 못하며, 백
년도 안 되는 삶을 위하여 정금과 같
은 삶을 살지 못하고 오늘과 같이 이
험악한 삶을 산단 말이더냐?
9 그를 보는 나 여호와의 마음이 어떠하
겠는가?
10 사랑하는 나의 백성 너희들은 그와 같
은 삶을 거둬들여야 될 것이니라.
11 그리고 거듭나는 삶으로써 다시 태어
나도록 그리하지 아니하면 아니 됨이
니라.
12 나의 아들 예수가 너희들에게 뭐라 말
을 했느냐?
13 '구원할 자, 나를 따를 자가 하나도 없
으며, 구제할 자가 없다.' 하지 아니하
였더냐?
14 그리고 '세상에 다시 오고자 하나, 너
희들이 다시 와 구할 자가 없으며 내
가 만날 자가 없다.' 그와 같은 아픈
마음을 전했으며, 진정한 믿음의 길을
가는 백성이 없을 것이라 그리 말했으
니,
15 그게 오늘을 예언해서 한 이야기요,
얼마나 마음 아프면서 그 말을 전했겠
는가?
16 지금 나의 아들이 160권이라는 새로
운 성경을 세상에 내보내며 그 모든
임무를 끝마치고 나의 아들이 죽어 나
에게 오고자 숨을 거둘 때,
17 나의 피조물 만백성 너희들이 그를 읽
고 깨우쳐 의인이 나지 못하며, 정녕
너희들이 천사와 같은 삶을 살지 못할
때, 나의 아들의 그 허망한 마음이요,
아픈 마음이 어떠하겠는가?
18 '너희들은 정녕 160권의 하나님의 말
씀을 읽고 깨우쳐도 의인이 될 수 없

으며 하나도 그와 같은 백성들이 없음
이니,
19 내가 그 공이요, 그 은혜로 죽어 가 나
의 아버지로부터 내가 다시 세상에 내
려올 수 있는 그와 같은 은혜를 얻을
수 없다.' 그리 말하고 죽는다면, 너희
들은 과연 어찌 생각하겠는가?
20 그러니 나의 아들 예수가 그 고통스러
운 죽음을 맞이하며 그가 다시 오고자
하나 올 수 없으며, 그가 왔을 때 바른
믿음의 길을 가는 자가 없으며 진리의
길을 가는 백성들이 없음이니,
21 그가 죽음으로써 모두를 다 바치고 가
나, 그 모두가 다 허사요, 공이 되지
못하며, 하늘에 가 나 여호와로부터
상과 은혜를 받을 것이 없다는 그와
같은 애절한 마음이 있지 않은가?
22 다만, 표현을 그리하지 못하였을 뿐이
니라.
23 그러나 그는 그와 같은 의미로써 다시
왔을 때, 진정한 믿음의 길을 가는 백
성이 하나도 없음이니, 올 이유가 없
음을 밝혔으니, 그 마음이 얼마나 아
프고 저리겠는가?
24 사랑하는 나의 아들아! 네가 그와 같
은 말을 하고 가야 할 때, 네 마음이
어떠하겠는가?
25 이를 모르는 것이 지금의 백성들이요,
너의 제자들 또한 그와 같이 말을 하
고 가는 네 마음을 모를 것이니라.
26 그러니 '제발 너희들이 의인이 되고
천사가 되어 160권이 세상에 나와 하
나님의 역사를 할 수 있는 백성으로
거듭나는 자가 있으라,
27 그리하여야 그 공으로 내가 너희들을
다시 만날 수 있을 것이라' 그리하고
간다면, 과연 어떠하겠는가?
28 그렇다 해서 너의 제자들이 바로 날
수 있는 백성이 있겠는가?
29 이는 결국 바로 나기를 바라는 마음이
요, 애절한 마음의 그 뜻으로써 전하
는 것이 아니겠느냐?
30 예수의 심정 또한 그랬음을 너희들은
알아야 될 것이니라.
31 너희가 인간의 욕심이라는 것 때문에
무너지고 부서지고 다 이리 파괴되었
음이니라.
32 그리하여 정금과 같은 삶을 살아야 되
는 나의 사랑하는 나의 아들딸들이 잡
석만도 못하도록 그리되어 버렸으니,
33 나의 사랑하는 백성 너희들이야말로
그러한 삶을 지금 믿음으로써는 정녕
바로잡을 수 없으며 정금과 같이 만들
어질 수가 없어, 나 여호와가 너희들
에게 단 한 번의 기회를 더 준다 하지
않더냐?
34 오늘의 믿음이요, 오늘의 신앙으로써
너희들이 정금과 같은 인생을 살며 하
늘을 향하여 올 수 있는 백성의 삶을
살았다면, 과연 오늘의 이와 같이 험
악한 세상이 되었겠느냐?
35 그러니 너희들이 인간이 인간을 두려
워하며 서로를 의혹하며 의심하며, 베
푸는 자의 그 사랑마저도 의심하며,
36 너희들이 그저 받아들이는 그와 같은
것도 먹이를 주어 낚아채려는 그와 같
은 것에 걸리지 않으려는 짐승처럼 눈
치를 보며, 주변의 환경을 보며, 이것
저것을 계산하면서 주는 사람한테 받
는 이와 같은 험악한 세상이 되었음이

니,
37 이것이 정금과 같으며 천사와 같은 백
성들이 사는 세상을 만들었다 할 수
있겠느냐?
38 그 모든 책임이요, 잘못된 것은 종교
집단의 지도자요, 울고불고 감히 구원
을 받았다 하는 맹종하는 그 백성들이
니라.
39 그저 뭐라 말하는지, 종교 지도자가
'너희들은 내가 데리고 지옥으로 간
다.' 해도 '아멘, 맞습니다, 옳습니다!'
그저 맹종하며 소리만 지르는 자,
40 생각이 없으며 판단력이 없으며 저능
아가 되어 버린 그 종교 집단에 속해
있는 백성들, 그 모두를 누가 그리 만
들어 끌고 간다 말이더냐?
41 이것이 오늘의 종교 집단의 지도자가
몇천 년 동안 해 온 일이요, 그 이상의
아무것도 이룬 것이 없으니,
42 이를 바로잡기 위해 오늘의 종교 집단
이요, 너희들의 그 가르침이요, 너희
자신이 회개하고 또 거듭나고자 몸부
림치나, 거기서 구원할 수가 없으며
나올 수가 없음이니라.
43 그리하여 내가 너희들에게 지금의 길
을 가서는 구원할 수 없기에, 너희들
이 정금을 만드는 방법은 다른 길이
없기에, 내가 나의 아들을 통하여 하
늘의 뜻이요, 모두를 간단하게 풀어서
160권이라는 새로운 성경을 만들어
세상에 내려보내니, 이것으로만 너희
들이 거듭날 수 있음이니라.
44 새로운 성경으로써만 너희들이 정금
이 되는 그와 같은 삶을 살 수 있음이
니라.
45 그러니 너희들 스스로 또한 이웃도 깨
우치고 너희들이 스스로 또 여기서 거
듭나야 되느니라.
46 누가 이끌어 줄 수도 없으며 누가 너
희들을 가르칠 수 없음이니라.
47 물건을 주고 파는 것처럼 너희들이 바
른 삶을 사느냐, 살지 못하느냐, 그와
같은 것이 이루어지지 아니하기 때문
이니라.
48 그리하여 스스로 너희들이 악습을 버
리고 다듬고 또 다듬어 달구고 또 달
구어 정금을 만드는 것처럼 너희들을
달구지 아니하면 아니 됨이니,
49 그 달구는 방법과 그 기술과 쓰는 방
법의 그 모두를 내가 새로운 성경에
기록하여, 스스로 너희들이 거듭날 수
있도록 내려보내니,
50 사랑하는 나의 아들딸들아! 나의 새
로운 성경을 가슴에 안고 정독하고 또
정독하여, 누가 뭐라 해도 너희들이
거듭나는 길을 보도록 그리하라.
51 모든 종교 집단의 지도자가 너희들에
게 보지 말라 함은, 그들이 자신이 없
는 자요, 진정한 지도자가 아니기에,
52 새로운 것이요, 하늘의 뜻을 받아들인
다면, 저희들이 설 자리가 없으며, 저
희가 할 일이 없으며, 저희 자신이 쫓
겨나야 되며, 그 자리에서 물러나야
됨이니,
53 그리하여 너희들에게 아무것도 보지
말며 듣지도 말라 하느니라.
54 다만, 저희들이 그러면서 너희들을 사
랑하는 양, 그리고 너희들을 보호하는
양 그리 말하느니라.
55 사랑하는 나의 아들딸들아! 모든 종

교 집단의 지도자들이 가지고 있는 것
을 나 여호와의 뜻이요, 예수가 전한
대로 나눠 주고 베풀어 주면 이 세상
은 천국이 되었다 하지 않더냐?
56 지금 빵이 필요한 그 백성에게, 배가
고파 울고불고하는 그 사람에게, 갈
곳이 없는 사람에게 너희들이 빵을 주
며 잠자리를 제공해 주며 여비를 주는
것이 아니요,
57 '믿으라 믿어, 예수를 믿으라, 그러면
네가 이 고통에서 벗어날 것이라' 하
니,
58 예수를 믿기만 하면 지금 당장 배고픈
자에게 빵이 떨어진다더냐, 금화와 은
화가 그들 앞에 떨어진다더냐?
59 그들 앞에 믿으라, 믿으라 그와 같은
짓을 하지 말라 그리하라.
60 제가 배부르고 잠자리가 있으니 그와
같은 소리를 하는 것이지, 제가 배고
프고 잠자리 없으며 여비가 없어도 그
소리를 하겠는가?
61 왜 그들을 한 번 또 울리고 또 죽이느
냐?
62 배고파 몸부림치는 자에게 '예수를 믿
으라, 네 마음을 비우라, 양심껏 살라.'
아무리 너희들이 그리 소리쳐도 아니
되며, 그들의 귀에는 들리지 아니함이
니,
63 그들에게 필요한 빵을 주는 것이 나
여호와의 뜻이요, 예수를 믿게 하는
것이라는 것을 그들이 알면서도 어찌
하여 그리 행하지 않는가?
64 그러니 저희들이 그와 같은 말을 하면
서도, 저 스스로가 어찌하여 이와 같
은 길을 가며 왜 이와 같이 사악한 자
가 되었는가, 스스로 그들은 깨닫는
자들이 있을 것이니라.
65 그러니 부끄러워 그 자리를 피하고자
하며, 부끄러워서 그 자리에 서 있지
못하는 자, 그래도 그와 같은 백성들
이 한두 명이라도 있기 때문에 다행이
며,
66 아직 내가 너희들에게 재앙을 내리지
아니하고 한 번의 기회를 줌을 알라
그리 전하라.

12,041 번째 하나님 말씀

2004년 7월 7일 08시 34분

1 사랑하는 나의 아들아!
2 **"네, 아버님! 말씀하옵소서."**
3 나의 아들딸이요, 너희들이 진정 나를
아버지라 부르며 아버지라 그리 생각
하고 믿는다면,
4 나 여호와의 뜻에 따라 너희들이 나의
유업을 받을 수 있는 사랑하는 나의
아들딸로서 살아가야 되지 아니하는
가?
5 그러니 너희들이 거듭나기를 내가 바
라는 이 마음의 아픈 상처를 지금 가
지고 있음이니, 이는 무엇이더냐?
6 너희들이 나의 유업을 받을 수 있도록
진정한 나의 아들딸로 살지 못했기에,
너희들이 진정한 나의 아들딸로서 돌
아오기를 바라는 내 마음이 이리 아프
고 저려 옴이니라.
7 사랑하는 나의 아들딸들아! 너희들이
내가 원하는 나의 유업을 받을 수 있
으며 내 뜻을 역사할 수 있는 자식들
로서 거듭나기를 내가 몇천 년을 기다

리지 않았는가?
8 구약의 시대에도 너희들이 그와 같은
아들딸로서 거듭나게 하기 위하여 모
세를 통하여 온갖 기적과 역사를 다
이루었으며, 그와 같은 것을 너희들에
게 보여 주었음이니라.
9 그러나 너희들은 그때도 바로 나는 백
성이 되지 못하며, 황금을 모아 우상
을 만들고 광란의 짓을 했으며, 다른
신을 받드는 그와 같은 그 행위를 했
음이니,
10 이끌어 가는 지도자, 모세가 어찌하여
나에게 십계명을 받아 그를 집어던지
며, 너희들과 같이 죽고자 하는 그와
같은 분통함을 참지 못하는 그와 같은
형국이 되었는가?
11 그 분통보다도 나 여호와의 마음이 더
아팠음을 아는 백성이 어디 있는가?
12 그 지도자인 모세가 십계명을 받아 오
니, 우상을 만들어 광란의 짓을 하는
너희들을 볼 때, 모세는 너희들의 지
도자로서 그 가슴이 아팠을 것이니라.
13 나는 너희들의 아버지로서, 너희들의
부모로서 더 가슴이 아팠음이니,
14 나의 아들딸들이 나를 버리고 그와 같
은 길로 가는 것, 그 많은 고행과 기적
의 역사를 보면서도 그 백성이 우상을
만들어 광란의 짓을 하는 것, 이것이
나의 피조물 만백성 너희들의 마음이
요, 너희들의 형태요, 너희들의 심성
이라는 것을 다시 한 번 생각해 보라.
15 과연 그것이 있을 수 있으며 그리 역
사할 수 있다 생각하느냐?
16 그리하여 내가 나의 유업을 받을 백성
이 없음이니, 다시 나의 아들 예수를
보내어 신약의 시대를 역사하지 않았
던가?
17 그리하여 나의 아들 예수를 보내어 너
희들이 지금 가는 것, 믿음이 잘못되
었으며 역사하는 것이 잘못되었으니,
18 나 여호와요, 아버지의 뜻을 따라 너
희들이 거듭나라, 다시 시작하라 그리
역설하니,
19 저희들의 추하고 더러운 모습이 드러
날까 봐 그들이 어찌했느냐?
20 나의 아들을 가장 극형에 처하는 십자
가라는 형틀에 매달아 처참하게 그리
죽게 하지 아니하였던가?
21 그러니 나의 유업을 받을 백성이 거기
서 태어날 수 있는가?
22 그 후손이요, 후예요, 그 믿음의 뿌리
인 너희들이 지금이라도 그와 같은 것
을 깨우치고 반성하여,
23 너희들이 나의 진리요, 나의 뜻대로
사랑을 행하여 실천하는 진정한 믿음
의 길을 가는 백성으로 거듭나고자 부
르짖으며 그 길을 인도하는 자가 있었
더라면,
24 아마 너희들이 오늘과 같이 다 똑같이
험악한 길을 가지는 아니하였을 것이
니라.
25 재물을 거둬들이기 위하여, 더 큰 교
회를 짓기 위하여, 더 많은 숫자를 긁
어모으는 것이 나에게 축복이요, 영광
을 돌리는 것이니,
26 더 많이 바치라, 전부를 다 바치라, 그
것이 구원의 길이요, 축복이라 하여
너희들에게 갈취하는 그와 같은 사악
한 존재들이 세상에 뿌리를 내리지 못
하였을 것을,

27 그를 막는 자가 없으며, 그를 단죄하
는 자가 없으며, 그를 다스리는 백성
이 세상에 없었음이니,
28 나 여호와의 마음이 얼마나 아프겠는
가 너희들이 과연 생각해 봤느냐?
29 사랑하는 나의 아들딸들아! 그러나
나는 너희들을 버리지 아니하였음이
니라.
30 내가 재앙으로써 너희들을 다스리지
아니하고, 너희들의 내면과 외면의 그
모두가 나의 아들딸로서 부족함이 없
도록 내가 너희들을 가르치고 만들고
자, 지금 내가 나의 아들을 통하여 새
로운 성경을 내려보내며 이 과정의 길
을 가고 있음을 너희들은 알겠느냐?
31 사랑하는 나의 아들딸들아! 구약과
신약의 그 시대를 살면서 너희는 나의
뜻과는 관계없는 그와 같은 삶을 살면
서 유업을 받을 수 있는 백성이 하나
도 없었다 함이니, 이를 너희들이 어
찌 받아들이는가?
32 너희들은 나의 뜻과는 관계없는 아무
런 상관없는, 인간의 욕심대로 인간의
삶에 의하여 너희들이 살아오는 데 모
두를 다 바쳤으며, 내 뜻을 따르고 바
로잡고자 하는 자가 없으며,
33 잘못 가는 자를 바로 가라 탓하는 자
가 없으며 그를 잡으려 하는 용기 있
는 백성이 하나도 없었음이니,
34 그저 물 흐르는 대로 오늘의 종교 집
단의 지도자들이 제 마음대로, 저희들
이 생각하는 대로 제왕처럼 그리 잘못
가는 사악한 자들이 되었으니,
35 용기 있는 자가 없었음이라 그리 내가
말하니, 이 뜻을 깊이 새겨듣도록 하
라.
36 나의 뜻을 거역하는 삶을 너희들이 살
아왔음이니라.
37 지금은 더욱더 너희들이 지금 내 뜻을
멀리하며 나를 욕되게 하는 자들이요,
38 그리하여 이 세상이 아름다운 것 같으
나 황폐해져 버렸으며, 진정한 나의
근본이요, 나의 본체인 사랑은 메마를
대로 메마른 백성이 되어 버렸느니라.
39 그리하여 너희들은 스스로 이것이 아
니며 이 길은 아니라 하여 진정한 참
진리의 길을 갈구하니,
40 그것이 바로 사랑의 생명수를 바라는
그 갈증이 너희들의 생명을 조이는 것
보다 더한 갈증을 느끼며 더한 고통을
느끼는 자들이 있음이니라.
41 그러나 너희들이 대안이 없으며 거듭
날 수 있는 길이 없기에, 너희들이 헤
어나지 못하며 거기서 뛰쳐나오지 못
함이니,
42 어찌하여 너희들이 그와 같은 걸 버리
고 뛰쳐나오는 용기를 가졌을 때 나
여호와가 너희들을 다스리며 너희들
과 같이한다는 그와 같은 믿음이 없단
말이더냐?
43 사랑의 갈증을 느끼며 참진리의 갈증
을 느끼며 잘못 가는 종교 집단 지도
자로 하여금 너희들이 환멸을 느끼면
서, 어찌하여 그와 같은 용기가 없는
가?
44 더욱이 너희들은 나의 아들을 통하여
거듭날 수 있으며 그 갈증을 느끼는
생명수를 160권이라는 새로운 성경이
라 하여 내가 너희들에게 내려보내거
늘, 이를 가슴에 안고 너희들 것으로

만들지 아니하며,
45 마셔서는 안 되며 같이 가서 안 되는
그와 같은 썩은 물을 마시며, 썩은 자
의 지시를 받으며 썩은 자의 강론을
들으며 썩은 자의 설교를 들어 네가
그 속에서 구원의 길을 가고자 하느냐?
46 생수를 마시지 못하며 썩은 물을 마시
니, 너희들이 내부와 외부가 모두가
다 썩어져 가며 썩어져 가는 그와 같
은 형태인 것을 어찌하여 너희들이 모
르고 계속 그 길만 간단 말이더냐?
47 사랑하는 나의 아들딸들아! 지금 너
희들이 결코 거듭나는 영광을 얻을 수
없으며 그 형태로써는 나에게 올 수
없다는 것을 알라.
48 나의 백성으로 너희들이 거듭나고자
한다면 나의 뜻대로 너희들이 살아야
하는 것이니,
49 곧 나의 새로운 성경이요, 십계명이
요, 그리고 성서에 기록되어 있는 너
희들이 지키기 어렵고 힘든 그 대목을
지키고 살아가라, 그렇지 아니하면 아
니 됨이니라.
50 너희들이 모두가 육의 본성대로 무너
져 있으며 육의 본성대로만 살아가니,
너희들이 죄악의 악습을 다 버리고 거
듭나지 아니하면 아니 될 것이며,
51 나의 백성으로서 거듭나고자 한다면
오늘의 죄악의 그 악습을 다 버리라.
52 그리고 새로운 성경을 가슴에 안고 너
희들이 정독하여 새로운 시대를 열어
가는 나의 아들을 따르는 제자들이요,
나의 새로운 성경을 읽고 깨우친 만백
성, 그들과 대열을 같이하여 전진하고
또 전진하면,
53 너희들이 그리 갈구하고 원하는 하늘
의 지혜를 얻을 것이며, 지혜를 얻으
니 하늘에 오르는 길을 볼 수 있으며
그 길을 따라 너희들이 나에게 와 구
원을 받을 수 있는 영광이 거기 있음
을 알라 전하라.

12,042 번째 하나님 말씀

2004년 7월 7일 08시 40분

1 사랑하는 나의 아들아!
2 "네, 아버님! 말씀하옵소서."
3 너희들은 영광과 축복 속에서, 평화와
행복 속에 자연의 아름다움을 느껴 가
며 더불어 즐기며 살아야 할 나의 백
성들이니라.
4 그리하여 내가 너희들에게 그 모두를
느끼며 취할 수 있도록 다 내려 준 것
이 아니더냐?
5 그리하여 너희들을 모든 동물의 왕이
라 내가 그리 칭하였으며 그리 부르지
않았더냐?
6 그와 같은 나의 사랑하는 백성들이 고
통과 시련 속에서 살아가고 있음이니,
이것을 바라보는 내 마음이 어떠하겠
는가?
7 인간 세상에서 살아가며 부모가 고생
을 하고 역경 속에 가정을 이루었으며
그 유업을 역사하였음이니,
8 그 부모가 죽음에 의하여 그것을 자식
에게 넘기지 못하며, 그를 믿고 놓고
갈 수 없는 그와 같은 마음이 된다면,
그 부모의 마음이 얼마나 고통스럽고
괴롭겠느냐?
9 그러니 나 여호와는 사랑하는 나의 아

들딸을 헤아릴 수 없이 세상에 내보내
면서 6천 년 동안 그와 같은 나의 유
업을 받을 수 있는 아들딸을 기다렸으
며,
10 내가 내릴 수 있는 축복이요, 영광 모
두를 받을 수 있는 백성이 되기를 6천
년 동안 기다리고 기다리는 내 마음이
얼마나 탔으며, 내 가슴이 얼마나 아
팠는가를 너희들은 생각해 보았느냐?
11 백 년도 살지 못하는 육의 세상에 살
면서 그 유업이요, 고생 끝에 이루어
놓은 그 모두를 사랑하는 자식에게 맡
기지 못하고 불안을 느끼는 그 부모의
마음보다 천 갈래 만 갈래 더 가슴이
아프고 찢어지는 고통 속에서 6천 년
이라는 길고도 긴 세월을 기다린 나
여호와요, 너희들의 창조주 아버지의
마음을 돌이켜 생각해 보며, 그를 너
희들이 한번 생각해 본 자가 있느냐?
12 내 마음을 아는 자가 있거든, 너희들
이 나에게 답해 보라.
13 너희들은 육의 세상의 부귀영화요, 그
삶을 위해 모두를 다 바침이니, 이와
같은 이치를 깨닫지 못하는 자들이니
라.
14 그러니 너희들이 진정한 축복을 받을
수 없는 것이 아니더냐?
15 나 여호와가 너희에게 내릴 수 있는
축복과 영광이요, 그 은혜의 모두를
다 수없는 상을 내리고자 하나, 이 세
상에 그것을 받을 자격이 있는 자 없
음이니, 내가 지금 이 모두를 내려보
내지 못하고 있다면,
16 받아야 할 내 아들딸이 받는 기쁨이
내가 더 크거늘, 받을 자격이 없음이
니, 내 마음이 어떠하겠는가?
17 그러니 그와 같은 것을 들여다보는 그
백성이 되도록 하라.
18 그리하여 받을 수 있는 자격이요, 그
를 계승할 수 있는 자가 없기에 내가
160권이라는 새로운 성경을 세상에
내려보내 너희들을 훈련을 시키고 있
음은 바로 무엇인 줄 알겠느냐?
19 사랑하는 나의 아들아, 내가 너를 통
하여 그 어렵고 힘든 길을 가게 하며
너의 제자들로서 고통 속에 새로운 성
경 160권을 만들어 너희들을 훈련시
키는 것이 무슨 뜻인지 너도 모르겠는
가?
20 "네, 아버님! 저는 그리 생각하옵나이
다.
21 아버님께서 내려 주신 축복과 은혜요,
그리고 그 많은 상을 받을 수 있는 자
격을 갖추는 아들딸로서 거듭나라 하
여 어버님께서 이와 같은 역사를 하심
을 깨달았사옵나이다."
22 사랑하는 나의 아들아, 그러하니라.
23 나의 은혜와 영광이요, 축복을 모두
사랑하는 나의 아들딸에게 내려 주고
자 함이니, 이를 내가 내리고자 하는
것이 내 뜻이니라.
24 그리하여 너를 통하여 새로운 성경을
세상에 내려보내니, 이를 생명수라 생
각하며 저희들이 받아들여 이를 깨우
치고 제 것으로 만들면 되거늘,
25 그 간교한 종교 집단의 지도자들이 이
는 사탄의 장난이라 그리 말하며, 이
를 봐서도 아니 되며 읽어서도 안 되
니, 보는 대로 찢어 버리며 태워 버리
라 그리 가르치니,

26 이것이 오늘의 종교 집단의 지도자들
이 가는 길이요,
27 그를 '맞소, 옳습니다!' 하여 거둬들여
태우고 찢어 버리는 광분하는 신도들
이 있으니,
28 제 생수요, 생명줄이요, 저를 구할 수
있는 것을 제가 잘라 내고, 제 생명수
의 물줄기를 자르고 과연 제가 살아날
수 있다 생각하는가?
29 하늘에 오르는 안내책이요, 하늘에 오
르는 너희들의 증표요, 육의 세상에
살면서 하늘의 세상에 넘어올 때, 이
를 보지 아니하고 가슴에 담지 아니하
며 손에 들지 아니하면 아니 된다는
이 귀중한 나의 새로운 성경을 태워
버리고 찢어 버리면서 그 선을 넘겠다
는 백성, 그들이 얼마나 어리석고 불
쌍한 백성들이더냐?
30 내가 너희들을 어리석고 불쌍하다 함
이니, 너희들은 그리할 것이니라.
31 사탄이 사탄으로서 제 것을 보지 아니
하며 제 뜻을 따르지 아니한다 그리하
나, 이 세상의 모두는 다, 사탄이나 모
두가 역사하는 것이 다 나 여호와의
주관이요, 내 손에 있지 아니하는 것
이 없다 하였으니, 너희들 스스로 그
와 같은 말을 하지 않는가?
32 그러니 이 모두는 나의 뜻에 의하여
존재하는 것이기 때문에, 너희들이 사
탄이요, 이단이요, 거짓 선지자가 하
는 것이라 그리 말하지 말라.

12,043 번째 하나님 말씀

2004년 7월 7일 08시 47분

1 사랑하는 나의 아들아!
2 "네, 아버님! 말씀하옵소서."
3 이 세상에 살아가는 너희들의 삶이 그
러하지 않더냐?
4 제 손톱 밑에 낀 그 가시의 아픔은 알
면서 다른 사람의 살점이 떨어져 나가
는 아픔은 모르는 것이 너희들이 아니
더냐?
5 그러니 네 손톱 밑에 가시가 아프면,
살점이 떨어지는 자의 아픔이요, 그
고통이 더함을 알아 너희들이 고통을
같이 나눌 수 있는 그와 같은 백성의
삶을 살라 함이니라.
6 그러나 오늘의 종교 집단의 지도자들
이 어찌 가는가?
7 배고파 우는 자에게 제가 가지고 있는
빵을 나눠 주는 것이 아니요, '예수를
믿으시오, 하나님을 믿으시오, 그러면
너도 나와 같이 빵을 줄 것이며 얻어
먹을 것이다.' 그리 가르치는 것이 너
희들이 아니더냐?
8 그러니 너희들은 제 손톱 밑에 낀 가
시의 아픈 것은 알며, 남이 큰 상처가
나 아픈 것을 알면서도, 고통을 같이
하지 아니하며 나누려 하지 아니하는
것이 오늘의 종교 집단 지도자 너희들
이니라.
9 어렵고 힘든 자가 무엇을 원하는지를
알면서, 그를 돕고 도와서 같이 가려
는 노력을 함이 아니라,
10 '예수를 믿으라, 그리고 하나님을 믿
으라, 그러면 구원받는다, 그리고 모

두가 다 해결된다, 믿는 것이 우선이
라' 하며, 그 어렵고 힘든 자를 돌보지
아니하며 찾지 않는 것이 너희들이니,
11 제 손톱 밑의 가시는 무섭고 아픈 줄
알면서 남의 살점이 떨어지는 것은 모
르는 체하는 것이 오늘의 종교 집단의
지도자요, 그들이 그리되었느니라.
12 너희들은 절대 그렇지 않다 할 것이니
라.
13 들으라. 너희들이 말하는 이방인이요,
믿지 않는 그 백성들은 부모를 공경하
며 부모를 사랑하며 형제지간에 살아
가는 것이 너희들보다 더함이니라.
14 때로는 그들이 슬프고 외로울 때 어깨
를 같이하며 마음을 같이하며 몸을 부
딪쳐 그를 위로하고 같이 벗어나고자
하는 것이 이방인들의 삶이니라.
15 그러니 믿음의 길을 가며 사랑의 본체
요, 사랑을 실천한다는 종교 집단 지
도자 너희들이 뜻이 같지 아니하고 같
은 믿음이 아니라 해서 그 형제를 형
제로 생각하며 부모를 부모로 생각하
느냐?
16 이것이 너희들의 이기주의요, 손톱 밑
에 낀 가시는 제가 아픈 줄 알며 그를
빼기 위해 모두는 다 바치나,
17 살점이 찢어지는 자, 피 흘려 생명을
잃는 자를 먼저 치료해 주고 감싸 주
며 피를 멈추게 하는 행동은 절대 하
지 않는 것이 너희들이니라.
18 그와 같은 종교 집단의 지도자들이 세
상을 지배했으며, 그와 같은 자가 지
도자요, 선생이라 하여 단상에 서서
지금 울고불고 나의 백성을 끌고 가니,
19 이 세상이 험악하여졌으며, 이와 같이
인간이 인간을 만나는 것을 두려워하
는 험악한 세상이 되었음이니라.
20 이러고도 너희들이 하늘에 오를 수 있
으며 나에게 오를 수 있다 말하느냐?
21 사랑하는 나의 아들을 따르는 제자들
이요, 그리고 새로운 성경을 읽은 백
성, 너희들은 들으라.
22 너희가 믿음이요, 기도함이 그 모두가
다 지금의 종교 집단의 지도자들은 남
을 위하며 남을 위해 생각하는 것이
아니라, 저희들의 욕심에 의하여 길들
여진 자들이요, 그 길만 위해 살아가
는 자들이니,
23 그들의 삶이요, 형태를 들여다보지 말
며 그들이 살아가는 그것에 마음을 쓰
지 말라.
24 그리하면 너희들의 모두가 넘어짐이
니라.
25 그러니 저만을 위해 기도하고 욕심을
채우기 위하여 기도하는 그와 같은 자
들을 보면서 너희들은 그와 같은 기도
를 드리지 말며, 그와 같은 생각을 하
지 말며,
26 아무런 것도 바라지 말며 기대하지 말
고 오로지 믿음으로써 가도록 그리하
라.
27 사랑을 하고 살아야 할 너희들이 욕심
에 길들여졌으니, 이는 곧 너희들 자
신이 죽음의 길을 선택하며 달려가는
자들이니라.
28 저희들이 지금 믿음의 길이요, 하늘에
오르는 길이라 하는 자들, 사랑을 행
하지 아니하며 욕심에 찌들어 가고 있
음이니, 그들이 죽음의 길을 달려가는
것이니,

29 너희들도 거기에 급류에 휩쓸려 같이 떠내려가는 그와 같은 백성이 되지 말도록 그리하라.
30 이것이 내가 사랑하는 나의 아들을 따르는 제자들이요, 새로운 성경을 읽고 깨우친 너희들에게 전함이니, 이 음성을 깊이 들어 너희 것으로 행하도록 그리하라.
31 지금부터 너희들이 죄악의 모든 것을 벗어던지고 거듭나는 삶을 살지 아니하면 나에게 오를 수 없음이니라.
32 저희들 자신이 방향을 모르고 있으며 갈 길을 모르며 죄악에서 벗어날 수 있는 길을 모르는 용기 없는 자들이 지금 이 세상을 지배하고 있지 않더냐?
33 그리하여 내가 그와 같은 속에서 용기 있는 백성을 구원하고 찾기 위하여 새로운 성경을 내려보냄을 너희들은 알아야 될 것이니라.
34 너희들은 들으라. 나의 아들 예수만 믿고 나를 찾으면 무조건 구원이라는 그 믿음에서 벗어나지 아니하면 결코 아니 됨이니라.
35 그 욕심을 버리라, 그거보다 더 큰 욕심이 없으며 그거보다 너희들이 더 사악한 마음이 없음이니라.
36 내가 원하는 천사와 같은 마음이요, 사랑하는 마음을 행하지 아니하고, 너희들이 예수를 믿음으로써 그 누구도 올 수 없는 천국에 거듭나는 것을 얻을 수 있다 말하는 것,
37 그것이 가장 큰 욕심이요, 가장 큰 어리석음이며 가장 큰 못남이라는 것을 너희들은 알라.
38 이루어질 수도 없고 관계도 없는 것을 너희들 것인 양, 너희들이 주인인 양 임하는 가장 불쌍한 백성들이니라.
39 그러니 그와 같은 마음을 가지고 사는 자, 너희들은 더욱이 하늘의 뜻은 볼 수 없으며, 하늘을 보기는커녕 제 앞에 떨어져 있는 것도 보지 못하는 백성들이요, 어리석은 자들이라는 것을 깨우쳐 주도록 그리하라.

12,044 번째 하나님 말씀

2004년 7월 7일 09시 27분

1 사랑하는 나의 아들아!
2 "네, 아버님! 말씀하옵소서."
3 구약 시대의 몇천 년이요, 신약 시대의 몇천 년을 흘러온 나의 백성 너희들이 지금쯤은 참진리요, 하늘에 오르는 길을 역사하여 가야 하거늘,
4 아직도 방향을 잡지 못하며 방향을 모르고 사는 나의 백성들의 삶이 되어 버렸구나, 그는 무엇이더냐?
5 바로 지도하고 인도하는 자가 정답을 모르기 때문이니라.
6 종교 집단의 지도자요, 그 선생이 정답을 알아 바로 가르쳤다면, 너희들이 지금 방황하는 그와 같은 백성들의 삶은 아니었을 것이니라.
7 그러니 종교 집단과 지도자들이 나의 뜻이요, 하늘의 뜻을 모르고 저희들이 지금 가르치고 있음이니, 저 자신도 모르고 그를 가르치니, 그를 따르는 백성들이 어찌 그를 알겠느냐?
8 그러니 사랑하는 나의 백성들이 말을 못 하나 저희들이 흔들리며 혼돈에서 벗어나지 못하는 그와 같은 세상의 삶

이 되었으니,
9 확실한 지표요, 방향을 잡아 주지 못
하고 방황하다 보니 나의 백성들이 어
찌하는가?
10 말로써는 믿음의 길을 가며 하늘에 오
르는 길을 간다 그리 말하나, 실질적
인 저희들의 삶은 세상의 이해관계에
따라 춤을 추는 백성들이 되어 버렸느
니라.
11 그러면서 저희들이 죄를 짓고 용서를
빌며 춤추고 저희들이 마음대로 유행
에 따라 살다가, 손으로 지은 교회에
와 금전이요, 은화와 금화 몇 닢을 내
고 울고불고 회개하면 그 죄가 씻어진
다 하니,
12 그리하고 제 마음이 편하니, 나가서
또 그보다 배로 험악한 짓이요, 세상
의 이해관계에 따라 흔들리고 춤추고
마음대로 살다 또 가서 기도하고 그렇
게 되어 버렸음이니라.
13 그러니 거기에서 너희들이 어찌 정신
이 바로 설 수 있으며 진리를 알 수 있
단 말이더냐?
14 하나의 지혜를 깨우치기 위하여, 너희
들이 하늘의 지혜를 얻기 위하여 며칠
이고 몇 날이고 너희들이 마음을 정진
하기 위해서 스스로 다스리고 흔들림
없이 가는 길에서도 그를 얻을까 말까
하거늘,
15 너희들이 마음대로 유행에 춤추고 살
아가면서 진리를 볼 수 있다 생각하는
가?
16 참진리요, 하늘의 뜻을 모르고 너희가
지금 거듭날 수 있다 생각하는가?
17 너희들은 정녕 그와 같은 삶으로써는
거듭날 수 없다는 것을 먼저 알라.
18 지금의 신도들, 그리고 그 지도자, 너
희가 세상의 유행과 향락에 의한 삶에
따라 휩쓸려 살아가고 있음을 너희들
은 알아야 될 것이니라.
19 너희들의 삶이 내가 무엇과 같다 했느
냐?
20 너희들이 그저 임무를 다하고 떨어진
꽃잎이요, 풀잎이 흐르는 강물에 따라
흘러가는 대로 그저 흘러가는 것처럼,
너희들이 오늘의 삶이 세상사에 휩쓸
려 그리 흘러가는 백성들이 되고 말았
음이니라.
21 그러니 거기에는 생명력이 없으며 잘
못된 것이 거듭나는 것이 없으며 너희
들의 의지로써 무엇을 하고자 하는 것
이 하나도 없음이니라.
22 그저 물 흐르는 대로 흘러가는 꽃잎처
럼, 흘러가는 대로 그냥 세상의 조류
와 세상의 죄악의 흐름을 거역하고 거
부하지 못하며, 그 속에서 휩쓸려서
지금 살아가는 것이 종교 집단이요,
믿음의 길을 가는 백성 너희들의 전부
니라.
23 모든 신도라는 자들이 세상의 조류에
흔들려 죄악이요, 그저 악을 행하는
것을 거부하지 아니하고 즐거움으로
살아가니,
24 거기서 그들로부터 얻어먹고 사는 종
교 집단의 지도자들이 그들을 다스릴
수 없으며 그들을 꾸중할 수 없으며
그들을 바르게 세울 수 없음이니라.
25 인간 세상에 종과 주인이 있음이니,
주인의 뜻을 종이 거역하지 못하며,
그를 거역할 때는 종이 주인으로부터

배척을 당함이니,
26 지금 나의 피조물 만백성을 이끌어 가
는 그 주인은 나의 뜻을 대신하는 자
이니라.
27 그러니 종교 집단의 지도자가 주인의
역할을 하여 바로잡고 바로 다스려야
되거늘, 이것이 지금 주객이 전도되듯
이 모든 신도들이 주인이요, 너희들이
지금 종이 되어 버린 신세이니라.
28 이는 왜 그렇던가? 그들로부터 너희
들이 꿀을 빨아먹어야 되며, 그들의
꿀을 뺏어 먹어야 되며, 그들이 가지
고 있는 것을 얻어먹으며 그들이 주는
대로 너희들이 먹고사는 그와 같은 형
국이 되어 버렸기 때문이니,
29 있는 자, 가진 자가 꿀을 주지 아니하
면 너희들이 그 단 꿀을 먹지 못하기
에, 그가 원하는 대로, 그가 말하는 대
로 끌려가는 것이 오늘에 그와 같이
되었음이니,
30 위로는 꿀을 빨아 먹기 위하여 너희들
이 죄악이요, 그들의 흐름에 따라서
거부하지 못하며,
31 밑에 있는 백성 또한 너희들이 그 죄
악이요, 즐거움으로써 기쁨을 얻으니,
그를 또한 막는 자가 없으며 다스리는
자 없으니, 너희들은 그를 즐기며 살
아감이니,
32 이리하여 인간 세상의 조류에 따라서
흘러가는 것이 종교 집단의 지도자요,
구원을 받았다는 신도, 너희들이니,
그리하여 너희들이 나에게 올 수 없으
며 구원받을 수 없다 함이니라.
33 그저 헌금을 자주 내며, 내라는 대로
많이 내고, 주일을 잘 지키는 것으로
써 울고불고 '아멘, 할렐루야!' 찬송
부름으로써 구원을 받는다 생각하여,
34 서로가 짜고 치고받는 그와 같은 형국
으로 지금 신앙이요, 믿음의 길을 가
고 이끌어 가고 따라감이니, 이것이
너희들이 잘못된 것이며,
35 세상의 유행에 춤추며 따라가는, 그리
고 떨어진 낙엽이 강물에 흘러가듯이
아무 능력 없이 흘러가는 것처럼,
36 너희들이 그와 같이 벼랑의 길이요,
지옥의 낭떠러지로 가고 있음을 알라
내가 전하며 깨우쳐 줌이니 그리 알라.

12,045 번째 하나님 말씀

2004년 7월 7일 09시 30분

1 사랑하는 나의 아들아!
2 **"네, 아버님! 말씀하옵소서."**
3 인생의 삶에서 어떠한 백성이 어리석
고 불쌍한 백성들이더냐?
4 제 손에 쥔 것이 가장 귀하며 가장 소
중한 것이니, 그것 외에는 더 좋은 것
이 없으며 더 위대한 것이 없다 하여
그저 움켜쥐고 놓지 아니하며, 목숨을
걸고도 손을 펴지 않는 그와 같은 백
성이 어리석은 백성인가 하면,
5 눈으로 보이는 것만이 세상이 넓으며
그것이 다 세상이라 생각하는 그와 같
은 생각을 가지고 사는 백성이 있다면
얼마나 불행한 백성이더냐?
6 그러니 오늘의 종교 집단의 지도자 너
희들이 손에 쥔 것은 죽어도 놓지 아
니하며, 그것만이 너희들에게 생명줄
이요, 하늘에 오르는 길이라 지금 그
리 믿음의 길을 가고 있는 것, 그리 가

르치는 것,
7 그것이 바로 너희들이 보이는 것밖에
보지 못하는 어리석은 나의 백성들로
서 만들어 놓았음이니라.
8 새로운 시대요, 새로운 성경이 내려와
구원할 자와 구원하지 아니할 자를 지
금 구분하고 있으며,
9 구원할 자 구분하며, 그렇지 아니한
자 유황불에 던져지는 그와 같은 심판
의 역사가 지금 이루어지고 있거늘,
10 너희들은 지금의 종교 집단의 지도자
그 속에서 성서요, 그리고 종교 지도
자가 가르치는 것이 옳든 그르든, 정
답이든 오답이든 그저 맞다 소리 지르
고 가는 것,
11 그것만이 구원의 길이라 하여 변화될
줄 모르며, 더 보지 못하며, 좌우를 들
여다보지 못하며, 너희들이 시대의 흐
름을 보지 못하는 어리석은 백성들이
요, 변화되는 것을 거부하며 변화되는
것을 받아들이지 아니함이니,
12 변화되는 것이 나쁜 쪽이요, 악한 쪽
으로 변화된다면, 그는 받아들이고 봐
서는 안 되나,
13 과학의 문명이 첨단으로 앞을 달리듯
이, 새로운 성경이요, 새로운 것을 깨
달으니, 바로 과학의 첨단의 기술처럼
내가 새로운 성경 160권을 세상에 내
려보내는 것은 그와 같이 위대한 것이
거늘,
14 이를 보지 아니하려 하며 듣지 아니하
려 하며 이를 타협하지 아니하려는 그
와 같은 종교 집단의 지도자 너희들이
그 속에서 헤어나고 벗어나지 못하면
아니 됨이니라.
15 그러니 이제 더 이상 너희들이 고집
피우지 말며 아집 부리지 말며, 그 속
에서 헤어나는 백성이 되라.
16 끝까지 남아 있는 백성이 되고자 한다
면 너희들은 결코 구원을 받을 수 없
음이니라.
17 그러한 백성은 지금의 종교의 믿음으
로 하늘에 오를 수 있다고 고집 피우
나, 변화되지 아니하는 백성 너희들은
나에게 올 수 없으며 거듭날 수 없다
는 것을 알라 그리 전하라.

12,046 번째 하나님 말씀

2004년 7월 7일 13시 38분

1 사랑하는 나의 아들아!
2 "네, 아버님! 말씀하옵소서."
3 종교 집단의 지도자요, 그리고 광신하
는 그 신도라는 자, 너희들이 진정한
참진리를 전하며 참진리의 길을 가기
위하여, 만백성을 인도하기 위하여 종
교 집단의 지도자요, 그리고 구원을
받았다 말하는 백성, 너희들이 지금
그 길을 가고 있으며, 그와 같이 봉사
와 희생을 위해서 가고 있는가?
4 너희들 자신의 마음이요, 너희 생각을
한번 돌이켜 보도록 하라.
5 모든 종교 집단은 저희들이 살기 위하
여 오늘의 그와 같은 형국을 가고 있
는 것이 아니던가?
6 그러니 너희들이 살아가기 위한 방법
으로써 하나의 사업장으로 장사 수완
으로써 오늘의 종교 집단의 지도자라
너희들이 하고 있는 것이 아닌가?
7 지도자 너희들 자신을 한번 들여다보

고 깨우치는 기회를 갖지 아니하면 아
니 될 것이니라.
8 너희 신도들이 구원을 받기 위하여 과
연 너희 교회에 나오는가, 그렇지 않
으면 무엇 때문에 나오는가?
9 너희 자신이 구원받기 위하여 너희들
이 나에게 오르고자 하는 그와 같은
욕심이요, 그것 때문에 지금 교회에
나오는 백성들이 아닌가?
10 그 이상의 너희들이 어떠한 행위를 하
는가?
11 너희가 나의 뜻을 행하고 실천하기 위
하여 나로부터 받은 은혜를 보답하고,
그리하여 인간다운 길을 위하여 인간
적인 삶을 위하여 지금 교회요, 그곳
에 와 울고불고 반성하고 회개하는 삶
을 사는 것인가?
12 과연 너희들은 무엇을 위해서 살아가
는가, 이를 한번 너희들 자신도 또한
하나하나 짚어 보고 가야 될 때가 되
었음을 알라.
13 지금 당장 너희들이 내 명을 어기고
지키지 아니하고 그리 살아가는 것은
엄연한 사실이니라.
14 내가 산으로 가라 하였거늘, 너희들은
들로 가며 강으로 가는 그와 같은 것
이 오늘의 종교 집단의 지도자의 그
믿음이니라.
15 그는 천사와 같은 삶을 살지 아니하고
내 뜻을 거역하고 있는 백성 너희들이
기 때문이니라.
16 그러니 내가 나의 아들을 통하여 너희
들에게 새로운 성경을 내려보내 깨우
치게 함이니,
17 이를 네 가슴에 안고 너희들 스스로
칼을 들어 썩은 부위를 도려내고 상처
를 씻어 내듯이 그와 같은 고통으로
너희 자신을 수술하는 시련을 겪지
아니하고는 너희들이 거듭날 수 없음
이니라.
18 그러니 내가 나의 아들을 통하여 160
권의 새로운 성경을 상세히 풀어 내리
는 것은 너희들 스스로 손에 칼을 들
고 수술할 곳을 수술하고 자를 것을
자를 수 있는 그와 같은 깨달음을 주
며, 너희들이 치료할 수 있는 방법을
내가 전함이니라.
19 그러니 너희들이 스스로 수술하는 그
고통이요, 그 수술의 아픔을 견디고
역사하지 아니하면, 너희들은 결코 나
를 볼 수 없으며 거듭날 수 없음을 알
아야 될 것이니라.
20 이제는 오늘의 종교 집단의 지도자 그
누구도 너희들을 바로 세울 수 없으며
너희들을 수술할 수 없음이니라.
21 다만, 그들이 부패하고 썩은 곳에 썩
을 수 있도록 너희들이 그 썩은 것을
부어 주는 자요, 썩도록 하는 것이니,
22 그들이 치료를 하기 위해서 새 살이
나오도록 하기 위해서 하는 자들이 아
니니라.
23 저희들 자신이 썩어져 있기 때문에 썩
은 것밖에는 발라 줄 수가 없으며, 썩
어진 것밖에 너희들에게 전할 수 없는
자들이기 때문에 그러니라.
24 그러니 너희들이 그 속에서 거듭날 수
없으며 거듭나는 역사를 얻을 수 없음
이니라.
25 그러니 이제 너희들이 나의 새로운 성
경을 들어 네 손으로 네 모두의 잘못

된 부분을 잘라 내고 수술하는 그와
같은 역사를 이루지 아니하면 아니 될
것이니라.
26 너희들이 정녕 하늘에 오르는 길이요,
나의 만백성을 구하는 백성이라면, 스
스로 너희들이 구원을 받기 위하여 교
회요, 성당이요, 성막에 나가는 것이
아니라,
27 나로부터 받은 은혜에 보답하고자 너
희들이 어렵고 가난한 자, 슬픈 자, 고
통스러운 자를 찾아 그들에게 도움을
주고 그들을 알기 위하여 나아가는 그
와 같은 믿음의 마음 자세가 되어야
할 것이니라.
28 제가 구원받기 위하여 울고불고하는
그와 같은 너희들이 믿음의 길로써는
나와 아무런 관계도 없다 하는 그 무
서운 사실을 다시 한 번 기억하지 아
니하면 아니 될 것이니라.

12,047 번째 하나님 말씀

2004년 7월 7일 13시 44분

1 사랑하는 나의 아들아!
2 "네, 아버님! 말씀하옵소서."
3 나의 피조물 만백성이요, 그리고 믿음
의 길을 가며 구원을 받았다 감히 말
하는 그 백성, 나를 찾지 아니하며 이
방인이라는 소리를 듣는 자, 그 모든
백성, 너희들은 들어야 될 것이니라.
4 나 여호와가 오늘을 위하여 얼마나 많
은 세월을 인내했던가?
5 구약 시대의 4천 년의 역사를 나 여호
와는 그 슬픔과 아픔을 보면서도 인내
했으며, 신약의 2천 년의 그 세월 속
에 나의 고통이요, 내 아픔이 얼마나
컸는가?
6 그래도 나 여호와는 참고 기다렸음이
니라.
7 내가 참고 기다린 것이 무엇인 줄 알
겠느냐?
8 오늘의 이 세월을 기다렸음이니라.
9 새로운 성경으로써 만백성 너희들을
깨우치며 마지막 기회로써 거듭나는
그 은혜를 주며,
10 나 여호와가 구원의 중병에 걸려 있는
자들에게 하늘에 이루어진 것같이 천
국의 세상을 이 지상에 이룬다는 것이
내 뜻이라는 것을 깨우쳐 주며,
11 그와 같은 역사를 이루기 위하여 나
여호와가 6천 년이라는 긴 세월을 참
고 기다린 그 인내가 얼마나 고통스럽
고 내 마음이 아팠는지 알겠느냐?
12 나 여호와는 나의 아들딸이 수없이 지
옥으로 가는 그 모습을 보고 얼마나
눈물의 세월을 보냈는지 과연 너희들
은 생각이나 해 보았느냐?
13 나 여호와도 슬픔이 있으며 나 여호와
도 고통이 있음이니라.
14 그러니 사랑하는 자식들이 부모의 뜻
을 따르지 아니하며 지옥으로 사탄에
게 끌려가는 그 모습을 볼 때 내가 어
떠하겠는가?
15 너희들에게 어찌 내가 살라 했느냐?
16 내가 너희들에게 내린 그 나의 근본이
뭐라 했느냐?
17 사랑의 실천이라 하였음이니라.
18 그러나 너희들은 그를 행하지 아니하
고 살아갔기에 나 여호와의 마음을 그
리 울렸느니라.

19 그리하여 내가 지금 마지막 한 번의
기회를 너희들에게 내림이니, 이는 곧
사랑을 행하고 살아가도록 내가 너희
들에게 바라는 바이니라.
20 너희들이 지금의 믿음의 길을 고집하
며 이것으로써 구원을 받는다 하여 지
금 변화되는 삶을 살지 아니하며 거듭
나지 아니하면, 너희들은 결국 내가
마지막 내린 그 기회마저도 쓸 수 없
는 자요, 은혜를 받을 수 없는 자라는
것을 알라.
21 사랑하는 나의 아들딸들아! 나 여호
와에게 6천 년 동안 너희들이 잘못 가
며 나에게 고통스러운 눈물을 흘리도
록 했으면 이제는 좀 바로 설 수 있으
며 진리를 깨우쳐 하늘에 오르는 길을
볼 수 없던가?
22 너희들은 무엇이라 시시비비하지 말
며, 나를 울리지 아니하고 나를 고통
스러움 속에 존재하도록 하지 아니하
려거든,
23 지금 나의 아들을 통하여 내리는 새로
운 성경, 이를 읽고 깨우쳐 거듭나는
백성으로서 다시 탄생하도록 그리하
라.
24 그것이 몇천 년 동안 기다린 나 여호
와의 마음을 너희들이 위로하는 것이
요, 고통 속에 눈물의 세월을 보낸 나
여호와에게 기쁨을 줄 수 있는 길이니
라.
25 이를 명심하고 또 명심하도록 그리하
라.
26 6천 년 동안의 긴 세월을 고통 속에
참고 인내했던 나 여호와가 오늘의 이
시대를 위하여 이 세월을 기다렸다는
이 무서운 사실을 절대 소홀히 넘기지
말라.
27 그리하여 지금은 심판의 시대가 되었
음을 알라 전했느니라.

12,048 번째 하나님 말씀

2004년 7월 7일 13시 53분

1 사랑하는 나의 아들아!
2 "네, 아버님! 말씀하옵소서."
3 지금의 종교 집단의 지도자 너희가 너
희 자신을 들여다보며, 너희가 가고
있는 신앙과 믿음이 과연 나의 뜻을
행하고 있는가, 거역하고 있는가 한번
들여다보라.
4 정녕 너희들이 나의 뜻을 행하지 아니
하는 백성으로서 이 세상이 지배되고
있으며, 너희들이 나의 뜻을 거역하는
것을 지금 행하는 것으로써 모든 백성
이요, 이 세상의 종교 집단이요 할 것
없이 너희들이 그와 같은 백성으로 전
락되었음이니, 정녕 너희들이 이를 모
르고 가고 있단 말이더냐?
5 내가 불쌍한 너희들을 위하여 다시 한
번 성경에 기록한 내용을 전함이니라.
6 너희들 말대로 한 자도 빼지도 더하지
도 말며 한 획도 고치지 말라 하는, 내
가 성경에 나의 아들을 통하여 기록한
그 뜻을 너희들에게 다시 한 번 상기
시킴이니, 이를 듣고 이후부터 그와
같은 행위를 하는 자 용서받지 못할
것이니라.
7 내가 나의 아들 예수를 통하여 뭐라
했느냐?
8 지금의 너희들이 믿음의 길을 잘못 가

고 있음을 깨우쳐 주기 위하여 나의
아들 예수를 통하여 내가 그 모두를
다 내려보냈음이니,
9 그 대목을 너희들이 읽고 읽어도 깨우
치지 못하며, 오늘의 그와 같이 거역
하는 행위를 하면서 내 뜻을 거역하는
행위인 줄 모르고 그리 가는 백성들이
니, 이를 보는 내 마음이 어떠하던가?
10 내가 뭐라 하였느냐?
11 '나의 아들을 보고 주여 주여 하는 그
와 같은 행위를 하지 말라.' 하였으며,
그와 같은 행위를 하는 자들이 천국에
다 들어올 것이라 그리 착각하지 말라,
12 그와 같은 방법으로써는 너희들이 천
국에 들어올 수 없으며 들어올 생각도
하지 말라 기록하여 전하지 아니하였
더냐?
13 너희들이 구원을 받고 하늘에 오르고
자 한다면, '다만 하늘에 계신 내 아버
지의 뜻대로 행하는 자여야만 들어갈
것이라' 말하여 그리 전하며 너희들에
게 깨우쳐 주지 아니하였더냐?
14 그러니 지금 믿음의 길을 가는 백성
너희들은 한번 들어보라.
15 지금의 종교 집단의 지도자, 그리고
신도들, 너희들이 누구를 찾는가?
16 울고불고 '주여, 주여!' 광란의 짓을
하며 너희들이 그저 찬송한다며 나의
아들 예수를 부르며, 그리고 '구세주
여, 구세주여!' 하며 울고불고하고 있
지 않은가?
17 이와 같이 잘못 가는 종교 집단이요,
잘못 가는 시대가 올 것을 미리 알고
내가 나의 아들 예수를 통하여 너희들
에게 그리 전하였거늘,
18 그것을 그대로 따라서 하며, 내 뜻을
거역하고 있는 것이 지금 너희들이 아
니더냐?
19 오늘의 이 광란이요, 광분하며 정신분
열증을 앓는 그와 같은 세상이 올 때
를 생각해서 내가 2천 년 전에 나의
아들을 통하여 너희들에게 그리 가르
치고 전하였거늘,
20 오늘의 너희들이 하지 말라 한 짓을
그대로 행하며 그 짓을 하나도 거역하
지 아니하고 그대로 순종함이니,
21 이는 역으로 가는 것만 순종하는 것이
요, 내 뜻을 따라오는 것은 순종하지
않는 것이기에 너희들이 사탄의 무리
가 다 되었으며,
22 너희들이 울고불고 '주여, 주여!' 부르
며 광란의 짓을 하는 것은 하늘에서
내가 듣지 아니한다 하는 뜻을 모르겠
느냐?
23 '다만, 하늘에 계신 내 아버지의 뜻대
로 행하는 자라야만 들어갈 수 있다.'
말한 그 뜻을 너희들이 깊이 새겨야
될 것이니라.
24 나의 아들 예수를 '주여, 주여!' 부르
는 자, 그를 칭송하면서 울고불고 매
달리는 자, 그와 같은 행위로써 하늘
에 오르는 길이 아니라는 것을 명확히
너희들에게 전했음이니 이를 깨우치
라.
25 그러니 그와 같은 행위를 하는 백성이
나로부터 선택된 백성이요, 만백성을
구할 수 있는 지도자더냐?
26 이는 사탄의 지도자가 되었음을 너희
들이 다 알 것이니, 어찌 그를 모른단
말이더냐?

27 지금의 종교 집단의 지도자 그리고 광
란하는 신도들, 너희가 어찌하여 나의
아들을 '주여, 주여!' 하며 그저 구세
주라 울고불고 매달리고 악을 쓰며 찬
송을 부르며 하늘을 향해서 소리 높이
지르며,
28 십자가라는 것을 목에 걸고 달고 하늘
을 향하여 나를 고문하는 그와 같은
잔인한 행위를 한단 말이더냐?
29 내가 나의 아들을 통하여 너희들에게
말하였느니라.
30 십자가라는 그 자체가 너희들이 바로
나를 고문하는 것이요, 나에게 고통을
주는 것이라 내가 그리 말한 뜻을 알
겠느냐?
31 그러니 바로 너희들이 내 뜻을 모두
거역하는 자들이니, 그것도 똑같은 행
위에서 그리하며, 사탄이요, 사악한
자들이기 때문에 그리 행함을 너희들
은 알아야 될 것이니라.
32 너희들의 그와 같은 행위가 지금 바로
나타나지 않더냐?
33 '주여, 주여!' 찾지 말라는 것을 '주여,
주여!' 하며 구세주라 울고불고 추켜
세우는 그와 같은 행위를 하는 것이
내 뜻을 거역하는 사탄의 짓이니,
34 십자가를 달고 매고 이고 다니며, 붙
여 놓고 그 밑에 가 경배하는 것, 불을
밝혀 하늘을 향하여 나를 고문하는 그
잔인한 행위, 그 모두가 내 뜻이 아니
고, 너희들이 만든 내 뜻을 거역하는
행위라는 것을 이제는 깨닫지 않았는
가?
35 하지 말라는 행위만 골라서 똑같이 하
는 것이 너희들이니라.
36 나의 뜻인 사랑을 행하고 실천하면 될
것을, 하지 말라는 나의 아들을 '주여,
주여, 구세주라' 부르는 데 너희들이
미쳐 있으니, 어찌 그리도 모른단 말
이더냐?
37 그러고도 너희들이 나에게 오를 수 있
다 생각하는가?
38 사탄의 종인 간교한 인간의 가르침이
요, 그들이 너희들을 이끌어 가는 것
이니라.
39 그러니 그를 따르는 너희들도 다 사탄
이 되었으며 나에게 오를 수 없는 자
들이니라.
40 성경에 기록해 놓은 '주여, 주여!' 찾
지 말라 명한 것을 거역하는 행위, 그
를 거역하고 행하는 자, 그것이 바로
나의 백성이라 말할 수 있느냐?
41 그러면서도 너희들이 나에게 구원을
받을 수 있다 생각하느냐?
42 인간 세상에서 너희들이 살아가면서
도 법이 있느니라.
43 법을 집행하는 사람이 너희들에게 뭐
라 말하느냐?
44 도적질하지 말라, 살인하지 말라, 그
와 같은 죄를 짓지 말라, 그리하면 너
희들이 벌을 받게 된다 가르쳐 그를
알고 있지 않은가?
45 법을 집행하는 자는 자식이요, 형제가
용서받을 수 없는 그와 같은 짓을 할
때, 그들은 용서하지 아니하며 그리
다스리는 것처럼,
46 살인하고 도적질하는 그를 그대로 둘
수 없는 것이요, 그리하여 그 대가로
감옥 형이라는 걸 받고 치르지 않더냐?
47 더욱이 너희들이 하늘에 오르는 길에

나에게 역사한다면서, 내가 하지 말
라, 지키라 하는 것을 거역하며, 그 뜻
을 너희들이 훼방하며 지금까지 살아
온 너희들이 과연 나에게 오를 수 있
는 자라 생각하는가?
48 너희들은 나의 뜻을 거역하는 그 대가
를 반드시 치러야 될 것이며, 그 대가
를 지불하여야 된다는 것을 어찌 모른
단 말이더냐?
49 너희들이 이 하나를 깨달았다면, 지금
의 믿음이요, 신앙이 얼마나 잘못되었
으며 내 뜻을 향하는 것이 아니요, 나
의 뜻을 거역하며 나를 능멸하는 것이
요,
50 정면으로 너희들이 도전하는 사탄의
노예가 되어 지금도 아무것도 모르고
울고불고 광란이요, 광신도가 되어 있
다는 것을 내가 전함이니,
51 한번 자신을 들여다보도록 그리하며,
내가 행하지 말라는 행위를 하지 말라.
52 나의 아들 예수를 '주여, 주여!' 찾지
말라 하였으니, '주여, 주여!' 찾지 아
니하면 될 것이니 찾지 말라, 그리고
구세주라 부르지 말라.
53 더욱이 너희들이 나와 나의 아들이 똑
같은 자요, 그가 나요, 내가 그라 그리
사악한 말을 하며 욕된 짓을 하고 있
는 것이니,
54 그러고도 너희들이 나의 백성이요, 하
늘에 오르는 길을 오는 백성이라 감히
네 입이 있다 하여 말할 수 있느냐?

12,049 번째 하나님 말씀

2004년 7월 7일 17시 23분

1 사랑하는 나의 아들아!
2 "네, 아버님! 말씀하옵소서."
3 네가 십계명을 암송하고 암송하니, 그
것은 살아서 움직인다 하였느니라.
4 그리하여 그 십계명을 암송하여 세상
에 나갈 때마다 온 세상을 다 정화하
는 그와 같은 역사를 한다 하였으니,
5 너희들은 보이지도 아니하며 볼 수도
없으니, 그와 같은 것을 믿지 못할 것
이니라.
6 그러나 그는 엄연한 사실이며, 그와
같은 역사를 이루느니라.
7 그러기에 네가 나의 아들로서 선택된
자요, 내 뜻을 역사하는 자이니라.
8 너희들이 육의 세상에서 살아가는 것
이 어떠하더냐?
9 육의 보이는 세상에서 선한 자만이 꼭
승자가 되고 이기는 건 아니지 않더냐?
10 너희들의 육의 세상에서 백 년도 안
되는 삶이요, 보이는 세상에는 악한
자, 악독한 자가 없는 자, 착한 자를
다스리고 통제하며 사는 것이요,
11 그들이 무력으로 제압하고 선한 자를
폭행하고 포악한 행동을 할 수 있으
며, 악한 자가 승자인 것같이 보일 것
이니라.
12 그러나 그것은 보이는 세상에서만 통
하는 것이요, 보이지 않는 다음 세상
에서는 그와 같은 것이 절대 통할 수
없으며 역사할 수 없는 것이라는 것을
너희들은 알아야 될 것이니라.
13 이것이 하늘나라와 너희들이 사는 육

의 세상의 차이점임을 알라.
14 그러니 내가 하는 것이 보이지 않는다
너희들은 그리 말하나, 나 여호와가
보이고 모두가 나가서 정화한다면 정
화한다는 것을 알아야 될 것이니라.
15 사랑하는 나의 아들딸들아! 육의 세
상에서는 악한 자가 승자가 되며 다스
리는 자가 되는 것같이 보이나, 결코
그것은 승자요, 이기는 자가 아님이니
라.
16 너희들이 다음의 세상에 왔을 때는 그
와 같은 것이 통하지 아니하며 그와
같이 역사하지 아니하며 그는 존재할
수 없는 것이니라.
17 보이지 않는 세상에서는 사악한 자가
절대 승자가 될 수 없음이니, 선한 자
만이 승자가 될 수 있는 것이니라.
18 이것이 하늘나라요, 천사들이 사는 세
상임을 너희들은 알아야 될 것이니라.
19 사랑하는 나의 아들딸들아! 그러니
보이지 않는 그 세상에는 보이지 않는
것이요, 절대 악한 자가 승자가 될 수
없으며 선한 자가 승자가 될 수 있도
록 완전한 원칙이요, 정의로움만이 거
기에 존재함이니라.
20 그리하여 너희들이 그와 같은 세상에
올 수 있는 삶을 살라는 것이 나 여호
와의 뜻이니라.
21 악한 자가 승자요, 포악한 자가 승자
가 되는 보이는 세상에서 좀 더 낫다
하여, 좀 더 가졌다 하여 부귀영화를
누리며 너희들에게 핍박하는 자, 그리
고 너희들 앞에 내로라하며 으스대는
자, 그와 같은 것을 여기서는 당하고
보고 살아야 되나, 다음의 세상에는
그러한 것이 없음이니라.
22 그러니 너희들이 그와 같은 세상에서
사는 것이 얼마나 행복하며 그것이 얼
마나 영광이겠는가?
23 그러니 그와 같은 세상을 오라 함이니
라, 사랑하는 나의 아들딸들아!
24 그리고 너희들이 선한 말, 악한 말, 모
든 행동을 하는 것은 세상에 떠돌아다
니며 그가 죽지 않고 살았다 하지 아
니하였더냐?
25 그와 같이 너희들이 보이지 않는 세상
에서는 그 모두가 그리 존재함을 알라.
26 악한 것은 악한 것대로, 선한 것은 선
한 것대로 육의 세상에서 지금 너희들
이 하는 것은 모두가 다 그것이 살아
서 움직임이니,
27 너희들이 어찌 말을 하고 어찌 행동하
여야 될 것인가를 다시 한 번 다스려
야 될 것이니라.
28 나로부터 선택된 아들이요, 나로부터
선택된 백성이요, 너희들이 나의 새로
운 성경을 읽고 공부하고 깨우치는 것
은 인간 세상의 공부가 아니요,
29 하늘의 뜻이요, 하늘의 공부를 하기에
너희들이 거기에 적용됨이니, 이를 명
심하고 또 명심하도록 그리하라, 사랑
하는 나의 아들딸들아!

12,050 번째 하나님 말씀

2004년 7월 7일 17시 28분

1 사랑하는 나의 아들아!
2 "네, 아버님! 말씀하옵소서."
3 성경에 기록하여 지금의 종교 집단의
지도자 너희들에게 나의 아들 예수가

뭐라 전하였느냐?
4 너희들이 죽어 그 심판대에 서니, 그
날에 많은 사람이 나의 아들 예수에게
'주여, 주여, 구세주여!' 그리 나의 아
들 이름을 불렀으며, 그와 같은 행위
요, '선지자 노릇을 했으며, 주의 이름
으로 귀신을 쫓아냈으며, 주의 이름으
로 권능을 행했다, 그러니 우리는 주
의 뜻에 따라 살아왔노라.' 그리 말하
며, 그렇기에 너희들에게 무슨 죄가
있느냐 그리 말하며, 어찌하여 나의
아들 예수가 너희들을 모른다 하겠느
냐 그리 생각하며, 어찌 모른다 할 수
있느냐 그와 같은 이유를 댈 것이니라.
5 그러나 그것이 통하지 아니하며 그것
은 있을 수 없음이니라.
6 나의 아들 예수를 '주여, 주여!' 부르
는 자, 너희들이 예수의 이름으로 어
떠한 능력을 행한다 해도 그 권능이
나의 뜻이 아니요, 하늘의 뜻이 아니
라 한 그 무서운 가르침을 너희들은
알아야 될 것이니라.
7 이는 내가 무엇을 너희들에게 말하는
것이더냐?
8 귀신을 쫓아내지 못하며 그와 같은 역
사를 하지 못한 너희들이기에 지금 어
떠한 것으로써 나의 아들이요, 내 앞
에 와 불평을 하려 하는가?
9 너희들은 큰 교회를 짓고 헌금을 많이
바치며 울고불고 찬송하고 역사하며
광란의 짓을 하며 나를 부르고 나의
아들을 찾았으니, 그것이 하늘의 뜻이
요, 창조주 아버님의 뜻에 의하여 그
리 살았다 그리 말할 것이니라.
10 그러니 너희들을 모른다 하는 것은 타
당치 않다 그리 말할 것이며, '당신의
보혈로써 구원을 받는다는 것, 그걸
철저히 믿고 그를 따르는 것이 하늘에
오르는 길이요, 그와 같은 길을 간 우
리가 무엇이 잘못되었느냐?' 그리 말
할 것이니라.
11 그러나 너희들은 들어야 될 것이니라.
12 나의 아들 예수를 따르던 그 시대의
백성들이 아무리 기적이요, 귀신을 쫓
고 기적을 이루었다 해도, 그들이 예
수의 이름으로 역사했다 해도,
13 그들이 '주여, 주여!' 찾으며 그와 같
은 것으로 구원을 받았다 하는 자, 하
늘의 뜻이요, 나 여호와의 뜻대로 행
하지 아니하는 자는 너희들을 모른다
한 그 뜻을 너희들은 알아야 될 것이
니라.
14 그러니 그와 같은 행위로 지금 이 시
대에 사는 백성들이 예수의 보혈로 구
원을 받은 것을 믿었으며, 더 큰 교회
를 지었으며, 헌금을 더 많이 내고 살
았으며, 찬송하고 기도하는 걸 빼놓지
않고 역사했으니, 너희들을 모른다 하
는 것은 타당하지 않다 그리 말할 것
이니,
15 그 모두가 너희들이 조건의 믿음이기
때문에 그러니라.
16 너희들은 어찌하여 너희를 버렸느냐
고 울고불고 애걸복걸할 것이지만, 나
는 너희들을 모르며 나의 아들 예수도
너희들을 모름을 알라.
17 너희들은 모두 계획된 것이요, 조건부
요, 나로부터 받은 은혜에 감사하기
전에, 너희가 무엇을 이루고자, 얻고
자 하는 그와 같은 행위였기 때문에,

18 그리고 나 여호와의 뜻대로 행하지 않
은 자 모른다고 했듯이 너희들이 내
뜻대로 행한 자가 없으며 내 뜻을 거
역하며 나를 욕되게 하는 짓만 하고
왔기 때문에, 너희들을 내가 모른다
할 것이며 모른다 함이니라.
19 그리고 정녕 모르느니라.
20 내가 그리하여 너희들에게 새로운 성
경을 내려보내 이를 읽고 깨우치는 자
가 하늘의 관문을 통과하는 증표요,
이대로 살지 아니하면 아니 된다 하였
으니,
21 이를 너희들이 접하지 아니하고 나에
게 오려 한다는 것은 얼마나 어리석은
것인가?
22 그것이 바로 너희들에게 나의 아들 예
수를 '주여, 주여!' 부르기만 하면 구
원을 받는다 애걸복걸 하는 것, 그와
같은 믿음의 길을 가지 말라 하였거
늘, 거기에 너희들이 매달리며,
23 내가 나의 아들을 통하여 새로운 성경
을 읽고 깨우쳐 내 뜻대로 행하여 하
늘에 오르는 길을 보라 하였거늘, 그
리 보지 아니하였으니,
24 그리 아니 하는 자, 내가 모른다 한다
고 미리 기록하여 너희들에게 전했으
니,
25 그와 같은 행위를 지금 하며, 나의 아
들을 따라 새로운 성경을 가지고 공부
하고 깨우치는 그와 같은 역사를 이루
지 아니하니, 내가 모른다는 것은 당
연한 것이요,
26 오늘의 너희들이 죽어 내 앞에 와 심
판할 때, 너희들이 그 말을 할 것이라
하여, 내가 너희들에게 그와 같은 이
유를 대지 말라 성경에 기록하여 전한
그 뜻을 깊이 깨우치라.

12,051 번째 하나님 말씀

2004년 7월 7일 17시 33분

1 사랑하는 나의 아들아!
2 "네, 아버님! 말씀하옵소서."
3 오늘의 잘못 가는 종교 집단의 지도자
들은 결코 나에게 오를 수 없음을 나
의 아들을 통하여 성경에 이리 기록하
였으며, 오늘의 너희들의 믿음이 잘못
될 것을 예언하여 깨우쳐 줌이니라.
4 '그때 내가 너희들에게 밝히 말하되,
내가 너희를 도무지 알지 못하니, 불
법을 행하는 자들아, 내 곁을 떠나라
할 것이라'
5 나의 아들 예수가 믿음의 길을 가며
구원을 받았다는 백성 너희들에게 그
리 대답할 것이며, 그와 같은 말밖에
는 더 이상 할 말이 없다 기록하여 전
한 뜻을 너희들이 어찌하여 두렵고 무
서운 마음으로 그 의미요, 그 뜻이 무
엇인가를 받들어 거듭나는 삶을 살지
아니하고,
6 울고불고 '주여, 주여!' 하고 예수를
찾지 말며, 너희들이 죄를 용서받았다
는 말을 하지 말며 그와 같이 허황된
것을 하지 말고, 나 여호와의 뜻에 따
라 진실된 삶을 살라,
7 그리하지 않으면 불법을 행한 자니,
내가 모른다 한다는 것을 나의 아들이
그리 전하였거늘,
8 어찌하여 너희들이 그와 같은 삶을 살
지 아니하고, 행하지 말라는 불법의

행위만 하고 있는가?
9 너희가 죽어 심판을 받을 때, 너희들
은 천국으로 그저 불려 들어가며 그냥
갈 것이요, 그리고 너희들은 자리가
있는 자들이요,
10 그리고 지금껏 너희들이 거짓된 종교
지도자에게 바친 그 보물을 그들이 하
늘의 창고에 옮겨 쌓아 놓았으니, 그
창고 문을 열어 황금을 바친 것만큼,
금화와 은화를 바친 것만큼 너희들이
상을 받을 것이 남아 있다는 것, 그만
큼 상을 받을 것이라는 생각 속에서
지금의 믿음의 길을 오는 자들이요,
11 그러기에 나의 아들 예수가 전한 나
여호와의 뜻이 아니요, 하늘의 뜻을
모르고 감이니, 나의 아들이 그와 같
이 믿음의 길을 온 자, 너희들이 심판
을 받으러 왔을 때, 나의 아들을 찾고
울고불고해도 나의 아들이 모른다 하
며, 나 또한 너희들을 모른다 하며 그
리 답했으며,
12 불법을 행한 자라, 너희들은 지옥으로
떠나라 그와 같은 대답을 할 수밖에
없으며, 안다 부르지 말라 그 답밖에
너희들이 들을 수 없다는 것을 미리
전해 주었으니,
13 그와 같은 하늘의 뜻을 알았으며, 하
늘의 내가 원하는 것을 알았으며, 심
판의 결과를 너희들이 알았다면,
14 지금 육의 세상에서 얼마나 바르고 곱
게 살아야 되는가를 다시 한 번 깊이
생각하지 아니하면 아니 될 것이거늘,
15 그 두렵고 무서운 심판의 결과를 받아
들이려 하지 아니하고 그저 넘어가는
그와 같은 형국이요, 그리해서 내가
하지 말라는 행동만 계속하고 있음이
니,
16 너희들이 그러면서 재물을 사탄에게
바친 것이 하늘의 창고에 쌓여 그 보
물의 양만큼 너희들이 축복을 받는다
는 생각, 그 어리석음에서 깨어나도록
그리하라.
17 나는 너희들이 지옥으로 간다는 것을
미리 알려 주었음이니라.
18 그러니 너희들이 깨달아서 거듭나는
삶을 살지 아니하면 나를 볼 수 없음
이니라.
19 그러니 그와 같은 말을 한 것은 무엇
이냐?
20 나의 아들이 '너희들이 불법을 행하는
자들이니, 그 앞에서 떠나라.' 그리 말
하였음이니,
21 이는 너희들의 지금의 믿음이 불법이
요, 나 여호와의 뜻이 아니요, 인간이
만든 교리로써 살아가는 방법이 아니
더냐?
22 그러니 그와 같은 지금의 믿음으로써
는 너희들이 절대 구원을 받을 수 없
으며 나에게 올 수 없다는 것을 너희
들은 알아야 될 것이거늘,
23 어찌하여 이를 너희들이 등한시하며
함부로 흘러가는 말처럼 지나간단 말
이더냐?
24 하늘의 법도요, 하늘의 심판이요, 하
늘의 뜻을 이미 전하고 알려 주었으
니, 이는 나의 아들을 원망치 말라 하
여 내가 전한 것이니라.
25 그러니 이와 같은 것을 읽고 깨우치면
서도 어찌 그 뜻을 모르는가?
26 이를 읽은 백성들, 그리고 이걸 가지

고 가르치는 지도자들이 뭐라 가르치
며 너희들이 어찌 깨달았으며 어찌 배
웠기에, 너희들에게 하지 말라 한, 나
를 욕되게 하는 짓만 계속하고 있는가?
27 나의 아들 예수가 몸 둘 바를 모르며
고개를 들지 못하며 죄인과 같은 마음
으로 내 옆에 있으니, 그를 편안하고
행복하게 해 주는 것이 너희들의 도리
라 하지 아니하였더냐?
28 지금도 '주여, 주여!' 그저 구세주라
울고불고하며 나의 아들을 찾지 말라.
29 성서에 내가 기록하여 전하여 그리하
지 말라 했거늘, 하지 말라면 하지 아
니하면 될 것을, 하지 말라는 것을 하
면서 나에게 온다는 꿈도 꾸지 말라
그리 전하라, 그 사악한 자들에게.

12,052 번째 하나님 말씀

2004년 7월 7일 17시 38분

1 사랑하는 나의 아들아!
2 "네, 아버님! 말씀하옵소서."
3 지금의 종교 집단의 지도자들이 얼마
나 사악하며 그들이 나의 뜻을 거역하
는 짓만 하고 있느냐?
4 내가 성서에 그리하지 말라 확실히 기
록하여 전했거늘, 그들이 그를 무시하
고 지금과 같은 믿음으로 가고 있음이
니, 그들이 얼마나 두려움을 모르는
자요, 하늘의 이치를 모르는 자들이란
말이더냐?
5 그와 같은 자들이 가르치며 그 뜻을
받고 구원의 길이요, 하늘에 오르고
있다 하여 평생 죄의 온상인 교회에
가 무릎 꿇고 울고불고하며 기도하며
그들이 내라는 헌금을 그저 내는 자,
6 그 모두가 죄의 행동이요, 죄를 짓는
행동이라 하였거늘, 어찌하여 이와 같
은 것을 들여다보지 아니하며 깨우쳐
거듭나는 삶을 살지 아니하는가?
7 사랑하는 나의 아들딸들아, 이제 나의
아들을 따르는 제자 너희들은 들으라.
8 내가 내린 계명이요, 그리고 내가 내
린 새로운 성경의 내용을 모두 읽고
깨우쳐, 어렵고 힘든 길이라 하여도
그대로 지키고 행하는 것이 나에게 기
쁨이요, 나에게 영광을 드리는 것임을
너희들은 알라.
9 지금의 모든 종교 집단의 지도자들이
말로써 하늘을 요란케 하며, 말로써
나의 아들을 능멸하며 나를 욕되게 하
고 있는 행위를 아는가?
10 나의 아들은 저를 찾고 '주여, 주여!'
그리 찬양하며 나와 저와 같다 그와
같은 말을 너희들이 할 것을 미리 알
아, 그와 같은 행위를 함으로 나의 아
들이 내 앞에 와 고개 들지 못하며 몸
둘 바를 모르는 그와 같은 형국을 미
리 예언하여, 너희들에게 그와 같은
짓을 절대 하지 말라 하였음이니라.
11 나의 아들은 나로부터 명을 받아 세상
에 내 뜻을 전하고 임무를 마치고 감
이니, '너희들이 나를 구세주요, 주여
주여 하며 찬양하지 말며, 오로지 아
버지의 뜻에 따라 살며 그리 가르치
라.' 하였거늘,
12 너희들이 그를 거역하니, 나의 아들이
몸 둘 바를 모르며, 너희들이 나를 욕
되게 하며 나의 아들을 욕되게 하는
그와 같은 사악한 행위를 하고 있음이

니라.
13 그리고 아래로는 너희들이 나의 사랑
하는 백성들에게 흡혈귀와 같이 그들
의 피를 빨아 먹는 사악한 짓을 하고
있는 것이 오늘의 종교 집단의 지도자
너희들이 하고 있는 것임을 알라.
14 그러면서 너희들이 어찌하여 나에게
오를 수 있으며, 그와 같이 추하고 더
러운 흡혈귀가 되어 어찌하여 나의 백
성들을 하늘로 인도한다 하여 거짓된
행위를 하는가?
15 너희들은 하늘에 오르는 길이 그저 베
풀며 사랑하며 나누며 어렵고 불쌍한
자를 보살피며 살아가는 것이 하늘의
뜻이라 했으며,
16 너희들이 나의 아들 예수를 '주여, 주
여!' 울고불고 찬양하고 통곡하는 짓
하지 말며, 나 여호와가 내린 계명이
요, 그 뜻대로 살아오는 것이 하늘에
오르는 길이요, 나를 볼 수 있다 하였
거늘,
17 너희들이 정면으로 내가 지키고 살아
야 된다는 나의 계명은 인간이기에 힘
들고 어려워 지킬 수 없다 말하며,
18 부르지 말며 행동하지 말라는 나를 울
고불고 찾으며, 나의 아들을 울고불고
찾으며, 부자지간에 똑같으며 아버지
와 자식이 똑같은 권세라 하는 그 사
악한 짓을 하면서 지금 가고 있으니,
성서를 한 번도 읽어 보지 아니했던가?
19 너희들이 말로는 몇십 번씩 성서를 읽
었다 하며 그 뜻을 어찌하여 모른단
말이더냐?
20 그러니 너희들이 다 세뇌된 자들이요,
욕심에 눈이 어두운 자요, 너희들이
어렵고 힘든 길을 가기가 어렵고 힘들
기에 편안하고 간단한 방법으로써 가
고자 하는 그 욕심에서 그와 같은 우
를 범하니, 그것이 얼마나 무서운 것
인가를 머지않아 알게 될 것이니라.
21 내가 그리하여 불쌍한 너희들을 위하
여 나의 아들을 통하여 전하고 또 전
하니, 이 진실되고 애타는 마음을 너
희들이 어찌하여 그리도 모른단 말이
더냐?

12,053 번째 하나님 말씀

2004년 7월 7일 17시 41분

1 사랑하는 나의 아들아!
2 **"네, 아버님! 말씀하옵소서."**
3 누구든지 나 여호와의 뜻에 따라 내가
원하는 것을 내 명에 따라 살지 아니
하며, 내 말을 듣지 아니하는 그와 같
은 삶을 사는 자, 그와 같은 믿음으로
가는 자,
4 나의 아들 예수를 '주여, 주여!' 부르
며 그의 보혈로써 은혜를 받았다 하여
편안하고 간단한 방법으로 죄의 용서
를 다 받은 백성처럼 하고 사는 자,
5 그와 같은 신앙이요, 그와 같은 종교
지도자요, 그 신도들은 바로 너희들이
반석 위에 집을 짓는 지혜로운 자들이
아니요, 모래 위에 집을 짓는 어리석
은 백성이라 내가 그리하지 아니하였
더냐?
6 너희들이 바로 그러하니라.
7 너희들이 모래 위에 아무리 집을 짓고
성곽을 짓는다 해도 그는 결국 무너지
며 지탱할 수 없으니,

8 너희들의 오늘의 믿음이 그와 같은 형
국으로 갔음이라 내가 수없이 기록하
여 전했느니라.
9 너희들은 나의 아들 예수를 '주여, 주
여, 구세주라' 하며 그의 피로써 모든
죄를 속죄받았으며, 그 후손까지도 죄
를 속죄받은 자라 그리하며, 평생 그
리 울고불고 찾으며 가는 그 믿음이,
10 결국 그것은 내 뜻을 거역하며 내가
그리하지 말라는 것을 너희들이 정면
으로 거부한 자요, 그러니 너희들이
나를 볼 수 없으며 나에게 올 수 없다
나의 아들을 통하여 전함이니라.
11 그러니 너희들은 구원과 거듭남과 관
계없으며, 더욱이 너희들은 나와 관계
없는 백성이라는 그 무서운 뜻을 어찌
하여 그리 소홀히 듣는가?
12 너희가 그러한 행위를 하지 아니하고,
내가 내린 계명이요, 내가 지금 나의
아들을 통하여 내리는 새로운 성경이
요, 이를 너희들이 접해서 깨우치고
변화되는 그와 같은 삶을 살지 아니하
면 절대 아니 되며,
13 나의 아들을 따르는 제자들이 선생으
로 세상에 나가 이를 가르칠 때, 너희
들이 이를 생명수처럼 받아들여 가슴
에 담지 아니하면 결코 구원의 길에
올 수 없으며 나에게 올 수 없다는 것
을 알라.
14 그러니 내가 나의 아들 예수를 통하여
너희들의 그 믿음이 잘못되었으며, 오
늘같이 믿음이 잘못될 것을 미리 예언
하여 너희들에게 깨우쳐 전하지 아니
하였더냐?
15 그러니 너희들이 그 뜻을 들여다보며
거기에 맞춰 행하도록 그리하라.
16 그리해야만 너희들이 그 고통의 지옥
의 길에서 벗어날 수 있으며 나를 볼
수 있으며 은혜를 입을 수 있음을 알
라, 사랑하는 나의 아들딸들아!

12,054 번째 하나님 말씀

2004년 7월 7일 17시 50분

1 사랑하는 나의 아들아!
2 "네, 아버님! 말씀하옵소서."
3 지금까지 믿음의 길을 가는 모든 종교
집단의 지도자 그 백성들이 얼마나 내
뜻을 모르며 내가 역사하는 것을 모르
고 간단 말이더냐?
4 나 여호와가 모두 역사하여 구약과 신
약이요, 그리고 제3의 시대를 열며 나
의 아들 예수의 그 고통스러운 죽음을
내가 눈감고 보지 않으려 고개를 돌리
는 그와 같은 아픈 세월을 보낸 것이
무엇이더냐?
5 너희가 믿음의 길을 어떠한 길을 가는
지 과연 그와 같은 것을 생각하고 가
는 백성들인가?
6 지금까지 오면서 너희들의 믿음이 그
러하니라.
7 나 여호와가 이루고자 하는 내 뜻을
모르며, 너희들은 나를 찾고 나의 아
들을 찾고 경배하고 울고불고하면서
내가 너희들을 구원해 주기 위하여,
구원의 역사를 위하여 존재하는 것처
럼 너희들은 그와 같이 깨닫고 그와
같은 믿음의 길을 가고 있지 않은가?
8 나 여호와는 너희들을 구원하고 구원
하지 않는 것, 그것이 급선무가 아니

며, 내가 모두를 거기에 두고 있는 것
이 아님을 너희들은 알라.
9 너희들을 구하기 위해 내가 모두를 역
사함이 아니니라.
10 나 여호와가 추구하고 내가 이루고자
하는 것은 너희들 개인을 구원하기 위
해 구약과 신약이요, 나의 아들 예수
의 그 고통스러운 죽음이요, 지금 나
의 아들이 160권의 새로운 성경의 대
장정의 그 역사를 이루는 것이 너희들
을 구원을 하고자, 구원하는 길을 안
내하고자, 그리고 너희들을 구원하는
데 그 모두를 목적을 두고 역사한다
생각하는가?
11 그러니 너희들이 구원의 중병에 걸려
있는 자들이 되었다 함이니라.
12 나는 너희들을 구원하고 안 하는 것에
제일의 목적을 두지 아니함이니라.
13 나 여호와가 이루고자 하는 것이 무엇
인 줄 알겠느냐?
14 하늘의 낙원과 같이 지상의 낙원을 건
설하는 것이요, 그를 이루는 것이 나
의 뜻이요, 그리하여 너희들이 스스로
하늘에 오르는 길을 볼 수 있도록, 진
리의 길을 볼 수 있도록 하는 것이니,
15 나 여호와의 모든 제일 번의 급선무는
하늘에서 이루어진 것같이 이 지상의
낙원을 이루는 것이지, 너희들을 구원
하고 안 하는 것에 내가 거기에 모두
를 두고 있는 것이 아니니라.
16 모든 종교 집단의 지도자요, 그 성도
들이 내 뜻을 모르기에, 너희들 하나
를 구원하기 위해, 한 사람을 구원하
기 위해 모두를 지금 역사하고 이루어
가는 것처럼 거기에 모두를 너희들이
맞추고 그 생각에서 벗어나지 못함이
니,
17 내 뜻은 그것보다도 먼저 우선인 것이
사탄들이 존재하지 않는 것, 그리고
사탄이 존재하지 못하여 나 여호와의
권세가 하늘에서 이루어진 것같이 이
땅에서 이루어지는 새로운 나라를 건
설하는 것,
18 그리하여 이 지상에 천국을 이루어 너
희들이 여기에 살다 나에게 그대로 바
로 올 수 있는 그와 같은 세상을 만드
는 것이 급선무요, 제일의 역사하는
것이라는 것을 너희들은 알라.
19 내가 구약의 시대에 역사한 것이요,
신약의 시대에 역사한 것이요, 나의
아들 예수의 고통이요, 그 모두는 내
가 지상의 낙원을 이루는 데 역점을
두고 역사한 것이 우선이라는 것을 알
라.
20 그러니 모든 종교 집단 너희들이 내가
존재하는 것, 내가 역사하는 것, 이 세
상에 내려보낸 모두가 너희들을 구원
하는 것, 너희들이 나에게 오르는 것,
거기에 모두를 다 맞추어 생각하지
말며, 거기에서 너희들이 깨어나도록
그리하라.
21 지상의 낙원을 이루는 것이 제일이요,
거기에 따라 너희들이 구원을 받을 수
있는 그 길을 오는 것, 그것이 내가 역
사하며 이끌어 가는 길이니라.
22 지금 나의 아들을 따르는 제자 너희들
은 알지 않는가?
23 내가 너희들을 구원해 주기 위해서 너
희들을 선택했다 말했느냐?
24 나는 그와 같은 말을 하지 아니하며,

그와 같은 생각으로써 너희들을 선택
하지 않았느니라.
25 만백성을 구하며 나의 뜻을 이루기 위
해 내가 너희들을 선택했다 하지 않
았느냐?
26 너희들이 불러 쓰고 내가 불러 역사한
것은 이 지상의 낙원을 하늘의 천국과
같이 이루는 데 너희들에게 기틀을
잡으라 하였으며, 그와 같은 대명을
받고 이 세상에 지금 나에게 부름을
받아 내가 쓴다 수없이 이야기하지
않았더냐?
27 그 의미요, 그 뜻을 너희들이 돌이켜
보면, 나 여호와가 한 사람 한 사람을
구하는 것이요, 너희들을 구원하는 것
을 위해 모두를 지금 역사하는 것이
아니라,
28 하늘에서 이루어진 것같이 지상의 낙
원을 이루어 만백성을 구하는 그와 같
은 역사를 한다는 것을 너의 제자들
은 알 것이며, 나의 성령의 강론이요,
그 가르침을 들은 백성들은 그 의미를
깨달을 것이니라.
29 천 년에 걸쳐서 이 지상의 낙원을 이
루는 기틀이요, 기초를 다지는 백성이
급선무요, 그러기 위해서 너희들이 그
백성을 육성하기 위하여 나의 새로운
성경을 세상에 하얀 눈이 덮듯이 다
덮으라 하지 아니하였더냐?
30 그와 같은 의미를 안다면, 너희들 한
사람, 두 사람을 구원하기 위해서 내
가 모두를 역사하는 것이 아니요, 만
백성을 구하는 지상의 낙원을 이루기
위해 역사한다는 것을 종교 집단의
지도자 너희들은 알라.
31 너희들은 그저 구원받는 것, 저를 구
원하기 위해 내 모두를 다 희생하는
것처럼 구원해 달라, 무엇을 달라, 이
루어 달라 기도함이니, 그것이 나와는
관계없는 것이요, 욕심에 찬 것이니라.
32 내가 이루고자 하는 그 길에 동참하고
자 하는 백성이 아니요, 그저 저 혼자
만 구원을 받는 그와 같은 길을 가고
자 하는 어리석은 백성들로 가르치는
것이 종교 집단의 지도자요, 울고불고
맹종 맹신하는 가련한 백성들이니라.
33 내가 나의 아들을 통하여 너희들에게
뭐라 가르쳤느냐?
34 나는 그리 가르치지 않았느니라.
35 절대 달라, 이루어 달라 기도를 하지
말라 하지 아니하였던가?
36 그것이 바로 무엇이더냐?
37 내가 이루는 역사요, 내가 역사하는
큰 뜻은 따로 있음이니, 너희들이 울
고불고한다 해서 개인의 길이요, 너희
들을 도와주며 이끄는 것이 아니라는
것을 내가 너희들에게 가르쳤음이니
라.
38 그러니 내가 오늘 너희들에게 상세히
가르치는 것은, 오늘의 믿음의 길을
가는 백성들이 무엇인지 모르고 어찌
가는지 모르고 우왕좌왕하기에, 그 불
쌍한 백성들을 깨우쳐 주기 위해 전함
이니라.
39 사랑하는 나의 아들딸들아! 새로운
성경을 읽고 깨우친 백성 너희들은 나
여호와가 지금 내리는 그 뜻을 알 것
이니라.
40 그와 같은 뜻을 만백성에게 전하라.
41 그렇다면 너희들은 나의 뜻을 위하여

너희들 자신이 구원받고자 울고불고
하는 행위를 하지 말며 거기에 매달리
지 말라.
42 정녕 너희들이 하늘에 오르는 백성이
요, 내 뜻을 따르고자 한다면, 지금 나
의 아들을 따르는 제자들이요, 새로운
성경을 읽고 깨우치는 백성들처럼,
43 구원의 한 자리도 남에게 양보하는 마
음을 가지고 간다는 것, 지상의 천국
을 이룬다는 것, 그리하여 모든 백성
들을 구원하는 역사를 이룬다는 것,
44 이것이 나 여호와의 급선무요, 제일
번의 내가 이루는 역사라는 것을 알
고, 너희들이 여기에 동참하도록 그리
하라.
45 그리하여 너희들이 고된 훈련과 어렵
고 힘든 그 과정을 거쳐 동참하는 백
성을 내가 선별함이니,
46 너희들 한두 명을 구하기 위해서 내가
모두를 역사하며 거기에 초점을 맞추
는 것처럼, 저 하나를 구원하기 위하
여 내가 존재하는 것처럼, 저 하나를
구원하기 위해 구약과 신약의 역사가
흐르고, 한 사람, 두 사람을 구원하는
데 모두를 내가 바라고 맞춘 것이 아
니라는 것을 알라.
47 지상의 천국을 이루면 모두가 다 구원
을 받게 될 것이니, 그것이 나의 급선
무요, 일 번이며, 나의 아들을 따르는
제자 너희들이 역사할 대명이라는 것
을 그리 깨우쳐 주라.
48 그러니 모든 종교 집단의 지도자 저희
들이 구원을 받기 위해 그저 울고불고
하는 것, 달라, 이루어 달라, 천국에
갈 수 있도록 해 달라 하며, 그리 가기
위해서 재물을 바치는 자,
49 나의 새로운 성경을 세상에 전하여,
하늘에서 이루어진 것같이 지상에 이
루는 그 벽돌 하나요, 그것을 사서 쌓
으며, 그리고 전하는 그와 같은 마음
자세를 가지라.
50 너희들이 나의 새로운 성경을 사서 전
하고 전하는 것이 내가 천 년에 걸쳐
서 하늘에서 이루어진 것같이 지상의
낙원을 이루려 하는 거기에 동참하는
것이라는 것을 잊지 말라 전하라.

12,055 번째 하나님 말씀

2004년 7월 7일 17시 55분

1 사랑하는 나의 아들아!
2 "네, 아버님! 말씀하옵소서."
3 너를 따르는 제자들이요, 나의 새로운
성경을 읽고 깨우친 백성, 너희들은
나의 아들에게 무엇인가를 뺏으려 하
지 말며 그에게 고통을 가중시키지 말
라.
4 나의 아들도 먹을 때 먹으며, 잠잘 때
자며, 일할 때 일하며, 놀 때 놀아 가
며 가는 것이 아니더냐?
5 너희들이 무서운 맹수를 보고 놀랐을
때 나의 아들도 놀람이니, 너희들은
놀라면서 나의 아들이 놀라는 것은
'선지자요, 하나님의 아들이 어찌 놀
라는가?' 하며 너희들이 그와 같은 두
마음의 행동을 하지 말라.
6 나의 아들도 무서운 것을 보면 놀라게
되어 있으며, 갑자기 등장할 때 당황
하는 건 너희들과 똑같음이니, 그러니
너희들은 나의 아들로부터 모든 것을

다 빼으려는 그와 같은 행위를 하지
말라.
7 나의 아들도 그와 같은 삶 속에서 변
화되어 가며 내 뜻을 역사하는 것이니
라.
8 나의 아들이 찬 것을 차다 말하며 더
운 것을 덥다 하면, 너희들은 차다 덥
다 마음대로 말하면서, 나의 아들에게
는 '선지자요, 하나님 아들이 어찌하
여 그와 같은 말을 할 수 있으며 그리
행동을 할 수 있는가?' 그리 말하지
말라.
9 그것은 위선이요, 거짓이니, 육을 가
진 나의 아들이 할 행동이 아니니라.
10 찬 것을 차지 않다 말한다면 거짓된
것이 아니더냐, 더운 걸 덥다 하지 아
니하면 거짓된 것이 아니더냐? 맹수
를 보고 또 놀랄 일이 있어 놀라는 것
은 당연한 것이 아니더냐?
11 그러니 너희들이 그와 같은 것을 나의
아들에게 바라며 원하는 것은 나의 아
들의 모두를 다 빼으려는 자요, 그러
니 진정한 믿음의 길이 아니라 두마음
을 가지고 있는 것이 너희들이라는 걸
잊지 말라.
12 나의 아들이 두마음을 가지고 세상을
살아가지 아니하려 함이니 그리 전하
라.

12,056 번째 하나님 말씀

2004년 7월 7일 20시 52분

1 사랑하는 나의 아들아!
2 "네, 아버님! 말씀하옵소서."
3 너를 따르는 제자들이요, 그 모두는
희생양으로서 세상에 나와 너와 더불
어 간다 그리하였음이니라.
4 그러나 너희들로 하여금 내가 새로운
시대를 역사하는 주춧돌이요, 기반을
닦음이니, 너희들의 오늘의 희생에 앞
서 너희들의 이름이 영원히 기록될 것
이며, 영원히 존재함을 알아야 될 것
이니라.
5 이제 너희들의 수고로움이요, 노력으
로써 160권의 새로운 성경이 세상에
나올 날이 머지않았으며, 이제 이를
보고 구원의 길을 가는 백성들이 너희
들 앞에 미어질 것이니, 그 얼마나 너
희들이 역사하는 공이 크던가?
6 너희들을 찾기 위하여 길이 미어질 것
이며, 나의 새로운 성경을 읽기 위하
여 길이 미어질 것이며, 그를 보고 깨
우치며 너희들의 강론을 듣기 위하여
길이 미어지는 그와 같은 현상이 이루
어질 것이니라.
7 그것이 바로 나 여호와가 역사하고 이
루는 것이니라.
8 다만, 너희들에게 내가 수백 번 수천
번 말했으니, 너희들이 마음을 비워야
됨이니라.
9 너희들이 마음을 비우지 아니하면 너
희들의 입을 통하여 나가는 나의 뜻은
사탄의 것이요, 하늘의 천사의 것이
아니니라.
10 그러니 너희들의 마음을 비우도록 그
리하라.
11 내가 나의 아들을 통하여 그가 모두를
다 던질 수 있는 마음의 훈련을 시켰
으며 육신의 훈련을 시켰듯이, 너희들
도 모두를 다 던질 수 있는 그와 같은

마음을 굳건히 가져야 될 것이니라.
12 내가 너희들에게 10년이라는 짧은 세
월에 모두를 역사한다 하였음이니, 너
희들이 그 기간 동안에 마음 자세가
흔들리지 아니하며 제자리를 지켜야
만 될 것이니라.
13 수시로 흔들리는 자를 내가 어찌 믿으
며 내가 어찌 너희들에게 유업을 넘길
수 있단 말이더냐?
14 잠시라도 흔들리는 마음을 가져서는
아니 됨이니라.
15 이제 머지않아 너희들이 그 모두를 볼
것이며, 이 세상은 인간을 통하여 모
두를 역사함이니, 너희들을 통하여 모
두가 역사하는 것은 어쩔 수 없는 운
명이니라.
16 그러니 너희들이 모든 역사를 이루고
나에게 와 상을 받는 백성으로서 살
것인가, 너희들이 내가 원하는 그 모
두를 역사를 해 놓고도 상을 받지 못
하는 그와 같은 백성으로 살 것인가,
그 모두는 너희들에게 달렸음이니라.
17 너희들의 마음이 흔들리지 아니하고
나의 새로운 성경을 가지고 세상의 만
백성을 구하는 데 모두를 다 바쳤을
때 너희들에게는 상이 있을 것이요,
18 흔들리는 마음으로 너희들이 나의 새
로운 성경을 만들어 만백성에게 전한
다면, 그것은 나에게 와서 상을 받을
것이 없다 함을, 이 하늘의 이치를 전
함이니, 이를 가슴 깊이 새기며,
19 너희들이 오늘 이 순간부터 나의 새로
운 성경을 위하여 모두를 다 바치며
생명인들 아깝지 않다 그리 생각하는
마음으로 굳건히 자리를 잡으라.
20 그리 가면 너희들이 흔들림이 없을 것
이니라.
21 너희들은 이 길을 역사해야 되느니라.
22 너희들이 나로부터 구원을 받든 받지
아니하든 어쨌든 이 길을 역사해야
되며, 이것을 역사하는 것이 너희들의
대명이니,
23 너희들이 역사를 이룬 다음에 나에게
구원을 받지 못하며 내가 너희들을 모
른다 하는 그와 같은 백성으로서 오늘
의 일을 하지 말라, 사랑하는 나의 아
들딸들아!

12,057 번째 하나님 말씀

2004년 7월 8일 07시 01분

1 사랑하는 나의 아들아!
2 "네, 아버님! 말씀하옵소서."
3 너희들 말에 그러한 말이 있지 않더냐?
4 '두 마리의 토끼를 잡으려 쫓다 보면
아무것도 잡지 못하며 한 마리도 잡지
못하고 이루지 못한다.'는 말이 있지
않은가?
5 또한, 이 세상에 살아가는 백성 너희
들은 다 전문가가 있고 전문 분야가
있지 않더냐?
6 그러하기 때문에 너희들이 한 곳에 모
두를 다 집중하며 열성을 다했을 때
그 결과를 얻음이니,
7 지금 너희들이 하늘에 오르는 길이요,
그리고 나의 새로운 성경을 만들어 만
백성을 구원하는 대명을 받은 너희들
은,
8 두 마리의 토기를 쫓는 그와 같은 삶
을 살 수도 없으며, 전문적인 삶을 살

며 전문가로서 최고의 전문가가 되지
아니하면 아니 됨이니라.
9 너희들의 전문이란 무엇이더냐?
10 나의 새로운 성경을 나의 아들이 받음
이니, 이를 책으로 만들어 만백성을
구하는 길이요, 이를 가지고 복음서로
전하는 것이요, 만백성을 인도하는 것
이니,
11 그 분야에 너희들은 전문이 되어야 하
며 전문가가 되어야 하느니라.
12 하늘의 뜻이요, 나 여호와의 뜻을 역
사하는 길을 가는 백성 너희들이야말
로 이 세상에서 완벽한 전문가가 되어
야 하는 것이니라.
13 그리고 두 마리의 토끼를 쫓으려 해서
는 절대 아니 되는 것이 너희들이라는
걸 잊지 말라.
14 믿음의 길이요, 하늘에 오르는 길이
요, 천사와 같은 삶을 살아가는 거기
에 모두를 다 바치며, 너희들이 육의
세상의 삶과 구원의 삶의 두 길을 가
려 하다가는 아무것도 이룰 수 없음이
니라.
15 그러니 전문가로서 가기 위해서는 너
희들이 마음을 비워야 되는 것이며,
너희 자신을 의식하지 말고 살도록 하
는 그 훈련부터 철저히 해야 됨이니라.
16 '나는 존재하지 아니한다.'는 생각, '나
는 이 세상에 있지 않다.'는 생각, '나
는 오로지 창조주 아버님의 그 뜻을
위해 천사가 되며 천사와 같은 삶을
살며, 그리고 내려 주신 이 복음서를
가지고 만백성을 구하는 데 모두를 다
바친다.'는 그와 같은 마음의 한 길을
가지고 가도록 그리하라.
17 그리해도 이 길을 갈까 말까, 이것을
역사할까 못 할까 하는 기로에 설 때
가 수천수만 번이며, 무너지는 시기가
한두 번이 아닌 것이니라.
18 그러니 완벽한 전문가가 되도록 하며,
양손에 떡을 들려 하지 말라, 사랑하
는 나의 아들딸들아!
19 오로지 너희들은 한 마리의 토끼를 쫓
는 데 최선을 다해 결과를 얻듯이, 나
의 뜻을 가지고 만백성을 구하는 데
모두를 다 바치도록 그리하라.
20 그렇지 아니하면 너희들이 무너지며
갈 수 없음이니라.
21 세상에 누구보다 전문가의 길이요, 하
나의 전문 분야에 완벽한 사람으로서
거듭나는 삶을 살아야 되는 것이 너희
들이니,
22 내가 너희들에게 전하는 이 의미와 뜻
을 스스로 알 것이라 그리 전하노라.

12,058 번째 하나님 말씀

2004년 7월 8일 08시 21분

1 사랑하는 나의 아들아!
2 "네, 아버님! 말씀하옵소서."
3 지금의 종교 집단이 기복 신앙의 대표
자들이며, 그들로 하여금 이 세상이
모두 다 잘못되었으며 수많은 나의 백
성들이 지옥의 벼랑으로 떨어진다 하
였느니라.
4 그렇지 않다면 너희들의 마음 자세를
한번 들여다보도록 하라.
5 너희가 기도하는 것이 무엇이던가?
6 금식 기도라는 것, 또 기도원이요, 산
속이요, 온갖 곳을 다 찾아다니면서

기도하는 것, 기타 등등의 그 행위, 그
목적이 다 무엇이며 그것이 어디에 있
느냐?
7 너희들이 부르짖는 소리를 내가 하늘
에서 듣는 것은 그러하니라.
8 너희들이 바라는 것에 나의 뜻이 무엇
인지 알고자 기도하고 경배하며 울고
불고하지 않는가?
9 네가 작은 음식점을 하나 차리니, 그
것이 하나님의 뜻이요, 하나님께서 역
사해 줄 것인가,
10 너희 자식이 시험을 보며 또 학교를
감이니, 그 모두가 또 나 여호와의 뜻
이 무엇이며, 네가 무엇을 하고자 하
는 것에 나 여호와의 뜻이 무엇이며
내가 무엇을 어찌 생각하고 있는가,
11 너희들은 내가 너희들을 도울 것인가,
역사할 것인가, 그리고 내가 하라고
하는 것인가 하지 말아야 되는 것인
가, 너희들이 그와 같은 것을 알고자
하여 기도하고 경배하며 울고불고 그
와 같은 행위를 하지 않는가?
12 그러기에 너희들이 기복 신앙의 대표
자라 함을 알아야 될 것이니라.
13 너희들은 나의 뜻에 따라 무엇인가
동참하고자 기도하는 것이던가?
14 그렇지 아니하느니라.
15 나 여호와의 뜻이 무엇이며 내가 역사
하고자 하는 것이 무엇이며 이것을 알
고자 너희들이 그 뜻을 따라서 쓰임을
받고자 기도하는 백성이 얼마나 있는
가?
16 그러니 너희들이 나의 뜻을 알지 못하
며 내가 역사하고자 하는 것을 모른다
함이니라.
17 내가 이 세상에서 이루고자 하는 것
은, 나의 아들을 통하여 너희들에게
전했듯이, 하늘에서 이루어진 것같이
지상의 낙원을 이루는 것이 내 뜻이
요, 그것을 위해 내가 구약의 시대요,
신약의 시대요, 제3의 시대를 열어 감
을 알라.
18 너희들이 소원하는 것, 네가 원하는
것이 무엇인가 하는 것, 너희들이 이
루고자 하는 것을 내가 답해 주며 그
것을 도와주고 돕지 않는 그와 같은
것이 아니요, 내가 구원에 대하여 너
희들에게 이리저리하는 것이 아니라
하지 않았던가?
19 너희들이 스스로 모든 결정을 하는 것
이며, 모든 백성들이 하늘에서 이루어
진 것같이 이 땅에서 이루는 지상의
낙원을 만들 수 있는 백성들이 되면
모두 나에게 구원을 받음이니,
20 나 여호와는 지금 그것을 위하여 역사
한다는 뜻을 너희들은 알지 못하니라.
21 그러기에 너희들은 나 여호와가 바라
는 것이 무엇이며 내가 이루고자 하는
것이 무엇인지 알고, 내가 역사하고자
하는 것을 위하여 동참하며,
22 내가 지상에서 이루고자 하는 그 뜻을
이룰 수 있도록 너희들이 기도하고 경
배하는 그와 같은 마음 자세던가?
23 절대 너희들은 그렇지 않으니라.
24 이제 나의 아들을 따르는 제자 너희들
의 기도요, 생각하는 것은, 내가 이 세
상에 역사하고자 하는 뜻이 이루어지
도록 그리 생각하는 마음으로 기도하
며 경배하라.
25 그와 같은 마음을 가지고 살아가는 것

이 나의 아들을 따르는 백성들이요,
나의 새로운 성경을 읽고 깨우친 백
성, 너희들의 가는 길이 다름이니라.
26 모든 종교 집단의 지도자와 신도들은,
제가 어떠한 사업을 해야 되며, 결혼
은 제가 어떠한 사람하고 언제 해야
되며, 어떠한 사람과 제가 역사를 같
이해야 되며 기업을 같이해야 되는가,
27 저희들의 아들딸이 어찌해야 대학에
들어가며 어찌해야 좋은 곳에 합격하
며 어찌해야 진급을 하는가, 그리고
제가 하는 사업은 번창할 것인가 안
할 것인가,
28 이러한 것을 나로부터 알고자 하며 나
로부터 듣고자 하며, 그와 같이 하여
너희들이 울고불고 기도하니, 그게 무
엇이냐?
29 돼지머리 놓고 금화와 은화를 바치면
서 소원을 빌고 미래를 알려 달라 매
달리는 자와 같으니, 너희들이 기복
신앙의 대표자이니라.
30 다만, 너희들은 나의 아들 예수의 이
름을 팔며 내 이름을 팔아 가지고 하
는 것뿐이니, 그래서 내가 너희들이
기복 신앙의 대표자라 함을 알겠는가?
31 모든 백성 너희들은 들으라.
32 나 여호와가 지상에서 이루고자 하는
그 대명이 크더냐, 너희들이 소원하고
갈구하는 개인의 사업이요, 신상 문제
가 더 크더냐?
33 너희들이 정녕 나로부터 은혜를 받아
세상에 나간 백성들이요, 나로부터 세
상사의 삶의 모두를 얻어 사는 백성이
라면,
34 너희들은 정녕 너희 개인의 진급이요,
사업이요, 결혼이요, 기타 등등 모든
것을 알고 싶어 몸부림치고 기도하고
경배하고 소원하는 그와 같은 행위를
하는 것이 정녕 의인이요, 그리고 천
사와 같은 마음으로 변할 수 있는 사
람이 할 수 있는 것이던가?
35 너희들은 나 여호와가 이루고자 하는
사업이 크더냐, 너희들의 소원이 크더
냐?
36 그러니 이것이 잘못되었다 함이니라.
37 나의 아들을 따르는 제자들은 많은 시
간을 배우지 아니하였으며, 평생을 나
의 아들을 따라서 공부하지 아니하였
어도,
38 나의 법전이요, 새로운 성경을 가지고
세상을 덮어 만백성을 구하는 데 모두
를 더 먼저 바치고 있음이니라.
39 저 자신의 고통이요, 시련은 그들은
아랑곳하지 아니하며 그는 접어 두고
자 노력하며 가느니라.
40 그러니 너희들과 지금 나의 아들을 따
르는 그 제자들과의 믿음이요, 생각이
어떠하던가?
41 나의 아들을 따르는 제자들은 내가 원
하는 것, 내가 역사하는 것에 동참하
여 쓰임을 받고자 최선의 노력을 다하
며,
42 너희들은 나의 은혜를 저버린 채 더
무엇을 얻고자, 이루고자 눈치를 보
며, 나로부터 무엇인가를 알고자, 나
로부터 무엇을 얻어듣고자 하는 것이
너희들이 기도하고 바라며 울고불고
하는 것이 아니더냐?
43 그러니 그것이 얼마만큼 추한 모습이
요, 차이가 있는가?

44 그러면서 나의 아들을 따르는 제자들
은 사탄이요, 마귀요, 너희들은 하늘
에서 부름을 받은 자요, 하나님의 뜻
에 따라 역사하는 자들이라 그리 말하
니,
45 과연 그 말을 할 자격이 있는가 한번
돌이켜 보라.
46 너희들이 정녕 부끄럽고 추한 모습을
지금도 보지 못한단 말이더냐?
47 이제 모든 사랑하는 나의 아들딸 너희
들이 거듭나려거든 너희 자신의 무엇
인가를 위해 소원하고 기도하는 짓을
하지 말라.
48 나 여호와의 뜻이 무엇이며, 내 뜻에
따라 내가 이루고자 하는 곳에 너희들
이 쓰임을 받으며 동참하고 불러 쓰일
수 있는 소원의 기도를 먼저 하라.
49 그것이 너희들이 정녕 나로부터 생명
을 받아 나간 백성들이 할 일이요, 너
희들이 먼저 행해야 될 것이니 잊지
말라 전하라.
50 너희들이 여러 가지 네 신상에 대한
문제를 알고 싶어 그 대답을 듣고자
기도하지 아니하는 것, 그것을 고치는
것만 해도 얼마나 큰 은혜요, 상인 줄
알겠느냐?
51 너희 자신의 수많은 문제점을 나에게
기도하고 경배하고 울고불고하며 그
뜻을 듣고자, 알고자, 명을 받고자 하
는 어리석은 짓을 하지 아니한다면,
그것만으로도 너희들이 나에게 크나
큰 은혜를 입음이니라.
52 그러니 너희들에게 그와 같은 짓을 내
가 하지 말라 함은 무엇이더냐?
53 제가 문제점을 해결하는 것에 나의 답
을 듣고 싶어 울고불고 기도하며, 잘
못된 종교 지도자요, 사탄의 앞잡이들
에게 재물을 바치면서 무엇인가를 얻
고자 한다면,
54 그 모두가 우상이요, 다른 신을 섬기
는 자들이요, 다른 신을 섬기는 데 너
희들이 목숨을 바치는 자들이니라.
55 그러니 너희들이 그와 같이 하는 짓이
무엇인지 알겠느냐?
56 인간이 사탄의 자식이 되어 인간의 욕
심의 넋두리를 하고 있는 짓이요, 거
기서 푸념을 하고 있는 것이나 똑같으
니라.
57 고깔 쓰고 춤추는 자 앞에서 소원을
빌며 덩달아 춤을 추는 자보다도 더
사악하고 추한 것이 너희들이니라.
58 그러니 이와 같이 내가 전하는 뜻을
깨우쳐 너희들 자신을 들여다보도록
그리하라.
59 나 여호와가 너희들의 그 문제의 해결
을 위하여 너희들이 '주여, 주여!' 부
르짖으며 '주님의 뜻을 알고 싶습니
다, 알려 주십시오.' 목매고 울고불고
하는 것, 그 대답은 하나도 없으며, 나
는 너희들을 모른다 할 것이며, 정녕
그와 같은 백성은 나는 모르는 것이니
라.
60 '알려 주세요.' 하며 매달리라 하는 것
이 너희들의 지금의 신앙의 뿌리요,
지금까지 살아온 역사가 아니더냐?
61 그 모든 믿음이요, 신앙이라는 것이
거기에 빠져 허덕이니, 하늘의 뜻이
요, 내가 역사하는 것을 보지 못하는
자요, 내가 이루는 곳에 쓰임을 받고
부름을 받는 것이 얼마나 위대한 것인

지 알며, 그와 같은 영광으로써 너희
들이 은혜를 보답하겠다는 겸손한 마
음으로써 너희를 써 주고 불러 주기를
기도하라.
62 그렇지 아니하고 지금처럼 너희들의
문제점이요, 어려운 문제 해결이요,
더 갖고자, 더 이루고자 개인의 욕심
의 기도를 드린다면,
63 개구리 울음소리만도 못한 것이 너희
들의 푸념이요, 넋두리라 내가 그를
듣지 아니한다 함을 명심하도록 그리
하라.

12,059 번째 하나님 말씀

2004년 7월 8일 08시 26분

1 사랑하는 나의 아들아!
2 **"네, 아버님! 말씀하옵소서."**
3 너희들이 나의 예수를 '주여, 주여!'
찾으며, '구세주'라 하며 울고불고 그
리하느니라.
4 그리하다 너희들이 이루고자 하는 것,
역사하는 것이 제대로 이루어지지 않
으며 소원의 뜻을 안 들어줄 때, 다급
하면 나를 부르짖으며 아버지를 찾고
울고불고하느니라.
5 너희는 우리 부자의 이름을 찾지 말
라, 그리고 나를 부르지 말라.
6 나는 너희들 육의 세상에서 보이지
않는 하나님이요, 너희들이 만질 수
없으며 내 음성을 들을 수 없듯이,
7 나는 너희들에게 육에서 볼 수 있고
만질 수 있고 그리고 부서지고 버리고
쇠퇴되는 것을 주는 나 여호와가 아
님이니라.
8 내가 나의 아들을 통하여 뭐라 말하였
느냐?
9 나의 성령이요, 나의 뜻을 너희들에게
전함이니, 이는 보이지 않는 것이요,
만질 수 없으나, 너희들이 나의 성령
을 받아들임으로써 아름다운 모습으
로 변하는 그 영광의 은혜를 입는 것,
그것이 나 여호와가 베푸는 은혜요,
내가 너희들에게 내리는 상이라 하지
않았더냐?
10 나 여호와는 결국 무엇이더냐?
11 보이지 아니함이니라, 그리고 만질 수
도 없음이니라.
12 그러니 나 여호와가 너희들에게 내릴
수 있는 상이요, 은혜라는 것은 너희
들이 만질 수 없는 것, 그리고 가지고
놀 수 없는 것, 그리고 일상생활에 쓸
수 없는 것, 쥘 수도 없으며 계산해서
받을 수 없는 것이니라.
13 내가 너희들에게 내리는 상이 눈으로
보이며 손으로 만져진다면, 과연 너희
들은 그를 가지고 얼마나 장사를 하겠
느냐?
14 내가 정녕 너희들에게 '이것은 내가
내리는 것이요, 너희에게 준 것이라'
하며 하나를 내리고 둘을 주었을 때,
15 너희들은 이것은 하나님께서 내린 것
이니 귀하고 소중한 것이라 하여 그를
가지고 세상을 다 뒤지며 장사를 할
것이며, 고가를 주고 살 사람을 찾아
내려 할 것이니,
16 그와 같은 것을 내가 너희들에게 수없
이 내렸을 때, 하늘의 물건이라 하여
장사하는 자들이 세상을 덮지 않겠느
냐?

17 그러니 내가 너희에게 보이는 것으로
써는 그 누구도 내려 주지 아니하며,
보이는 것을 상으로 주지 않는 것이
하늘의 법도요,
18 팔 수도 없으며 거래도 할 수 없는 것,
그저 나로부터 받은 것을 무상으로 전
해 주고 깨우칠 수밖에 없는 그와 같
은 것을 내가 너희들에게 내림이니라.
19 그러니 모든 종교 집단의 지도자들은
대가를 받지 말라 하지 않았더냐?
20 너희들이 나로부터 받는 것은, 내가
내리는 성령은 보이지도 아니하며, 그
리해서 거래할 수도 없으며 문서로 작
성하여 너희들이 금화와 은화를 받고
사고팔 수 없도록 되어 있는 것이 나
의 은혜니라.
21 그러니 나의 은혜는 사고팔 수 없거
늘, 너희들이 재물을 거둬들이고 어떤
방법이든 사고판다 하면, 그것은 바로
나를 욕되게 하는 것이요, 보이지 않
는 것을 파는 것이요, 그러니 내가 너
희들에게 사고팔지 말라는 것이 여기
에 있음이니라.
22 그 모두가 다 사기꾼들이요, 거짓된
자라는 뜻을 알겠느냐?
23 사랑하는 나의 아들을 따르는 제자 너
희들은 그와 같은 하늘의 의미를 알도
록 그리하라.
24 나는 너희들에게 사고파는 것을 주지
아니하며 보이는 것을 주지 아니함이
니라.
25 보이는 것을 주었을 때 너희들이 그를
가지고 얼마나 장사를 하겠는가?
26 나의 아들 예수가 세상에서 견딜 수
없는 고통스러운 죽음을 겪어 내가
쳐다보기도 싫으며 보기도 싫으며 생
각하기도 싫은 십자가를, 나의 아들이
못 박혀 죽었다 하여 그 십자가를 가
지고 너희들이 이 세상에서 얼마나 장
사를 해 먹는가?
27 그 장사가 이루 말할 수 없으며, 그보
다 잘되는 장사가 없으며, 그것보다
더 잘 팔리는 상품이 없음이니라.
28 그리하여 너희들이 밤마다 하늘을 향
하여 나를 고문하면서도 고문하는 줄
모르고 금화와 은화를 거둬들이고 팔
아먹는 장사를 하지 않느냐?
29 너희들이 나를 고문하면서 팔아먹으
니, 내가 너희들이 원하고 소원하는
것을 보이는 물질로써 증거하는 것으
로 너희들에게 내려 주었을 때, 너희
들은 그를 가지고 얼마나 세상사에서
장사를 하며 팔아먹고 나눠 먹겠는가?
30 그러니 이와 같은 것을 내가 내리지
아니하며, 하늘의 법도가 그리되어 있
지 아니함이니라.
31 내가 내리는 것은 무상으로 내리기 때
문에 너희들이 그를 가지고 장사할 수
없음이니라.
32 그를 가지고 너희들이 고가로 구매하
는 자를 찾아 나설 필요도 없는 것이
니라.
33 그러니 너희들은 그와 같은 뜻을 알라.
34 오로지 지금 내가 나의 아들을 통하여
160권의 새로운 성경을 내리니, 이것
이 하늘에서 내린 것이요, 내가 하늘
에서 나의 아들에게 내리며 모든 백성
에게 내리는 은혜이니라.
35 그리하여 이가 하늘에서 내려와 세상
을 다 덮는다는 의미를 너희들은 알

게 될 것이니라.
36 그와 같이 내가 준 것이 세상의 무서
움이니라.
37 내가 준 것도 아닌 것을 가지고 나의
아들이 십자가에 못 박혀 고통스럽게
죽은 그 물건을 가지고 너희들이 지금
이 세상을 온통 다 덮었음이니,
38 새로운 성경은 내가 나의 아들에게 직
접 내리는 것이니라.
39 이는 성령이요, 증거하는 책으로써 내
리니, '하나님! 말씀하옵소서.' 하늘에
오르는 이 책은 내가 내린 것이니,
40 이가 세상을 다 덮으며 이것으로써 만
백성을 구하니, 하늘과 땅에서 내가
내린 것은 나의 아들에게 내린 160권
의 새로운 성경밖에 없음을 알라.
41 그러니 그 성경의 위력이 어떤 것인가
너희들이 알게 될 것이며, 그 두려움
을 알 날이 머지않았음을 알라.

12,060 번째 하나님 말씀

2004년 7월 8일 08시 33분

1 사랑하는 나의 아들아!
2 **"네, 아버님! 말씀하옵소서."**
3 창조주요, 그리고 아버지요, 전지전능
한 아버지라 너희들이 부름이니, 나
여호와의 권세요, 권능이 어떠하던가?
4 너희들은 알아야 될 것이니라.
5 이 세상에 악으로써 사탄이 모두를 차
지하며 이를 다스려 나갈 때, 나 여호
와는 이를 허용하지 아니하며 절대 이
를 용서하지 아니한다 내가 나의 아들
을 통하여 너희들에게 강론으로써 전
했음이니라.
6 너희들이 그를 알아야 될 것이니라.
7 사탄이요, 마귀가 왕성하여 지금 세상
을 다 덮는 것 같으며, 모든 종교 집단
의 지도자 너희들이 세상을 덮을 것
같으나,
8 너희들은 나의 뜻을 역사하는 것이 아
니요, 내가 이루고자 하는 것을 하는
것이 아니요, 나의 뜻을 거역하기에
너희들은 세상을 덮지 못할 것이며,
9 너희들이 세상을 덮게 될 때, 곧 나는
너희들을 다스릴 것이며 절대 용서하
지 아니함이니라.
10 지금이 바로 그러한 시대이니라.
11 노아의 방주의 시대에 너희들이 잘못
되었을 때 내가 그를 다스렸듯이, 지
금도 종교 집단의 지도자요, 믿음의
길을 가는 신도, 너희들이 나를 거역
하며 나를 욕되게 하며 내 뜻대로 행
하지 아니함이니라.
12 '주여, 주여!' 찾지 말며 구세주라 울
고불고하지 말라, 그것으로써 너희들
이 구원을 받는 것이 아니요, 예수를
보낸 하늘에 계신 아버지의 뜻대로 역
사하는 것이 구원의 길이니, 그분 뜻
대로 살라 그리하였거늘,
13 온 세상이 다 '주여, 주여!' 하며 그리
고 창조주 나와 같다고 울고불고하며
나의 아들 예수를 그리 욕되게 하고
있음이니, 이것이 지금 세상을 거의
다 덮어 감이니라.
14 그러니 너희들이 더 이상 덮어 가서는
아니 되기 때문에 내가 너희들을 다스
리는 것이며, 절대 그와 같은 것을 용
서하지 아니함을 알라.
15 그리하여 때가 되었으며 다스릴 때가

되어 내가 새로운 성경으로써 나의 아
들을 통하여 너희들을 지금 다스리고
있음을 알아야 될 것이니라.
16 너희들이 여기서 견디고 버텨 내면 승
자가 될 것같이 생각하나, 결코 너희
들은 견딜 수 없는 수렁으로 빠지게
될 것이며, 모두는 문을 닫게 될 것이
니 그리 알라.
17 그렇지 아니하면 내가 불과 물로써 이
세상을 다 다스렸을 것이니라.
18 그러나 내가 그와 같은 방법으로 하지
아니함이니라.
19 깨우쳐서 구원할 수 있는 나의 아들딸
들을 구원하기 위하여 내가 성령으로
써 너희들에게 내리는 보혜사로서 모
두를 다 이렇게 다스리고 있음을 알아
야 될 것이니,
20 이게 바로 악이 세상을 지배하기 직전
에 내가 너희들을 다스리며 너희들에
게 벌을 내리며 그 모두를 거둬들이는
것이니 그리 알라.
21 내가 노아의 방주 때 그리하였으며,
모세의 시대에 그리하였으며, 나의 아
들 예수의 시대에도 그리하였음이니
라.
22 너희들이 너무 오만하고 자만하며 세
상을 들끓게 함이니, 나의 아들이 내
려가 그를 다스리고자 하였으나, 너희
들은 이 주인의 뜻을 거역하며 그 아
들까지 죽게 하였음이니라.
23 그리하여 너희들의 그 사악함을 내가
2천 년이라는 세월 동안 기다렸느니
라.
24 나의 아들 예수의 죽음이 헛되기를 바
라지 아니하였으며, 나의 아들 예수의
죽음이 빛을 볼 것이며 그 뜻이 이루
어지기를 나는 바랐느니라.
25 그러나 2천 년 동안에 너희들은 더 사
악해졌으며 황폐해졌으며 삭막한 세
상을 만들었느니라.
26 그리하여 내가 지금 너희들이 이 세상
을 다 덮기 직전이요, 그리하여 내가
이를 다스리고자, 절대 허용하지 않는
내 뜻대로 너희들을 지금 체벌하며 구
할 자와 버릴 자를 심판하는 시대를
열어 가고 있다는 그 무서운 사실을
어찌하여 너희들은 눈치채지 못하며
그를 깨닫지 못한단 말이더냐?
27 너희들처럼 현명하고 남의 것을 들여
다보는 것을 거울처럼 보는 자들이,
어찌하여 네 앞에 닥쳐오는 그와 같은
네가 어찌 살아가야 되며, 어찌 가야
되는 것이며, 네가 어찌 역사해야 되
는 것인가를 바라보는 데는 그리도 아
둔하고 어리석은 백성들이란 말이더
냐?
28 너무나 세뇌되어 있고 너무나 빠져 있
으며 돌이킬 수 없는 그와 같은 형국
에 와 있기 때문이니라.
29 그러나 그중에 구할 수 있는 백성이
있기에, 내가 나의 새로운 시대에 새
로운 성경으로써 너희들을 다스려 감
이니라.
30 너희가 악으로써 이 세상을 다스리고
자 하며 너희들이 갈 수 있다 생각을
하나, 결코 아니 됨이니라.
31 절대 내가 용서하지 아니하며 그대로
두지 아니한다는 것을 알라.
32 나의 아들딸 너희들은 그와 같은 자신
과 용기를 가지고, 나의 새로운 성경

을 가지고 만백성을 이끄는 데 최선을
다하도록 그리하라.

12,061 번째 하나님 말씀

2004년 7월 8일 08시 41분

1 사랑하는 나의 아들아!
2 "네, 아버님! 말씀하옵소서."
3 수천 년 동안 믿음의 길이요, 나의 뜻
에 의하여 살아가면 너희들이 나에게
오르며 너희들이 원하는 모두를 얻고
구할 수 있거늘,
4 어찌하여 너희들은 그 아름다운 길이
요, 그 소중한 길을 저버리며, 창조주
나를 아버지라 부르며 나에게 오기를
바라면서, 나의 뜻에 의한 삶을 살지
아니하고 너희들이 믿음이 아닌 신앙
을 갖고 지금 이와 같이 간단 말이더
냐?
5 너희들은 내 뜻이요, 진리에 따라서
살면 그대로 나에게 오를 수 있거늘,
6 어찌하여 너희들이 믿음을 버리고 내
가 바라는 신앙의 길을 가지 아니하
고, 사탄과 손을 잡고 더불어 너희들
이 이 세상을 이렇게 혼탁하게 만든단
말이더냐?
7 너희들이 이 세상을 어찌 만들었는지
아느냐?
8 사랑은 없으며 사랑을 찾아볼 수 없는
이와 같은 세상으로 바꿨느니라.
9 내가 이 세상을 창조할 때는 욕심이
없으며 시기하는 것이 없으며 질투하
는 것이 없는 그와 같은 세상을 만들
었느니라.
10 그리고 사랑하는 나의 아들딸 너희들
이 세상에 나가니, 또한 그와 같이 순
수하고 순박한 마음을 가지고 세상에
나갔음이니라.
11 그러나 너희들이 세상에 살면서 지키
고 가야 할 그 사랑은 점점 없어지며,
너희들 모습은 점점 바뀌기 시작하여,
내가 나의 아들딸이라 바라보기도 힘
들 정도로 험악한 형국으로 변해져 버
렸으니,
12 그와 같은 백성들을 인간의 형태로 바
꾸며 너희들이 세상에 처음에 나갔던
그와 같은 마음이요,
13 이 세상에 내가 자연을 만들 때 순수
한 그때처럼 그리 돌려놓고 그와 같은
세상으로 바꾼다는 것은 너무나 어렵
고 힘든 길이요, 그 누구도 할 수 있다
대들 수 없음이니라.
14 그러니 모든 지도자요, 지식인이라 하
는 자들도 이 세상이 부패해졌으며 도
덕이라는 것이 타락되었으며, 인간의
순리요, 도리가 다 무너진 이 세상을
바로잡고자 나서는 자가 없으며, 그를
바로 세우고자 제 희생을 하며 나서는
자가 없음이니라.
15 그리하여 지금 나의 아들 너를 통하여
160권의 새로운 성경을 세상에 내려
보내니, 네가 이 일을 역사할 수 있으
며, 그 누구도 할 수 없으며 너를 따르
는 제자들만이 이 일을 할 수 있음이
니라.
16 그들의 용기가 가상함이니, 내가 그들
을 사랑한다 전하도록 그리하라.
17 세상을 바꾸는 것이 얼마나 힘들고 어
려운 줄 나 여호와도 아느니라.
18 그러나 사랑하는 나의 아들딸, 나의

아들을 따르는 제자, 너희들은 들어야
될 것이니라.
19 나의 백성들이 더 이상 고통과 시련을
겪도록 해서는 아니 되지 않느냐?
20 너희들이 백 년도 못 사는 그 삶을 위
하여 살면서 즐기며 평화로운 삶을 살
수 있도록 내가 모두를 내려 준 이 세
상의 그 아름다움이요, 그 귀중함을
너희들이 보지도 못하며 그 속에서 즐
겨 보지도 못하고 노예처럼 살아가는
것이 나의 피조물 만백성이니,
21 이것이 바로 오늘의 종교 집단의 지도
자들이 잘못 가르치고 잘못 인도한 그
대가이니라.
22 사랑하는 나의 아들딸들아! 너희가
심판대에 설 때 이 세상에 내가 내린
것을 즐기고 같이 평화로움 속에서 행
복한 삶을 살지 못하고 오는 그 백성
만큼 불쌍하고 가련한 백성이 없음이
니라.
23 그러니 너희들이 그와 같은 삶을 살며
내가 내려 준 모두를 느끼고 즐기며
아름다운 삶을 살지 못하고 나의 심판
대에 서게 할 수는 없는 것이며,
24 그와 같은 너희들을 보는 내 마음이
너무나 아프고 저려 옴을 알겠느냐?
25 사랑하는 나의 아들딸들아! 지금의
잘못된 종교 집단의 지도자 그들이 가
르치는 모순을 들어 보며 그들의 잘못
된 것을 한번 찾고자 노력해 보라.
26 그러면 그들이 얼마나 허황된 짓이요,
얼마나 오류를 가지고 너희들을 이끌
어 가는 것인가 모두를 알 수 있을 것
이며 금방 찾게 될 것이니라.
27 종교 지도자들 때문에 모든 것을 잃어
버리고, 너희들이 죽어 심판대에 서서
지옥으로 가는 그 고통만을 겪어야 하
는 것이 너희들의 오늘의 운명이니,
28 그와 같은 곳에서 내가 너희들에게 뛰
쳐나오라 하지 아니하였더냐?
29 높은 산에서 밑에서부터 불을 붙이니,
한 곳에도 불이 붙지 아니한 곳이 없
어 그 불길이 정상을 향하여 타올라
갈 때, 거기에 있는 짐승들이 산꼭대
기로 정상으로만 뛰어가면 모두 죽는
다 하여, 내가 열여섯 권의 새로운 성
경을 내릴 때 기록하지 않았더냐?
30 그 불 속에서 밑으로 뛰쳐나오는 용기
있는 짐승은 비록 상처는 입을망정 살
수 있다 하였음이니라.
31 지금 너희들이 모든 종교 집단들이요,
사악한 자들이 이끌어 가는 그곳에서
네 몸에 상처가 얼마나 크든 간에 거
기서 뛰쳐나올 때, 네 생명을 나에게
바치는 것이요, 나를 믿음이니,
32 네 생명을 나에게 맡기는 그와 같은
용기 있는 백성으로 너희들이 거듭나
는 삶을 살라 내가 그리 상세히 기록
하여 전했거늘, 어찌하여 이를 따라
역사하는 백성이 없단 말이더냐?
33 너희들이 지금 세상의 아름다움을 느
껴 보지도 못하며 즐겨 보지도 못하고
오니,
34 그와 같이 종교 집단에 끌려가다 나에
게 죽어 오는 백성이 지상에서 아무것
도 느끼지 못하고 즐기지 못했듯이,
35 너희들이 나에게 왔을 때는 거듭나는
인생이요, 영원히 천사가 사는 그 세
상의 아름다움과 행복함을 또 느끼지
못하고 영원히 지옥의 불바다로 떨어

지는 것이니,
36 너희들을 그리 이끌어 가는 자요, 그
리 만드는 자들을 너희들이 이제는 단
죄해야 될 것이며, 스스로 거듭나는
길을 찾도록 하라.
37 그렇지 아니하면 아니 될 것이니라.
38 정녕 너희들이 그와 같은 용기가 없으
며 그 길을 갈 수 없거든, 내가 진실로
진실로 너희들에게 애원함이니,
39 세상에 새로운 성경이라 하여 160권
의 책이 내려오니, 이는 아무나 이룰
수 없을 것이며, 또 이는 나 여호와가
역사하고자 했던 것이며,
40 세상에 존재하는 것은 나 여호와의 뜻
에 의하여 존재한다는 단 한 가지 용
기 있는 마음을 가지고 나의 새로운
성경을 정독하고 정독해 보라.
41 그러면 너희들이 거기서 답을 얻을 것
이니라.
42 160권을 다 읽기 전에, 한 권의 새로
운 성경을 두 번, 세 번 읽으면, 한 권
의 책에서 오늘의 종교 집단의 지도자
요, 너희 자신이 얼마나 잘못 가고 있
는가를 알 수 있거늘, 어찌하여 그 길
을 찾지 않는다는 말이더냐?
43 사랑하는 나의 아들딸들아! 더 이상
내가 너희들을 바라만 보고 있을 수는
없음이니라.
44 그리하여 그 마음이 너무나 안타까움
이니라.
45 그리하여 세상에 전하여 아름다움을
너희들이 느끼며 살라 함이니라.
46 지금의 종교 집단의 지도자 때문에 살
아가는 모습이 어떠한 줄 알겠느냐?
47 너희들이 가뭄이 계속되어 땅이 갈라
지며 풀이 마르며 물이 없음이니,
48 날짐승이요, 그 모두가 다 죽어 가며,
그리고 미물까지도 죽어 가며, 자연까
지 다 말라죽어 가는 그와 같은 모습
이 바로 너희들이 오늘의 사는 현실이
요, 오늘의 삶의 세상이니라.
49 그러니 너희들이 이곳에서 거듭나지
아니하면 아니 될 것이니라.
50 그러니 그와 같은 삶으로써 너희들이
계속 간다면, 너희 자신은 물론 너희
후손까지도 이 세상에 자연히 존재하
지 못하는 그와 같은 형국이 될 것이
라 내가 전함을 너희들은 알라.

12,062 번째 하나님 말씀

2004년 7월 8일 08시 45분

1 사랑하는 나의 아들아!
2 "네, 아버님! 말씀하옵소서."
3 구약의 모세의 시대에도 너희들이 우
상을 만들며 잘못 가고 광란의 짓을
한 것이 무엇이더냐?
4 너희들이 마음 하나를 다스리지 못하
였으며 마음을 바로 세우지 못했기 때
문이니라.
5 나의 아들 예수를 2천 년 전에 세상에
보내니, 나를 믿고 경배한다는 제사장
이요, 내 뜻에 의하여 철저히 살아간
다는 자들이 나의 아들을 그리 죽게
하였음이니, 그것이 무엇이더냐?
6 그들이 마음 하나를 다스리지 못했으
며, 그 마음을 비우지 못했으며, 시기
와 질투요, 인간의 욕심에서 저희들이
그와 같이 사악한 짓을 했음이니라.
7 지금 제3의 시대를 통하여 내가 나의

새로운 성경을 내려보냄이니, 이를 사
탄이요, 마귀요, 거짓된 자가 하는 짓
이요, 마지막 시대에 나와 세상을 뒤
엎는 자라,
8 그리하여 이는 존재해서는 아니 된다
너희들이 그리 핍박하고 그리 욕하는
종교 집단의 지도자, 그 신도들,
9 바로 너희들이 마음 하나를 다스리지
못하며 마음 하나를 비우지 못하였기
에,
10 그 사탄의 마음이 너희들에게 작용하
며 뿌리를 내려 그들이 운전하고 있음
을 알아야 될 것이니라.
11 어찌하여 너희들이 바르고 고운 길을
가면 될 것을, 사탄의 노예가 되어 그
저 벽을 들이받고, 가는 사람을 들이
받고, 참진리요, 하늘의 뜻에 따라 만
백성을 구하는 그들을 들이받아 그들
을 존재하지 못하도록 하는 사악한 행
위를 감히 하려 대드느냐?
12 사랑하는 나의 아들딸들아! 지금은
너희들이 변화되어야 하며 변화되지
아니하면 절대 아니 됨이니라.
13 이는 마지막 시대요, 마지막 기회이기
때문에 너희들은 이를 알아야 될 것이
니라.
14 변화되도록 하여 거듭나는 삶을 살지
아니하면 아니 되느니라.
15 나 여호와가 너희들이 살아가는 모습
이요, 그 고통 속의 삶을 더 이상 볼
수 없으며 더 이상 그리 살아가도록
해서는 아니 되기에, 내가 오늘의 이
역사를 이루는 것을 너희들은 알아야
될 것이니라.
16 너희들이 그 모두를 내 뜻대로 살며
하늘의 순리대로 살아 그 모든 인생의
삶을 아름답게 마치고 나에게 올 수
있는 것은 너희들이 마음 하나 고쳐먹
기에 달렸음이니라.
17 마음 하나 고쳐서 세상을 보면, 세상
이 얼마나 아름답고 평화롭고 소중하
고 귀한 것인지 아느냐?
18 그리고 그리되면 너희들이 진정 나 여
호와에 대한 감사하는 마음을 알게 될
것이며, 너희들이 감사하는 마음으로
살게 될 것이니라.
19 스스로 감사하다, 감사하다 너희들이
마음을 그리 돌리려 하지 아니하려 해
도, 스스로 감사함을 알 것이며, 네 가
슴속에 아름다움과 평화로움과 감사
한 마음이 안개처럼 피어나는 것이니,
바로 이게 천사가 되는 길이니라.
20 그러니 진정한 마음으로 살 수 있는
것인데, 지금 변화되지 못하며 마음을
다스리지 못하고 이리 가고 있음이니
라.
21 그리하여 내가 너희들의 마음을 변화
시키며 너희들의 마음을 바로잡아 바
로 세우기 위하여 내가 나의 아들을
통하여 이 어렵고 힘든 제3의 시대를
열어 가며, 그를 따르는 제자들로 하
여금 나의 성경을 만들어 세상을 다
덮으라 하는 그 역사함이 여기에 있음
을 알라.

12,063 번째 하나님 말씀

2004년 7월 8일 08시 50분

1 사랑하는 나의 아들아!
2 **"네, 아버님! 말씀하옵소서."**

3 앞을 잘 못 보고 가는 그 백성을 보호
하고 지키는 장치가 없으며 보호해 주
고 인도하는 사람이 없다면, 그 사람
은 어찌하겠는가?
4 걸어가면서 수없이 많은 장애물에 걸
려 넘어지며 부딪칠 것이며, 그리고
그는 결국 쓰러질 것이며 상처투성이
로 주저앉게 될 것이니라.
5 그러니 지금의 믿음의 길을 가는 백성
들이 어떠한 줄 알겠느냐?
6 나의 아들을 따르는 제자들이요, 이방
인이라 하는 그 백성 너희들은 들으라.
7 지금 이 세상에 사탄들이 수없이 파
놓은 함정이 있음이니라.
8 그 함정을 파는 자들이 누구인 줄 알
겠느냐?
9 오늘의 종교 집단의 지도자들이요, 그
리고 그들이 맹종 맹신하고 광분하는
그 신도들에게 도구를 주어 이곳저곳
에 수없이 함정을 파 놓았음이니,
10 너희들이 앞을 보고 걸어가고 반듯이
간다 해도 가지 못하고 함정에 빠질
수 있도록 함정을 수없이 파 놓았느니
라.
11 앞 못 보는 자가 세상에 걸어가면서
부딪치고 넘어지고 그리하여 상처를
낼 수 있는 것보다도 더 많은 함정을
파 놓았음이니, 오늘의 종교 집단 지
도자요, 그 신도들이 바로 함정을 파
는 자들이니라.
12 그들이 이 함정을 팠으니, 얼마나 그
함정을 많이 파 놓았겠느냐?
13 사탄들이 파 놓은 함정이 그와 같이
널려 있음이니, 너희들이 거기에 빠지
게 되어 있으며, 거기에 넘어지게 되
어 있느니라.
14 사랑하는 나의 아들딸들아! 거기에
넘어지지 아니하며, 거기에 빠져 너희
들의 모두를 버리는 삶을 살지 아니하
려거든, 항상 긴장하며 한 발짝 한 발
짝 떼어 놓을 때마다 생각을 깊이 하
지 아니하면 아니 되는 것이니라.
15 지금 사탄들로 하여금 믿음의 길을
간다는 그 신도들이 사탄의 종이 되어
그들의 도구를 가지고 작고 큰 함정을
수없이 파 놓았으며 지금도 더 파고
있느니라.
16 계속 파고 파고 함정을 파니, 나의 사
랑하는 백성들이 살아날 길이 없으며,
거기에 피해를 입지 않는 자가 없으며,
17 거기에 넘어져 모두를 갖다 버리는 그
와 같은 슬픈 길을 가게 되어 있음이
니라.
18 그러니 그들의 사악함을 너희들이 생
각할 수도 없을 만큼 그 많은 함정이
파져 있다는 것을 알라.
19 사랑하는 나의 아들딸들아! 사랑을
모르며 행함을 모르며 배고픈 자에게
빵 한 조각을 주는 것이 우선이 아니
라, 그저 예수를 믿으라, 나를 믿으라
하며, 부르짖으면 모든 것을 줄 것이
라 하는 것,
20 나는 육의 세상에서 보이는 빵을 주지
아니한다 하였음이니라.
21 그러니 그 빵을 줄 것이라, 주게 될 것
이라 하여 울고불고 그리 너희 앞에
갖은 연극을 하는 자, 그러면서 제가
먹고 있는 빵이 남아도 절대로 주지
않는 자, 그와 같은 자들이 수없는 함
정을 파는 자들이니라.

22 그러니 그 함정에 너희들이 걸려서는
결코 안 되느니라, 사랑하는 나의 아
들딸들아!
23 앞 못 보는 자가 이 세상에 보호하는
장치도 없으며 안내하는 사람도 없이
스스로 간다면, 얼마나 많은 함정에
걸리며 얼마나 많은 것에 걸려 넘어지
며 쓰러지고 상처투성이가 되겠느냐?
24 그와 같은 것보다도 더 험악한 함정을
파 놓고 기다리며 그리고 함정을 파
고 있는 것이 종교 집단의 지도자들이
니라.
25 그들의 손에 있는 도구를 빼으며 그들
로 하여금 함정을 더 파지 못하도록
하여, 나의 백성들을 구원하고자 하는
것이 새로운 성경이요, 그 모두가 역
사함을 알라 그리 전하라.
26 그러니 나의 새로운 성경이 세상에 나
가 하얀 눈처럼 덮는 것은, 사탄들이
수천 년 동안 파 놓은 그 많은 작고 큰
함정 모두를, 나의 새로운 성경만이
그를 메울 수 있으며 덮을 수 있기 때
문이니 그리 알라, 사랑하는 나의 아
들딸들아!

12,064 번째 하나님 말씀

2004년 7월 8일 08시 56분

1 사랑하는 나의 아들아!
2 "네, 아버님! 말씀하옵소서."
3 수많은 사탄들이 수없이 파 놓은 그
함정에 걸리지 아니하고 살아남아야
하는 것이 너희들이니라.
4 나의 새로운 성경이 세상에 나가 그
함정을 다 덮어, 너희들이 마음대로
활동할 수 있도록 그때까지 살아남는
자는 나에게 오를 것이요,
5 그렇지 못하고 함정에 빠지는 자는 지
옥에서 영원히 나오지 못하는 그 고통
의 세상으로 가게 될 것이니라.
6 그러니 지금의 너희들이 살아오면서
그 죄의 길을 간 것보다도, 지금 사탄
들이 파 놓은 것, 그리고 사탄의 노예
가 되어 종교 집단의 지도자요, 광분
하며 맹종 맹신하는 그 신도들이 나와
서 파 놓은 그 함정에 걸려들어서는
결코 아니 됨이니라.
7 거기에 너희들이 무너져서는 절대 구
원을 받을 수 없음이니라.
8 그들이 파 놓은 함정을 나의 새로운
성경이 모두 다 메우고 덮었을 때 너
희들은 나에게 오를 수 있음이니, 그
때까지 살아남는 그 길을 알아야 될
것이니라.
9 너희가 함정으로부터 구원을 받을 것,
헤어날 것, 그리고 나에게 와 심판을
받을 때까지 넘어져서는 결코 아니 됨
이니라.
10 너희들이 넘어지는 자는 구원의 길을
볼 수도 없으며 나를 볼 수 없는 그와
같은 형국이 되어 버리느니라.
11 그들은 함정을 파 놓고 너희들이 향락
과 타락에 빠져 스스로 일어나지 못하
도록 그리 이끌어 가는 자들이니라.
12 그리고 나 여호와의 뜻에 순종하는 것
이 아니요, 내 뜻을 거역하는 그와 같
은 백성으로 너희들을 이끌어 가느니
라.
13 모든 백성을 내가 이루고자 했던 지상
의 천국을 이루지 못하도록 그들이 함

정을 파 놓고 너희들을 지옥으로 끌어
들임이니라.
14 그러니 지금은 내가 지상에서 이루고
자 하는 그 천국의 그림자도 찾아볼
수 없으며, 그와 같은 형태를 찾아볼
수 없는 형국이 되어,
15 내가 나의 아들을 통하여 하늘에서 내
려 이 거점을 만들어 성전이라 하여
나의 새로운 성경을 가지고 만백성을
구하는 그 역사를 함이니라.
16 이제는 사탄들이요, 사악한 자들이 수
많은 함정을 파 놓아 곧 세상이 다 저
희 것으로 넘어갈 것 같으며 곧 넘어
가기 직전에 와 있음을 너희들은 알아
야 될 것이요,
17 그리하여 그들은 저희들에게 넘어올
것이라 생각하나, 그는 절대 아니 됨
이니라.
18 내가 나의 아들을 통하여 새로운 성경
을 내려보내며 지상의 거점을 만들어
그를 따르는 제자들이요, 이를 읽고
깨우치는 백성들이 늘어남이니, 그들
이 모두를 다 메울 것이며 그 함정을
덮을 것이니라.
19 그 전에 넘어지는 백성이 가장 불행하
고 억울한 백성이니, 그때까지 너희들
에게 넘어지지 말라 함이니라.
20 그러니 함부로 믿음을 선택하지 말며
너희들이 살아남아야 될 것이니라.
21 지금 사탄들이 파 놓은 그 함정에 넘
어지며 빠져서는 아니 됨이니라.
22 거기서 버티고 살아남는 백성이 나에
게 오를 수 있음이니, 이를 너희들이
명심하고 명심하도록 하라.
23 그러니 함부로 믿음의 길을 선택하지
말며, 너희들을 함부로 던지지 말라.
24 아직 선택하지 아니한 백성은 차라리
좀 더 기다리라.
25 기다리면 나의 새로운 성경이 세상을
덮어 너희들에게 구원의 손길을 내밀
것이며, 하늘에 오르는 길을 볼 수 있
는 영광을 얻게 될 것이니라.
26 이를 모든 백성에게 전하여 깨우쳐 주
도록 하라.
27 아직 함정에 빠지지 아니하고 있는 백
성은 나가려 하지 말며 그 자리에 서
있으라.
28 서 있으면 너희들이 가는 길을 나의
아들을 통하여 내리는 새로운 성경이
요, 그 제자들이 그 모든 함정을 메워
줄 것이니라.
29 그때 그들과 더불어 너희들이 걸어오
면 나에게 오를 수 있는 길을 오게 됨
이며 영광을 얻게 됨이라는 것을 알라.

12,065 번째 하나님 말씀

2004년 7월 8일 08시 58분

1 사랑하는 나의 아들아!
2 **"네, 아버님! 말씀하옵소서."**
3 내가 너를 통하여 너의 제자들에게 전
했듯이, 아름답고 행복해야 할 이 세
상이 황폐해졌으며 사랑이라는 것은
찾아볼 수 없으며, 결국은 모두가 다
말라비틀어져 죽은 그와 같은 형국이
라 하지 아니하였더냐?
4 그러니 황폐하고 말라져 가는 이 세상
에 너희들은 사랑의 씨를 뿌리면서 그
를 심어 결실을 거두어야 되며 그 수
확을 해야 되는 것이 아니더냐?

5 정신 나간 자요, 그 누구도 존재할 수
없는 자들이라 하나, 너희들은 어떠한
형국이든지, 너희들의 땀으로써 그를
보호하든, 너희들의 몸으로써 그늘을
지우든, 황폐하고 메마른 이 땅에 사
랑의 씨앗을 심어 그를 키워야 되는
것이 너의 제자들이니라.
6 어떠한 방법이든지 그와 같은 역사를
하는 것이 너희들이요, 그리해서 내가
그 결실을 거둘 수 있도록 역사하는
것이 너희들이니, 오늘의 너희들이 가
는 길이 그리 어렵고 힘들고 험악한
길이니라.
7 그렇다 하여 포기하지 말며 주저하지
말라.
8 어떠한 방법으로써든 노력하고 또 노
력할 때, 너희들은 그 사랑의 씨를 키
울 수 있으며, 사랑의 나무를 키워 내
가 열매를 거둘 것이니라.
9 내가 너희들이 끝까지 고통스러운 길
을 가도록 하지 아니하며, 너희들의
땀과 피를 다 바쳐 그 열매를 거두도
록 하지는 아니할 것이니라.
10 사랑하는 나의 아들딸들아! 너희들은
다시 한 번 기억하라.
11 황폐하고 메마른 이 땅에 사랑의 씨앗
을 심어 그를 성장시키며, 꽃이 피고
열매를 맺어 그 결실을 거둘 수 있도
록 해야 되는 것이 너희들이라는 것,
12 그 누구도 할 수 없다는 것을 명심하
고 또 명심하여, 그와 같은 시련과 고
통의 모두를 넘고 이길 수 있는 각오
로 나의 새로운 성경을 만들며 전하고
역사하도록 그리하라.

12,066 번째 하나님 말씀

2004년 7월 8일 16시 20분

1 "너는 나 외에는 다른 신들을 네게 있
게 말지니라.
2 너를 위하여 새긴 우상을 만들지 말
고, 또 위로 하늘에 있는 것이나 아래
로 땅에 있는 것이나 땅 아래 물속에
있는 것의 아무 형상이든지 만들지 말
며, 그것들에게 절하지 말며 그것들을
섬기지 말라.
3 너는 너의 하나님 여호와의 이름을 망
령되이 일컫지 말라.
4 안식일을 기억하여 거룩히 지키라.
5 네 부모를 공경하라.
6 살인하지 말지니라.
7 간음하지 말지니라.
8 도적질하지 말지니라.
9 네 이웃에 대하여 거짓 증거하지 말지
니라.
10 네 이웃의 집을 탐내지 말지니라.
11 나 여호와가 존재함을 믿는 그 자체가
구원의 길에 들어서는 기본이요 근본
이며, 나의 법전을 가슴에 안고 정독
하는 자, 반석 위에 서서 하늘에 오르
는 찬란한 빛을 보게 되는 영광을 얻
게 됨이니라."
12 사랑하는 나의 아들아!
13 "네, 아버님! 말씀하옵소서."
14 너희들이 마음을 비우고 천사와 같이
살면 너희와 나의 아들과 예수와 나
여호와와 모두가 다 하나라 내가 그리
하지 않았던가?
15 그러니 너희들은 그를 기이히 생각하
며 그를 이해하지 못할 것이니라.

16 그러나 그 뜻만이 아니니라.
17 이 세상의 모두가 다 너희들과 하나의
고리로써 연결되어 있음을 알아야 될
것이니라.
18 그리하여 모든 생명을 귀히 여기며 귀
하게 하라 함이니라.
19 모두가 돌고 돈다 말하지 않더냐?
20 자연 속에 나 있는 풀 한 포기는 과연
너희들과 인연이 없는가?
21 그들이 얽히고설켜 약의 재료로 쓰이
는 것이요, 너희들에게 필요하지 아니
한 것이 하나도 없느니라.
22 오죽하면 악어는 악어새와 공존하며,
개미와 진드기와 또한 벌과 나비요,
그 꽃과 모두가 다 공존하여 살아가지
않더냐?
23 혼자서 살아가는 것은 하나도 없음이
니, 그를 따지고 또 따져서 연계해 보
라.
24 그러면 그것과 너희들이 연계되지 아
니하는 것이 없음이니라.
25 가장 작은 미물을 놓고 그 미물이 어
찌 살아가며 누가 그걸 취하며, 그를
먹은 것이 또 어떻게 성장하는가, 그
것을 너희들이 하나하나 단계적으로
따져 보면,
26 결국 그 모두는 인간 너희들이 최종적
으로 취하게 되어 있을 것이니라.
27 바닷속에 있는 물고기에서부터 모두
를 다 한번 생각해 보라.
28 너희들과 연계되지 아니한 게 무엇이
있는가?
29 바닷속의 물고기가 존재하지 아니하
면 너희들이 그와 같이 취할 수 있겠
는가?
30 그러니 하나에서부터 열까지 꽃잎이
요, 꽃가루요, 떨어지는 낙엽까지 모
두가 다 하나로 연결되어 있음이니라.
31 나 여호와로부터 연계되지 아니한 것
이 없음이니라.
32 다만, 제자리를 지키는 것, 제가 정상
으로 가는 자만 그 연계의 줄에서 떨
어지지 아니하는 것이요,
33 제자리를 지키지 못하며 제 직분을 다
하지 못하면 떨어져 나가는 것이요,
나와 관계없는 백성이요, 나와 관계없
는 미물이요, 동식물이라 함을 너희들
은 알아야 될 것이니라.
34 만용을 부리는 것, 그리고 나름대로
제가 제왕이라 하는 것, 제가 대장이
라 하는 것, 그리하여 그 끈에서 저희
들이 불만을 가지고 이탈하는 자, 그
가 바로 버림을 받는 자이니라.
35 사랑하는 나의 아들을 따르는 제자 너
희들은 이 세상에 아무것도 나로부터
시작하여 나와 연결의 고리가 아니 된
것이 없음을 알라.
36 그러니 하나의 끈으로써 모두가 다 연
결되어 있으며 모두가 다 하나라는 것
을 잊지 말라.
37 그와 같은 이치를 너희들이 깨달으면,
깨달은 백성이 예수요, 나의 아들이
요, 또한 너희들이 나라 하는 것을 너
희들은 정녕 이래도 이해를 못 하며
그 의미를 모르겠는가?
38 사랑하는 나의 백성 너희들이 정상적
인 삶을 살며 정상적인 믿음의 길을
갈 때, 너희와 내가 하나라 하였거늘,
39 하다못해 그보다 못한 미물이요, 풀잎
하나도 제자리를 지키고 제 직분을 다

하고 살아가며 존재할 때, 그 모두는
나로부터 내 끈에 연결되지 않은 것이
없으며 나와 관계되지 아니한 것이 없
다 하지 않았더냐?
40 그러니 너희들이야 오죽하겠는가? 그
리하여 바로 살지 아니하는 자는 나를
볼 수 없으나, 바로 사는 자는 너희들
이 나요, 내가 너희들이라는 이치를
알겠느냐?
41 다시 한 번 너희들이 바닷속에 있는
물고기부터, 미물부터, 모든 동식물로
부터 그들을 서로 돕고 이해하고 도와
가며 살아가지 아니하는 것이 어디에
있는가 한번 보라.
42 그렇다면 너희들이 나로부터 모두가
하나의 끈이요, 그래서 '우리'라는 그
의미를 알게 될 것이니,
43 그중에서 가장 지혜롭고 가장 현명하
고 아름답게 만든 백성 너희들이 가장
내 뜻을 따르지 아니하며, 그 선을 이
탈하며 그 선을 넘느니라.
44 그리하여 내가 그 선에서 이탈하지 말
며 내 품에서 이탈하지 말라 너희들에
게 가르치고 또 가르치고 깨우치고 또
깨우치는 것이니,
45 오늘의 인간 너희들만이 그리되어 있
음을 알라 그리 전하라.

12,067 번째 하나님 말씀

2004년 7월 8일 16시 22분

1 사랑하는 나의 아들아!
2 **"네, 아버님! 말씀하옵소서."**
3 내가 믿음의 길을 가는 백성은 구원의
길이요, 하늘에 오르는 길에 한 자리
가 있을 때, 그 모두를 양보할 수 있는
마음 자세요, 그것도 미련없이 아낌없
이 남을 위해 내놓을 수 있는 그와 같
은 백성이 정녕 믿음의 길을 가는 자
요, 나에게 오르는 백성이라 하지 않
았더냐?
4 사랑하는 나의 아들딸들아! 너희들이
성령이 임하는 것, 성령이 임하기를
바라는 것, 또한 그것도 다 욕심이라
는 것을 알라.
5 너희에게 성령이 임하여 성령의 인도
를 받겠다 하여 그와 같은 생각을 하
고 있다면 그 자체도 욕심이니, 그 욕
심이 있는 한 너희들에게는 성령이 임
할 수가 없는 것이니라.
6 오로지 나 여호와의 뜻에 의하여 너희
들이 묵묵히 할 수 있는 일을 다하며,
'나'를 생각하지 아니하며, 너희 앞에
무엇인가를 놓고자 하는 것, 너희가
갖고자 하는 것을 아무것도 생각하지
말고 살아가라.
7 그것이 믿음을 위한 믿음이니라, 그리
고 욕심에서 벗어난 백성이니라.
8 그와 같은 마음을 갖지 못하고 살아간
다면 모두가 다 욕심의 한 자리가 깔
렸음을 알라.
9 모든 동식물이요, 미물이 나와 하나의
끈으로 연계되었다 하듯이, 너희들은
정녕 욕심이라는 그 끈이 연계되지 아
니한 것이 없음이니라.
10 그를 끊지 못하며 자르지 못함이니,
너희들이 모르고 깨닫지 못하기에 그
러하니라.
11 그리하여 내가 160권에 이와 같은 의
미를 기록하느니라.

12 모든 것이 생각하는 순간에 죄의 고리와 연결이 되어 있으며, 욕심의 고리와 연결되지 아니하는 것이 없음이니,
13 그때그때 그러한가 아닌가를 깨우치고 판단하여, 그와 같은 마음을 너희들이 뜨거운 물에서 손을 떼듯이 빨리 빼야 되며 버려야 되는 것이 너희들이라는 것을 알라, 사랑하는 나의 아들딸들아!
14 성령이 임하는 것은 나의 뜻이요, 그러니 성령이 임하기를 바라는 것은 욕심이 아닌 것같이 생각하나,
15 성령이 임하기를 바라는 것, 그 자체도 욕심이니, 모두가 다 욕심이니라.
16 그러니 그 마음을 비우라. 그렇지 아니하면 너희들이 아니 됨이니라, 사랑하는 나의 아들딸들아!

12,068 번째 하나님 말씀

2004년 7월 8일 16시 26분

1 사랑하는 나의 아들아!
2 "네, 아버님! 말씀하옵소서."
3 내가 나의 새로운 성경에 기록하여 너희들에게 전했느니라.
4 너희들이 정녕 나의 새로운 성경을 접할 때, 그 표지에 있는 나의 아들의 눈에서 빛이 날 것이며, 나의 아들의 형체를 너희들이 모두 볼 수 있다 그리하였느니라.
5 그러니 너희들은 어찌 생각하는가?
6 나의 아들이 완벽하게 변해야만 거기서 빛이 나며, 너희들이 그와 같은 은혜를 입을 것이라 그리 생각하지 않는가?
7 그것 또한 너희들이 무엇이더냐?
8 너희들 자신의 이익에 대한 계산법이요, 너희들이 편하고자 하는 것이요, 너희들의 욕심의 계산법이 아니더냐?
9 너희들은 알아야 될 것이니라.
10 나의 새로운 성경을 네 앞에 놓았을 때, 너희들은 나의 아들이 그려져 있는 육의 모습을 보지 아니하며, 육이 아닌 영혼의 나의 아들을 볼 수 있는 경지에 오르지 아니하면, 너희들이 변화된 것이 아님이니라.
11 너희들은 나의 아들이 곱고 아름답게 변화되어 천사와 같이 되었을 때 그 책이요, 그 눈빛에서 빛이 나며, 나의 아들의 영혼의 모습이 너희들에게 보일 것이라,
12 그리하여 나의 아들에게 변하기를 바라며 변하는 역사를 기대하는 그와 같은 삶을 살지 말라.
13 너희들의 마음이 변하면 그를 다 볼 수 있는 것이니라.
14 너희들이 나의 새로운 성경의 책을 접할 때, 그 책표지에 나의 아들의 육신이 아닌 영혼의 그림의 상태로써 네 앞에 떠오를 것이니라.
15 그것이 바로 마음을 비운 자요, 거듭난 백성이니라.
16 정녕 그와 같은 것을 느끼지 못한다면 너희들이 마음을 비우지 못한 자요, 욕심이 지배하고 있는 자이니라.
17 나의 아들의 성경을 접하며 너희들이 그 눈에서 빛을 보지 못하며 그가 대화하는 것을 보지 못하다가, 그리하여 너희들이 그 마음을 비워 나의 새로운 성경을 접할 때, 나의 아들이 육이 아

닌 영혼의 형태로 떠오를 때, 너희들
은 '앗! 이는 하나님의 아들이라' 정녕
그를 깨달을 것이니라.
18 그를 깨닫지 못하는 백성은 나의 아들
을 따르는 제자들이요, 새로운 성경을
만든다 해도 하나도 변화된 것이 없으
며, 정녕 육의 세상의 그 한계를 넘지
못한 백성들이니라.
19 백지 한 장이 아니요, 한 줄만도 못한
그 선을 하나도 넘은 자가 없음을 알
라.
20 내가 너희들에게 이제 깨우쳐 줌이니
라.
21 너희들은 나의 아들이 천사와 같이 변
하여 그 책의 표지에서 빛이 나며, 나
의 아들이 구름 위에 뜨는 것처럼 형
상으로 보여 주는 것이 아니요,
22 바로 네 마음이 비워졌을 때 모두를
볼 수 있다는 걸 알라.
23 그걸 보지 못하며 느끼지 못하는 백성
이라면, 아무것도 변화되지 아니한 백
성이니라.
24 이 세상에 그와 같은 깨달음이 있으며
그와 같은 느낌을 보는 백성이 있으
니, 너희들이 그러고도 수제자요, 나
의 아들을 따르는 제자라 말할 수 있
겠느냐?
25 이미 그를 느끼는 자가 있으며 그를
보는 자가 있느니라.
26 그리하여 그들은 이는 정녕 나 여호와
의 아들이요, 이는 누구란 걸 그들은
알고 있음이니,
27 그들이 책을 접할 때 나의 아들이 그
위에 영상으로 뜨는 것을 보느니라.
28 그가 마음이 비어 있는 자요, 너희들
보다 앞에 가는 자들이니,
29 너희들이 그와 같은 형상으로 보지 못
한다면 아직도 하나도 변한 것이 아니
요, 욕심에 그득 찬 백성이라는 걸 깨
우치고 깨우쳐야 될 것이니라.

12,069 번째 하나님 말씀

2004년 7월 8일 16시 27분

1 사랑하는 나의 아들아!
2 "네, 아버님! 말씀하옵소서."
3 나 여호와가 너를 따르는 제자들이요,
그들에게 내 뜻을 알려 주었으며,
4 나의 아들 너를 영상으로써 보며 정녕
나의 아들이라 저희들이 부르짖을 수
있는, 그와 같은 모습을 느낄 수 있도
록 마음을 비우라, 그와 같은 것도 내
가 그들에게 깨우쳐 주었음이니라.
5 그러니 그들에게 하나 더 전하여야 될
것이니라, 수고로움 없이, 노력함이
없이, 계속 전진함이 없이는 그와 같
은 것이 이루어질 수 없다는 것을.
6 너희들이 마음을 비우고 다스려 가며,
'나'를 의식하지 않는 삶으로 살아가
라 그리하라.
7 그 수고로움 속에 너희들이 한 계단
한 계단 전진할 때, 내가 오늘 명한 것
을 느낄 것이며, 그와 같은 체험을 할
것이며, 정녕 나의 아들이라는 것을
증거함을 느끼게 될 것이며, 눈으로
보게 될 것이니라.
8 그러니 계속 노력하며 계속 전진하며,
수고로움에 뒤로 물러나지 말며, 그를
욕되게 생각하지 말며, 힘들고 어렵다
생각하지 말라 그리 전하라.

9 너희들 자신을 깎아 내고 변화되는
데 최선을 다하며, 계속 노력과 노력
으로써 전진하도록 그리하여 그와 같
은 영광의 은혜를 얻도록 그리하라.
10 그다음에 너희들이 나의 음성을 들을
것이며 나를 보게 될 것이니, 그는 나
의 아들이 천사처럼 변하는 것이 아니
요, 너희들이 천사처럼 변해야만 네
앞에 그 모두를 보게 될 것이라 그리
전하라.

12,070 번째 하나님 말씀

2004년 7월 8일 16시 31분

1 사랑하는 나의 아들아!
2 "네, 아버님! 말씀하옵소서."
3 이 세상에 너희들이 하나의 궁궐을 지
으며 하나의 집을 지을 때도 기초가
단단해야 된다 내가 수없이 말했느니
라.
4 그러니 모래 위에 집을 짓고 궁궐을
짓는 것이 아니라, 반석 위에 지어야
된다 하지 아니하였더냐?
5 그것보다도 더 귀하고 소중한 것이 무
엇인 줄 알겠느냐?
6 오늘의 너희들이 믿음의 길을 가는 길
은 궁궐을 짓는 것보다도 기초를 더
단단히 하여야 되며, 기초를 더 중요
시하며, 확실히 기초를 다스려 놓지
아니하면 아니 되는 것이 바로 너희들
의 믿음이요, 구원의 길을 가는 백성
들이니라.
7 기초를 잘 다스려 놓고 잡아 놓으면
그 위에서 구원의 길이요, 나에게 오
는 영광을 얻게 됨이니라.
8 그러나 너희들이 믿음의 기초요, 믿음
에 잘못 발을 들여놓았을 때 너희들은
아무것도 이루어지는 것이 없으며 패
배요, 무너지며 고통만이 가중된다는
것을 알라, 사랑하는 나의 아들딸들아!
9 인간 세상에서 내가 뭐라 했느냐?
10 너희들이 궁궐 하나를 짓는 것도 그
기초 공사를 중요시하여 단단히 해 놓
았을 때만 모든 것이 이루어지니, 그
것이 그 공사를 쌓고 역사하는 것보다
더 중요하다 하지 아니하였더냐?
11 그러니 너희들이 나에게 오를 수 있으
며 구원을 받고 못 받는 것은, 너희들
이 지금 기초가 흔들리는 그와 같은
믿음에서 가는 것이 아니라,
12 늦게 가고 늦게 시작한다 해도 진정한
참진리요, 믿음의 기초를 확실히 다져
놓고 그 위에서 하나하나 쌓아 올라가
야 됨이니라.
13 기초를 다진 다음에 나 여호와의 뜻을
거역하지 아니하며, 내가 기록한 성서
의 뜻대로, 그리고 나의 아들을 통하
여 내리는 모든 것을 정성스럽게 받아
들여 너희들이 역사하면 될 것이니라.
14 한 장 한 장 벽돌을 쌓아 궁궐을 짓는
그 기술자의 정성보다 더한 마음으로
하나하나 내 뜻을 따라 역사한다면 모
두가 다 이루어질 것이요,
15 그를 행하지 아니하고 간다면 아무것
도 이루어질 수 없음이니라.
16 사랑하는 나의 아들딸들아! 너희들이
기초를 다지는 데 정성을 다하며, 모
든 것을 다 바쳐 잘 다스리라 그리하
라.
17 잘못 시작하며 잘못 가면 바로 무엇이

더냐?
18 지금 모든 종교 집단의 지도자들이 기
초 없이 하늘에 오르는 그것을 이루겠
다는 자들과 똑같으니,
19 그들의 기도요, 그들이 하는 것을 내
가 듣지 아니하며, 다 물거품만도 못
하다는 그 무서운 뜻을 알겠느냐?
20 그러니 너희들이 지금이라도 다시 시
작해야 될 것이니라.
21 정녕 너희들이 하나의 성경을 가지고
공부하고 깨우쳐 왔으나,
22 이제는 나의 아들을 통하여 내리는
160권의 새로운 성경을 보고 너희들
이 깨우쳐 기초를 다지는 데 최선을
다하도록 그리하라.

12,071 번째 하나님 말씀

2004년 7월 8일 16시 35분

1 사랑하는 나의 아들아!
2 "네, 아버님! 말씀하옵소서."
3 나의 피조물 만백성 너희들은 너희
자신을 위한 기도를 드리지 말라.
4 그리고 나의 아들을 따르는 제자들이
요, 새로운 성경을 읽고 깨우친 백성,
너희들은 '나'를 위한 기도요, 너희 자
신을 위한 기도를 절대 하지 말라.
5 그 기도로써 너희들의 모두가 다 무너
지며, 기초를 잘못 시작하는 것이요,
너희들은 이미 잘못 출발한 믿음의 길
을 가는 백성이니라.
6 항상 너희보다 부족하고 어려운 자,
그리고 힘든 자들을 생각하며 그들을
위하여 기도하는 사람이 되어야 할
것이며, 그들을 위하여 나에게 무엇인
가를 원하는 그와 같은 백성이 되어야
될 것이니,
7 남의 어렵고 힘든 것을 도울 수 있는
마음 자세로써 너희들이 평생을 살아
가지 아니하면 아니 됨이니라.
8 그것이 바로 나를 위한 너희들의 기도
이니라.
9 사랑하는 나의 아들딸들아! 너희 자
신의 생활은 어떠한 환경이든 네가 지
금 어렵고 힘들다 하더라도 너희들은
이 세상에 태어난 것, 오늘에 존재함
을 나 여호와에게 감사하는 마음을 갖
고,
10 항상 너희 자신을 위한 기도가 아니
라, 남을 위한 기도요, 남을 위한 삶을
살아야 된다는 것을 절대 잊지 말라.
11 너희들이 기도하고 경배하는 것이 자
기 자신을 위하여 무엇을 이루고자 하
는 것은 내가 듣지 아니한다 하였음이
니라.
12 그러나 남을 위하여 너희들이 기도하
는 것은 나 여호와에게 가장 큰 기쁨
이요, 그보다 더 아름다운 기도가 없
음이니,
13 아름다운 백성이 아름다운 기도를 올
림이니, 나는 기쁜 마음으로써 그 모
두를 들어주느니라.
14 그와 같은 마음으로써 너희들이 세상
을 살도록 그리하라.
15 그리하지 아니하면 너희들이 나에게
오를 수 없음이니라.
16 그와 같은 마음으로 사는 자, 제 소원
이요, 제 뜻을 이루며, 제 욕심을 채우
기 위한 기도요, 그 소원이 아니라,
17 어렵고 불쌍하고 가난한 네 이웃을 위

하여 기도하는 자, 그와 같은 백성이
야말로 너희 자신이 아름다운 한 송이
꽃을 활짝 피우는 그와 같은 은혜를
입게 될 것이요,
18 그 꽃으로 하여금 열매를 맺을 것이니,
19 그 열매는 나 여호와가 추수 때 거둬
들이는 열매요, 그 영광을 얻게 될 것
이니라, 사랑하는 나의 아들딸들아!
20 그러니 내가 수십 번 수백 번 기록하
여 전했듯이, 너희 자신을 위한 기도
요, 소원은 절대 하지 말라.
21 '나'를 위한 소원의 기도요, 그 모두는
욕심으로써 시작함이니, 그 욕심은 모
두를 무너트리는 것이요,
22 그는 아무것도 볼 수 없으며, 너희들
이 나와 관계없는 짓만 하고 있는 것
이라는 것을 절대 잊지 말라.

12,072 번째 하나님 말씀

2004년 7월 8일 16시 38분

1 사랑하는 나의 아들아!
2 **"네, 아버님! 말씀하옵소서."**
3 너희 자신을 위한 기도를 하지 말며,
너희들은 마음이 맑은 그와 같은 마음
자세로 살아가도록 그리하라.
4 남을 위해 기도하며, 맑은 마음으로써
삶을 살도록 그리하라.
5 너희들이 밝고 맑은 마음이 아니면 사
물을 바로 볼 수 없음이니라.
6 그러니 사물을 바로 보지 못한다면 결
국 너희들은 그 모두를 판단을 잘못하
며 그 판단이 흐리게 됨이니라.
7 그리하여 지도자요, 만백성을 가르치
는 자는 마음과 그 모두가 백지와 같
이 하얘야 된다는 것을 너희들은 알겠
느냐?
8 나의 백성들이요, 그리고 나의 아들을
따르는 제자, 너희들에게 내가 뭐라
말하였느냐?
9 백지 위에 섰을 때 그 백지와 차이가
없이 너희들의 마음이 그리 하얘야만
된다 하지 않았더냐?
10 그러니 만백성을 구하기 위해 부름을
받은 나의 아들을 따르는 제자 너희들
은 항상 밝은 마음으로써 행해야 되
며, 밝은 마음을 가지고 살아가는 데
최선을 다하여야 될 것이니라.
11 그렇지 못하면 참진리의 길을 분별하
지 못하며, 너희들이 그와 같이 바로
서지 못할 때, 이 세상은 만백성을 이
끌고 지도할 수 있는 자가 없음을 알
아야 될 것이니라.
12 지금의 모든 백성들이 살아가는 것이
무엇이더냐?
13 인간의 삶 자체도 바르고 정의롭게 살
지 못함이니라.
14 저희들 앞에 떨어지는 이익의 관계요,
손익을 따져 마음이 수시로 변하는 자
이니, 너희들이 곧고 정의로운 마음이
라는 것은 이 세상에 찾아볼 수 없음
이니, 그것이 다 무엇이더냐?
15 맑고 밝지 못한, 혼탁한 마음에서 그
와 같은 결과가 생기느니라.
16 그러니 마음이 밝고 맑지 못하면 너희
들은 어떠한 삶도 바르게 살아갈 수
없음이니라.
17 인간 세상에 살아가는 삶도 마음이 밝
지 못하며 맑지 못하다면 너희들은 제
대로 된 삶을 살 수 없는 것이니라.

18 지금의 모든 백성들의 삶이 어떠한 줄
알겠느냐?
19 너희들은 육의 삶에 대한 노예가 되어
있느니라.
20 마음이 맑지 못하며 정의롭지 못하기
에, 너희들이 혼탁한 속에 살아간다는
것은,
21 이해관계에 의해 마음이 움직이니, 너
희들이 육의 세상의 삶이라는 그 자체
에 노예가 되어 버렸으며,
22 그 삶을 다스리고 이끌어 가지 못하는
백성으로 되어 버렸으니, 모든 주체를
다 잃어버린 자라 함이니라.
23 사랑하는 나의 아들딸들아! 어찌하여
너희들이 삶의 노예가 될 수 있단 말
이더냐?
24 너희들이 그 모두를 다스리고 이끌어
가는 자가 되어야 할 것이니라.
25 지금의 너희들은 육의 노예가 되어 버
렸으며,
26 정의로움이요, 참진리의 믿음의 길을
갈 수도 없으며 찾을 수도 없으며, 그
를 위하여 가겠다 몸부림치는 자도 없
으며,
27 가야 된다 하여 만백성 앞에 깃발 높
이 들고 '나를 따르라!' 하여 외치는
자가 한 명도 나올 수 없으며, 나오지
못하는 것이 오늘이니라.
28 그러니 너희들은 사물을 바로 보고 판
단할 수 있는 맑고 밝은 마음으로 살
아가도록 그리하라.
29 이제 그것이 나의 아들을 따르는 제자
너희들이 훈련을 함이니라.
30 그리하다 보면 너희들이 마음을 비울
것이며, 마음이 밝고 맑으면 모두를
다 받아들일 수 있는 은혜를 얻게 될
것이니라.

12,073 번째 하나님 말씀

2004년 7월 8일 16시 43분

1 사랑하는 나의 아들아!
2 "네, 아버님! 말씀하옵소서."
3 너희들이 작은 것에서 운명을 탓하며
팔자를 탓하지 않느냐?
4 그러나 나 여호와는 나의 아들을 통하
여 너희들에게 뭐라 전하였느냐?
5 일찍이 내가 새로운 성경을 세상에 내
려보내면서 나의 아들을 따르는 제자
들이요, 선택된 백성이요, 그리고 모
든 백성, 너희들은 다 똑같이 운명이
없다 함을 알아야 될 것이니라.
6 운명이라는 것은 존재하지 아니함이
니라.
7 특히 나의 아들을 따르는 제자요, 너
희들은 해야 할 일이 있고 특별히 명
받은 자이니, 더욱이 너희들은 운명에
매달리지 말며 운명론에 젖어들지 말
라 내가 명함이니라.
8 모두는 운명은 없다 내가 다시 한 번
너희에게 전함이니, 이를 명심하도록
하라.
9 그 의미가 과연 무엇이더냐?
10 너희 운명은 너희 자신이 만들어 가고
있다는 것이니라.
11 그러니 너희 자신이 어찌 사느냐에 따
라서 너희들의 운명이 바뀐다는 뜻이
아니더냐?
12 너희가 삶을 슬프게 살면 너희 운명은
슬프게 갈 것이요, 기쁜 마음으로, 행

복한 마음으로 살아가면 너희 운명은
행복과 기쁨을 맛보며 살아가는 것이
아니더냐?
13 그러니 모두는 너희 자신에게 달렸다
는 뜻임을 알라.
14 그 열쇠 또한 너희가 쥐고 있다는 뜻
이니라.
15 그러니 자신의 운명은 너희 자신이 주
인이라는 것을 잊지 말라.
16 내가 너희에게 말함이니, 팔자요, 운
명이요, 그와 같은 것을 탓하지 말며
그를 의식하지 말라.
17 점술가요, 그러한 사람이 네 이름이
어떻고 네 팔자가 어떻고 네 생김새가
어떻다 하는 그와 같은 것에 현혹되지
말며 그에 관심을 갖지 말라.
18 모두를 다 초월하여 너희 스스로 네
손에 있는 그 열쇠를 어찌 쓰느냐에
따라서 모두가 다 역사하는 것이요,
자신의 운명은 자신이 이루어 간다는
것을 잊지 말라.
19 그러니 너희들이 그 운명을 행복이요,
즐거운 것으로 하는 것이냐, 슬픔이
요, 패자의 길을 가느냐, 그것이 다 너
희 손에 달렸다 하지 않더냐?
20 그러니 너희들이 어떻게 사느냐에 따
라 너희들의 모든 삶이 연결된다는
것, 그리고 연결된 선상에서 너희들은
어찌 가느냐, 어찌하느냐, 얼마나 노
력하느냐의 그 결과에 따라서 거기서
떨어지고 떨어지지 아니하는 그와 같
은 결과가 난다는 것을 내가 상세히
기록하여 전했음이니, 이를 깊이 깨우
쳐 너희 것으로 만들어야 될 것이니라.
21 너희가 정녕 나에게 오르는 길을 오느
냐, 정반대의 길을 가느냐, 그 모두 또
한 너희들 자신에게 달렸음이니라.
22 그 모두는 다 너희들의 손에 달렸음을
잊지 말라.
23 너희들이 건강을 관리하며 건강한 몸
으로 사는 것도 뭐라 했느냐?
24 너희가 하루에 단 한 시간이라도 건강
을 위하여 바치고 쓰면 그 무서운 질
병도 너희에게 접근하지 못한다 했듯
이, 그와 마찬가지이니라.
25 하루에 한 시간을 계속적으로 자기 관
리를 하며 건강을 지키는 백성에게는
그 두렵고 무서운 패자요, 슬픔 속에
살아가는 병마요, 질병이 침투하지 못
하도록 되어 있으며, 너희 운명 또한
그러하니라.
26 그러니 너희가 얼마나 밝고 곱게 살아
가느냐 거기에 달렸음이니, 너희 운명
은 네 손에 달렸다 하였음이니,
2 너희가 어떠한 마음을 가지고 사느냐,
어떠한 생각을 가지고 사느냐, 어떠한
행동을 주저 없이 하면서 살아가느냐,
이 모두를 너희 스스로 하나하나 점검
하는 계기가 되지 아니하면 아니 될
것이니라.

부 록

【하나님께서 가르쳐 주신 운동】

천재지변이 일어날 때, 동물이나 미물들은 미리 알고 대피하지만, 인간은 알지 못하고 큰 화를 당합니다. 하나님께서 인간에게 가장 높은 지혜를 주시고 완벽하게 창조해 주셨기에 동물들보다 더 잘 알 수 있지만, 욕심으로 마음이 혼탁해져서 한 치 앞을 보지 못하는 것입니다.

마찬가지로, 인간은 누구나 스스로 필요한 운동을 해서 건강을 지킬 수 있도록 하나님께서 만들어 주셨습니다. 우리의 머리에서 우리 몸에 필요한 동작을 해 달라고 끊임없이 신호를 보내지만, 인간이 혼탁하게 살아서 그 신호를 알아채지 못합니다. 그러니 자연스럽게 자기 몸이 원하는 그 신호를 따라서 운동하는 것이 하나님께서 가르쳐 주신 운동 방법입니다. 바로, 우리의 영이 육을 이끄는 운동입니다.

▶ 하나님 운동법

1. 눈을 감고, 발을 어깨너비로 벌리고 바르게 선다.
2. 몸에 힘을 풀고, 허리를 숙이면서 손과 머리를 아래로 내린다.
3. 허리를 펴고 싶을 때, 천천히 펴면서 하고 싶은 동작을 하면 운동이 시작된다. (사람마다 다르다.)
4. 멈추지 말고, 어떤 동작이든지 자기 몸의 느낌대로 계속 이어서 한다.

▶ 참고 사항

① 눈을 감은 상태로 아무 생각 하지 않고, 자기 몸의 느낌대로 움직입니다.

② 마음을 비우고, 욕심을 버리고, 지난날의 잘못을 반성하면서 몇 차례 시도하다 보면, 자기도 모르게 하고 싶은 동작이 끊임없이 생깁니다.

③ 운동 장소는 방 안이든 운동장이든 관계없으며, 걷거나 달리고 싶을 때는 눈을 떠도 됩니다.

④ 매일 40분 이상, 주 4회 이상, 3개월 이상 하면 음식 조절에 들어갑니다.
- 음식으로 생긴 병은 음식으로 치료하게 되며, 어떤 음식을 먹어야 하는지 스스로 알게 됩니다.
(자기 몸에 필요한 음식만 먹고 싶어집니다.)

⑤ 사랑하는 사람과 함께 운동하면 서로 치료해 주기도 합니다.

⑥ 운동을 하다가 몸의 어느 한 부분을 계속 손으로 자극한다면 그쪽에 이상이 있는 것이니, 의사에게 상담을 받고 적절한 치료를 받으면 됩니다.

⑦ 다이어트 및 기타 건강관리에 효과적입니다.

⑧ 꾸준히 운동하여 영이 맑아지면, 자신의 과거와 미래를 스스로 보게 됩니다.

누구나 스스로 하실 수 있습니다.

간 행 사

《새로운 성경》은:

· 새로운 성경은, 하나님께서 선량하고 선한 자를 선택하여 십계명을 암송하도록 하시고, 십계명을 암송한 다음에 음성으로써 들려주시는 말씀을 듣고 그대로 카세트테이프에 녹음해서 받아쓴 책입니다.

· 90분짜리 녹음테이프 700여 개에 달하는 말씀으로, 1999년 8월부터 2004년 7월까지 총 160권(권당 288쪽)을 완성하였으며, 그 이후에도 현재까지 계속 말씀을 내려 주고 계십니다.

· 새로운 성경은 "하늘을 두루마리 삼고 바닷물을 먹물 삼아 쓰고 써도 다 못 쓴다"는, 끝없이 방대한 하나님의 말씀이 두루마리로 직접 내려오는 것입니다. 이러한 새로운 성경은 구약과 신약을 폐하려는 것이 아니라 "인봉된 성서의 비유의 뜻"을 상세히 설명하여 완성하고자 하나님께서 직접 내려 주신 말씀입니다.

《새로운 성경》의 구성:

· 제 목: 2013년, 160권 모음집을 발간하면서, 본 도서의 제목을 "하나님! 말씀하옵소서"에서 《새로운 성경》 으로 명해 주셨습니다.

· 단행본: 각 권당 288쪽(신국판) 책이 160권까지 시리즈로 출판됩니다.
(모음집은 단행본을 16권씩 묶어서, 총 10부로 구성됩니다.)

《새로운 성경》의 성경적 근거:

· 신약 성경 [요한복음] 16장 13절에 "진리의 성령이 오시면 그가 너희를 모든 진리 가운데로 인도하시리니 그가 자의로 말하지 않고, 오직 듣는 것만을 말하며" 하신 말씀처럼 하나님의 음성을 들은 것만 기록하였으며,

· "장래 일을 너희에게 알리시리라" 하신 말씀과 같이 개인, 나라, 인류의 "장래"일을 하나님께서 알려 주시는 것만 기록하여 책으로 만들었습니다.

《새로운 성경》의 기록 방법:

· 1999년 8월부터 하나님께서 저에게 들려주시는 음성을 기록하였습니다. 처음에는 제가 들은 말씀을 불러 주면 저의 아내가 기록하여, 2000년 1월 29일에 1권 초판이 세상에 나왔습니다. 2000년 4월부터는 주시는 말씀을 받아 녹음기에 기록하기 시작하였습니다.

· 녹음을 시작하면서 하나님의 말씀을 받는 데 가속도가 붙었고, 2001년 5월 3일에 1부(1~16권까지)를 인쇄하여 출판하였으며, 2004년 7월까지 총 160권 분량의 말씀을 받아 기록하였습니다.

하나님께서 저에게 주신 것은:

· 첫째, 만백성을 상대로 내려 주시는 "기도", 둘째, 수시로 내려 주시는 "묵상", 셋째, 개인의 과거, 현재, 미래를 알려 주시는 "개인 기도", 넷째, 개인의 건강을 위해서 내려 주시는 "음식 처방", 다섯째, 하나님께서 가르쳐 주신 "운동"등이 있습니다. 이 중에 첫 번째, "기도"를 책으로 편찬하였습니다. 사람의 생사, 개인의 미래에 관한 천기는 수록하지 말라 하셨습니다.

강론 안내:

· 하나님께서는 지금도 매일 저에게 새로운 하늘의 비밀의 말씀을 내려 주고 계십니다. 수시로 내려 주시는 말씀을 정리해서 제자를 육성하라는 말씀에 따라 매주 강론을 하고 있습니다. 누구나 무료로 들으실 수 있습니다. (book160.com)

《새로운 성경》을 읽는 분들에게 드리는 선물:

· 개인 기도: 개인의 과거, 현재, 미래에 관하여 말씀을 내려 주십니다.

· 음식 처방: 사람은 음식을 먹고살다가 건강을 잃으니, 음식과 운동으로 건강을 되찾는 방법을 알려 드립니다. 단, 하나님이 계심을 믿고, 십계명을 지키겠다고 진실로 서약하는 분들께 알려드립니다.

《새로운 성경》의 은혜와 기적:

· 새로운 성경 전160권은 16권씩 묶어서 총 10부의 모음집으로 구성됩니다. 모음집 한 부를 읽고 깨우치는 자에게 하나님께서 다음과 같은 기적이 있다고 하셨습니다.

· “첫째, 그가 죽어 하늘에 갔을 때 그의 죄를 묻지 아니하며, 구원을 받는 위대한 은혜가 있으며, 둘째, 그의 소원과 소망이 이루어지고, 셋째, 죽은 자(부모, 형제, 자식, 사랑하고 은혜 입은 분)의 이름으로 구입한 책을 읽고 누군가 한 사람이 깨우칠 때, 그 죽은 자가 지옥에서 천국으로 구원을 받게 되며, 넷째, 유산, 중절 수술 등으로 태어나지 못한 아이를 위하여 구입한 책을 보고 한 명이 깨우쳤을 때, 그 아이가 사람으로 다시 한 번 태어나는 은혜를 받는다.”

· “새로운 성경”을 3회 이상 정성을 다해 정독하는 자, 성서의 비밀을 알게 되고, 세상의 이치를 알게 되며, 세상을 지배하고 통제할 수 있는 지혜를 다 얻게 된다고 하셨습니다. 이 책은 만백성이 정독하고 이웃에게 전하여, 평생 가슴에 묻은 슬픔과 고통의 짐을 벗고 미래를 위한 힘찬 삶을 살아가도록 하는 책입니다.

끝으로

· 하나님께서는 흰 눈이 세상을 덮듯이 새로운 성경을 온 세상에 전하라고 하셨습니다. 《새로운 성경》 을 각국어로 번역해서 온 인류에게 구원의 길을 깨우쳐 주고, 그 수익으로 가난하고 어려운 백성을 구제하여, 만백성의 영과 육을 함께 구원하는 선지자의 임무를 수행하라고 저에게 명하셨습니다.

· 하늘에서 내려 주신 말씀의 보화를 만백성에게 나누어 주는 것이 선지자의 임무라고 하셨습니다. 새로운 성경을 통해서 얻는 재물을 사용할 곳도 하나님께서 일일이 명해 주십니다. 모든 재물은 저의 자의로 쓸 수 없고, 하나님께서 명하시는 대로만 쓰여집니다.

· 어떤 명분으로든 십일조나 각종 헌금을 거두어들이지 말라 하셨으며, 국내뿐 아니라 각국에 성전과 단독 서점을 운영하며, 한국의 많은 젊은이들을 전 세계에 지도자로 내보내라고 하셨습니다.

· 우리는 세계적으로 새로운 성경을 보급하며 어려운 이들을 돕는 역사를 해 나갈 것입니다. 지금까지 비록 몇 명 안 되는 제자들과 함께 이러한 일을 역사했지만, 앞으로도 계속 하나님께서 기뻐하시는 일들을 해 나갈 것입니다. 부족한 저희에게 여러분들의 지혜와 성원을 보내 주시기를 바랍니다. 많은 분들의 참여와 도움을 간절히 기다립니다. 감사합니다.

한국어로 내려온 《새로운 성경》 단행본을 출간하며
2016년 4월 10일

발행인 **김 용 철**

한국어로 내려온

새로운 **성 경** · 10부 · 제157권

지은이 하나님 말씀
대역자 김용철

초판인쇄 1쇄 2017년 2월 1일
2쇄 2017년 6월 21일

펴낸 곳 도서출판 하얀마음
등록번호 제 10-2107호 (2001년 2월 14일)
주소 서울시 노원구 덕릉로86길 5, 2층
전화번호 02) 313-1114
팩스 02) 393-5554
전자우편 book160@hanmail.net
편집위원 조나영 김미향 이석교
제작지원 김서영 이상빈

도서상담 1600-7527
ISBN 978-89-5875-257-8 (04230)
978-89-5875-100-7 (세 트)

값 10,000원
잘못된 책은 구입하신 곳에서 바꾸어 드립니다.

※이 책은 10부로 제작되며, 각 부 16권씩 총160권으로 구성됩니다.※

1부	2부	3부	4부	5부	6부	7부	8부	9부	**10부**
1권	17권	33권	49권	65권	81권	97권	113권	129권	145권
2권	18권	34권	50권	66권	82권	98권	114권	130권	146권
3권	19권	35권	51권	67권	83권	99권	115권	131권	147권
4권	20권	36권	52권	68권	84권	100권	116권	132권	148권
5권	21권	37권	53권	69권	85권	101권	117권	133권	149권
6권	22권	38권	54권	70권	86권	102권	118권	134권	150권
7권	23권	39권	55권	71권	87권	103권	119권	135권	151권
8권	24권	40권	56권	72권	88권	104권	120권	136권	152권
9권	25권	41권	57권	73권	89권	105권	121권	137권	153권
10권	26권	42권	58권	74권	90권	106권	122권	138권	154권
11권	27권	43권	59권	75권	91권	107권	123권	139권	155권
12권	28권	44권	60권	76권	92권	108권	124권	140권	156권
13권	29권	45권	61권	77권	93권	109권	125권	141권	157권
14권	30권	46권	62권	78권	94권	110권	126권	142권	158권
15권	31권	47권	63권	79권	95권	111권	127권	143권	159권
16권	32권	48권	64권	80권	96권	112권	128권	144권	160권